Roger Büdeler

Pyrenäen · Band 4

Westpyrenäen

53 ausgewählte Wanderungen in den spanischen und französischen Westpyrenäen

ROTHER
BERGVERLAG

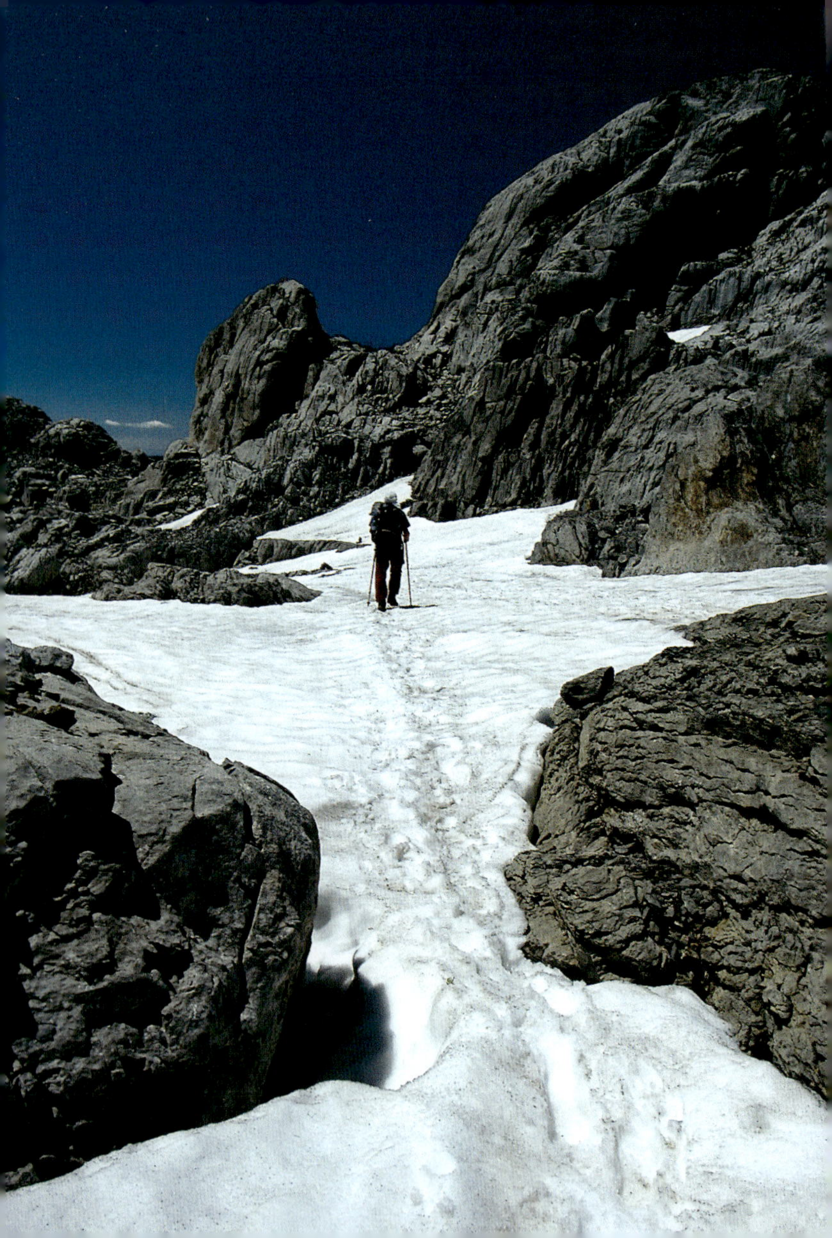

Vorwort

Die Pyrenäen westlich der zentralen Gebirgsmassive von Maladeta bis Balaïtous sind kein undurchlässiger Riegel, der die benachbarten Regionen lange Zeit voneinander abgeschottet hätte. Römerwege zeugen von der frühen Überschreitung der Bergketten und die Pässe von Portalet und Somport erlaubten trotz ihrer alpinen Hochlagen eine relativ bequeme Kommunikation zwischen den französischen und spanischen Haupt- und Nebentälern. Ein reger Austausch in Handel und Kultur fand recht frühzeitig statt, und sogar die Herrscher der angrenzenden Provinzen Béarn, Navarra und Aragón nutzten die gute Zugänglichkeit des Gebirges und stiegen zur Beilegung ihrer Streitigkeiten auf einen neutralen Gipfel: der Table des Trois Rois, spanisch Mesa de los Tres Reyes, ist danach benannt.

Heutzutage machen gut ausgebaute Passstraßen und der Somport-Tunnel den Grenzwechsel zu einer schnellen Sache, die es dem Wanderer erlaubt, unaufwändig hin und her zu pendeln. Damit liegen viele der schönsten Wanderziele (nicht zuletzt auch die kulinarischen Köstlichkeiten!) auf beiden Seiten des Gebirges quasi in täglicher Reichweite, und nicht selten lässt sich unfreundlichen Wetterlagen oder zähem Hochnebel durch einen Katzensprung über die Grenze ausweichen.

Die Wanderwege der Westpyrenäen erschließen bildhübsche Täler, idyllische Hochlagen und ein immens kontrastreiches Gebirge, dessen vielseitige Landschaftsszenen, Felsformen und kuriose Berggestalten immer wieder erstaunen – besonders reizvoll und einprägsam auf den Wanderungen nahe der Grenze oder auf die Gipfel des Hauptkamms, wo die unterschiedlichen Berglandschaften oft im direkten Kontrast aufeinander stoßen. Namhafte und auf den ersten Blick faszinierende Wanderziele bieten sich in den Westpyrenäen zuhauf: der Bogen reicht vom vulkanischen Pic du Midi d'Ossau im »Parc national des Pyrénées« bis zum skurrilen Karststock des Castillo d'Acher im Valle de Hecho, vom lieblichen Weidetal der Aguas Tuertas am Fuß der schroffen Secús-Kette bis zu den filigranen Felsnadeln des Pic d'Ansabère im berühmten Cirque de Lescun. Selbst hier ist der Bergtourismus noch wohltuend verhalten, in den weniger bekannten Regionen oder auf den vielen Nebenwegen kann es leicht passieren, dass man so gut wie allein unterwegs ist und eine nicht minder faszinierende Bergwelt oder Gipfelschau genießt.

Zahlreiche Talorte und Bergdörfer laden nach dem Wandererlebnis zu Rundgang und Besichtigung ein: Lescun, Borce, Ansó oder Hecho (stellvertretend für viele) sind stille Juwele, reich an Geschichte, Baukunst und kultureller Tradition und in ihrer ursprünglichen Substanz schön erhalten.

Hamburg, im Frühjahr 2024 Roger Büdeler

Sommerliche Schneefelder am Pico de Aspe (Tour 11).

Inhaltsverzeichnis

Symbole

	mit Bahn/Bus erreichbar		Gipfel / Pass, Sattel
	Einkehrmöglichkeit		Wachturm
	für Kinder geeignet		Kirche, Kapelle, Kloster
	Ort mit Einkehrmöglichkeit		Picknickplatz
	bewirtschaftete Hütte, Gasthaus		Aussichtsplatz
	Schutzhaus, Unterstand		Abzweig
P	eingerichteter Parkplatz		Skilift

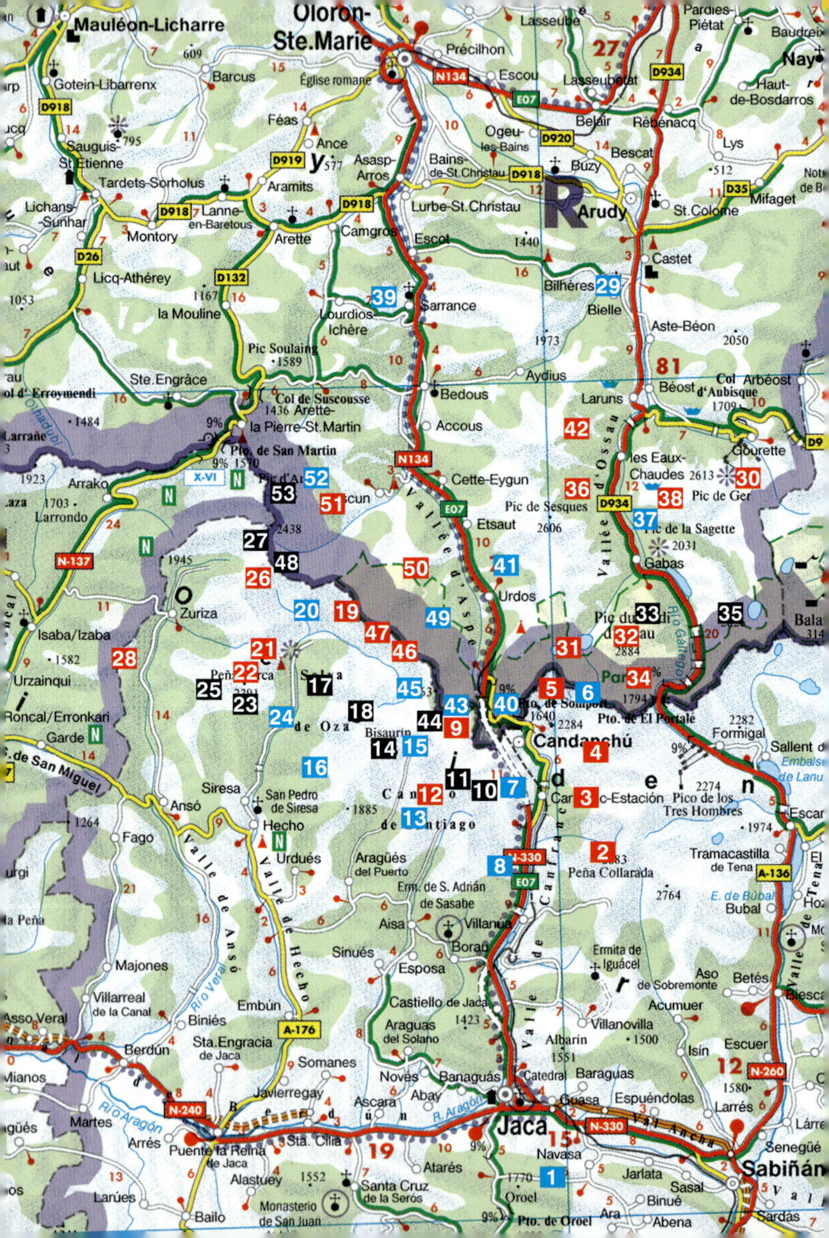

Oloron-
Ste.Marie
Mauléon-Licharre
Lasseube
Pardies-
Piétat
Baudreix
Nay
Précilhon
Escou
Église romane
N134
E07
Lasseubetat
Haut-
de-Bosdarros
Barcus
Gotein-Libarrenx
D918
D934
Belair
Rébénacq
Féas
Ance
Ogeu-
les-Bains
D920
Lys
Sauguis-
St.Etienne
D919
Asasp-
Arros
Bains-
de-St.Christau
Buzy
Bescat
Tardets-Sorholus
Aramits
Mifaget
D35
St.Colome
Arudy
Lichans-
Sunhar
Lanne-
en-Baretous
Lurbe-St.Christau
Montory
Arette
Camgros
Escot
Castet
D26
Licq-Athérey
D132
Bilhères
Bielle
la Mouline
Lourdios-
Ichère
Sarrance
Aste-Béon
Pic Soulaing
Ste.Engrâce
Aydius
Col de Suscousse
Bedous
Laruns
Béost
Col d'Aubisque
Col Arbéost
Col d' Erroymendi
Arette-
la Pierre-St.Martin
Accous
Gourette
Pto. de San Martin
X-VI
N134
Cette-Eygun
Arrako
Larrondo
les Eaux-
Chaudes
Pic de Ger
Pic d'Ar
D934
Pic de Sesques
Etsaut
Pic de la Sagette
N-137
Gabas
Vallée d'Aspe
Vallée d'Ossau
Urdos
Zuriza
Isaba/Izaba
Urzainqui
Roncal/Erronkari
Garde
Pto. de Somport
Pto. de El Portalé
Formigal
Bisaurín
Candanchú
Sallent
Embalse de Lanuza
Siresa
San Pedro
de Siresa
Ansó
Hecho
Fago
Canfranc-Estación
Pico de los
Tres Hombres
Escar
Urdués
Aragüés
del Puerto
N-330
E07
Peña Collarada
Tramacastilla
de Tena
A-136
Erm. de S. Adrián
de Sasabe
E. de Búbal
Bubal
Aisa
Villanúa
Borau
Valle de Ansó
Valle de Hecho
Sinués
Majones
Esposa
Ermita de
Iguácel
Aso
de Sobremonte
Betés
Biescas
Villarreal
de la Canal
Río Veral
Castiello de Jaca
Acumuer
Asso Veral
Embún
Biniés
Araguas
del Solano
Villanovilla
Albarún
A-176
Berdún
Sta.Engracia
de Jaca
Isín
Escuer
Mianos
Somanes
Novés
Banaguás
Catedral
Baraguas
N-260
Javierregay
Abay
Guasa
Espuéndolas
Martes
Río Aragón
N-240
Ascara
R. Aragón
Jaca
N-330
Val Ancha
Larrés
Senegüé
Arrés
Puente la Reina
de Jaca
Sta. Cilia
Navasa
Sabiñán
Atarés
Jarlata
Sasal
Alastuey
Santa Cruz
de la Serós
Larúes
Monasterio
de San Juan
Oroel
Binué
Bailo
Pto. de Oroel
Ara
Abena
Sardás

Allgemeine Hinweise

Anforderungen

Schwierigkeitsbewertungen beim Bergwandern sind ein eigenes Thema. Die unterschiedlichen Voraussetzungen beim Wanderer sowie die aktuellen Bedingungen einer Tour (Wetter, Wegezustand etc.) machen eine »objektive« Bewertung der technischen und konditionellen Ansprüche oft problematisch. Ein paar Meter Fels»kraxelei« mag der eine vor Ort als Kinderspiel empfinden, ein anderer bereits als höhere Kletteranforderung. Ähnliches gilt für »ausgesetzte« Wege, steile Geröllscharten oder exponierte Gipfel. Die Schwierigkeitseinstufungen geben daher nur einen ungefähren Anhaltspunkt für die zu erwartenden Anforderungen. Auf besondere Bedingungen wie Kletterstellen, Bergsturzgelände oder Steilpässe wird eigens aufmerksam gemacht. In jedem Fall muss der Wanderer auch verantwortlich abschätzen, was er sich zutraut.
Die einzelnen Schwierigkeitsgrade stellen folgende Anforderungen:

Leicht Leichte und gefahrlose Wanderung auf deutlichen Wegen und Pfaden, die zumeist auch gut markiert sind. Die zeitliche Länge der Tour hält sich in Grenzen. Wegsteigungen sind eher mäßig, kurze kräftigere Steigungsetappen können aber eingeschlossen sein. Größere Höhenunterschiede sind auf eine längere Wegstrecke verteilt.

Mittel Mittelschwierige Routen, die auf Grund der Länge sowie der stärkeren und länger anhaltenden Steigungen erhöhte Ansprüche an Kraft, Kondition und Gehtechnik stellen. Wege können im abschüssigen Gelände und gering ausgesetzt verlaufen sowie kleinere Kraxeleien einschließen. Gehen und Steigen über Felsblöcke im Bergsturzgelände ist möglich. Erfahrung im Gebirge sowie Trittsicherheit und Orientierungsvermögen sind vorausgesetzt.

Schwierig Schwierige, lange und konditionell herausfordernde Touren, die in Hochgebirgsregionen und auf Gipfel führen. Sie sind nur erfahrenen und trainierten Bergwanderern zu empfehlen. Neben großen Höhenunterschieden, anstrengenden Steilanstiegen und ausgesetzten Wegpartien können auch kurze Kletterstellen (bis maximal II) erforderlich sein.

Wegenetz

Viele Wanderwege dieses Führers sind gut angelegt und gepflegt. Zunehmend werden Wanderrouten auch mit neuer Beschilderung und Markierung ausgestattet. Dennoch gibt es manchen Tourenverlauf, bei dem man sich nicht auf klare und eindeutige Wegzeichen verlassen kann bzw. nur Steinmännchen zur Orientierung hat. Für alle Wege gilt, dass sich Zustand und

Markierung durch Hochwasser, Lawinen oder Bergstürze ändern können. Besonders zu Beginn der Sommersaison müssen Wanderer damit rechnen, dass Wegabschnitte und auch Brücken zum Teil zerstört sind.
Vom Mittelmeer zum Atlantik durchqueren folgende Wege die Pyrenäen:

- HRP/ARP (Haute Randonnée Pyrénéenne/Alta Ruta Pirenaica): Dieser Weg verläuft möglichst nahe am Hauptkamm der Pyrenäen und wechselt zwischen der französischen und spanischen Seite. Er durchquert überwiegend hochalpines Gelände in anspruchsvollen Tagesetappen von bis zu 10 Stunden. Die Länge von ca. 500 km verteilt sich auf 41 Tage. Eine sehr gute Kondition und allseitige Bergerfahrung ist unabdingbare Voraussetzung, ebenso wie eine solide Ausrüstung, da auf manchen Strecken auch im Sommer mit Schnee zu rechnen ist. Die Markierung ist rot-weiß-rot.
- GR (Grande Randonnée / Gran Recorrido). Auf französischer Seite verläuft der GR-10, auf spanischer Seite der GR-11. Beide Wege halten zumeist größeren Abstand zur Hauptkette des Gebirges und tangieren immer wieder die reizvollen Täler. Höher ambitionierten Wanderern bietet sich unterwegs vielfach Gelegenheit für Abstecher auf Gipfel oder Wegvarianten. Beide Wege legen knapp 900 km zurück, der GR-10 veranschlagt dafür 55 Tage, der GR-11 44 Tage. Zur Hauptroute der GR gibt es GR-Varianten, die oft reizende »Ab-« und »Umwege« bieten. Die Markierung ist weiß-rot.

Zwei ausgezeichnete Web-Sites geben genaue Auskunft: Für Frankreich siehe: gr10.fr; für Spanien siehe: travesiapirenaica.com.
Zunehmend wird ein Netz lokaler Wanderwege ausgebaut, das die Berg- und Talregionen abseits der Fernwanderwege erschließt. In der Regel han-

Karstfeld im mittleren Abschnitt des Pico de Aspe (Tour 11).

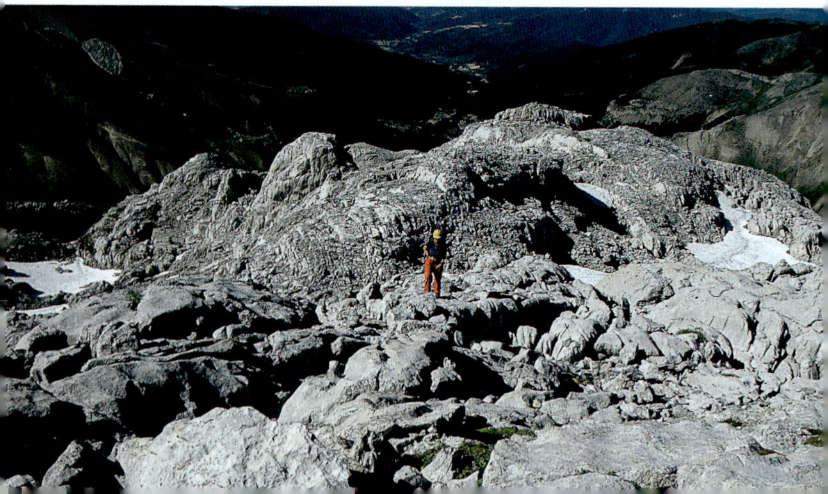

Die Top-Touren in den Westpyrenäen

Vertice de Anayet

Recht schwerer, aber landschaftlich großartiger Aufstieg in vulkanische Bergwelten. Die Ibones de Anayet allein sind ein reizvolles Ziel (Tour 4; 9 Std.).

Ibón de Estanés

Idyllischer See inmitten großer Berglandschaften. Ein Klassiker im Valle de Canfranc (Tour 9, 5.30 Std.).

Pico de Aspe

Ein Paradegipfel im abgeschiedenen Valle de Aísa (Tour 11; 7 Std.).

Aguas Tuertas und Secús

Zauberhafte Flusstäler und grandiose Gipfelformationen (Tour 18; 7.15 Std.).

Chipeta Alto

Überraschend leicht zu einer grandiosen Aussichtskanzel (Tour 21; 6.15 Std.)

Petrechema

Ein Klassiker der Westpyrenäen: Spanische Annäherung an die fantastischen Felsnadeln (Tour 26; 6.15 Std.).

Rundtour um Pic du Midi

Das Wahrzeichen der französischen Westpyrenäen von allen Seiten (Tour 32; 7.15 Std.).

Große Rundtour um Arrémoulit

Aufstieg mit aufregender Zwischenpassage in die schönste Hochregion des Vallée d'Ossau (Tour 35; 8 Std.).

Lac d'Isabe

Viel landschaftliche Abwechslung auf einer klassischen Tour im Vallée d'Ossau (Tour 36; 5.30 Std.).

Valle de los Sarrios und Circo de Olibón

Eine Traumwanderung in die verborgenen Ecken des Bernera-Massivs (Tour 44; 7.30 Std.).

Refuge d'Arlet und Pic d'Aillary

Die Vielseitigkeit der Westpyrenäen auf einer Wanderung! Das am gleichnamigen See liegende Refuge d'Arlet gilt als klassisches Tourenziel (Tour 47; 8 Std.).

Pic d'Ansabère

Ein prächtiges Panorama vom schönsten Ziel des Cirque de Lescun (Tour 48; 6.30 Std.).

delt es sich dabei um Tageswanderungen, deren Länge und Anspruch variieren. Die Tourismusämter bieten häufig Broschüren mit Routenprofilen, allerdings meist nur in der jeweiligen Sprache. Die Markierung ist je nach Provinz oder Kommune verschieden.

Gefahren

Bisweilen führen Gipfelanstiege und Touren im Hochgebirgsbereich durch anspruchsvolles Gelände mit ausgesetzten Wegen, steilen Hängen, Felsblockverhau, Karstterrain oder Wildbächen bei Schneeschmelze. Neben Trittsicherheit und Geländeerfahrung ist auch die richtige Portion kritischer Selbsteinschätzung für die sichere Bewältigung der Herausforderung unerlässlich. Im Zweifelsfall ist immer Umkehr geboten, bevor man sich in ein unkalkulierbares Abenteuer begibt. Wie stets im Gebirge, muss auch in den

Pyrenäen mit raschem und einschneidendem Wetterwechsel gerechnet werden. Von hochsommerlichen Temperaturen und wolkenlosem Himmel darf man sich nicht blenden lassen, tausend Meter höher auf einem Pass oder Gipfel können eisiger Wind oder der Aufzug von Nebel alles umkehren. Die entsprechende Ausrüstung für einen effektiven Schutz muss auf jeder Wanderung dabei sein, und sorgfältige Tourenplanung, Wetterinformation und früher Abmarsch beugen unliebsamen Überraschungen vor.

Ausrüstung

Die übliche Wanderausrüstung fürs Gebirge – solides Schuhwerk und funktionelle Bekleidung gegen Kälte, Regen und Wind – ist selbstverständlich. Im steilen und gerölligen Gelände sowie bei Bachquerungen bieten Wanderstöcke eine große Hilfe. Besonderes Augenmerk sollte – vor allem bei langen Touren und im Hochgebirge – dem ausreichenden Wasser- und Essensvorrat gelten, auch wenn eine bewirtschaftete Hütte am Weg liegt. Landkarten (optimal im Maßstab 1:25.000) dienen nicht nur im Zweifelsfall bei der Orientierung, sie helfen auch am Berg oder im Tal bei der Bestimmung der umliegenden Gipfel und Täler.

Karten

Optimal sind topografische Wanderkarten im Maßstab 1:25.000. Empfehlenswert für die französische Seite sind die IGN-Karten, hier Nr. 1647 OT »Vignemale/Ossau/Arrens/Cauterets« und 1547 OT »Ossau/Vallée d'Aspe«; für die spanische Seite liegen im Maßstab 1:25.000 (E-25) aus der Reihe »Editorial Alpina« die Karten »Valle de Canfranc/Valle de Aísa« und »Valles de Ansó y Echo« vor, mit denen das spanische Wandergebiet abgedeckt wird. Die Karten sind in der Regel auch in den kleineren Orten erhältlich. Ausdrücklich

GPS-Tracks und Koordinaten der Ausgangspunkte

Auf **gps.rother.de** stehen zu diesem Wanderführer GPS-Tracks und die Koordinaten der Ausgangspunkte zum kostenlosen Download bereit. Dieser QR-Code führt direkt zum Download.
4. Auflage, Passwort: **431804hgt**
Die GPS-Tracks können in die **Rother App** importiert werden. In der App kann man unterwegs stets sehen, wo man gerade ist und wo es langgeht. **Anleitungen dazu: rother.de/gps**
Trotz sorgfältiger Prüfung können wir Fehler und zwischenzeitliche Veränderungen nicht ausschließen. Verlassen Sie sich für die Orientierung niemals einzig und allein auf die GPS-Daten, sondern beurteilen Sie die Verhältnisse vor Ort.

hinzuweisen ist auf das Kartenmaterial der sehr gut recherchierten und mit hervorragenden Bildern ausgestatteten Bände »dos miles del pirineo aragonés occidental«: Band 1 umfasst das Gebiet von Ansó bis Canfranc, Band 2 von Canfranc bis Sallent de Gállego. Beide Bände sind erschienen bei Beturiàn Ara, Zaragoza. Gute Spanischkenntnisse sind vorausgesetzt. Die Karten sind jeweils zusammen mit einem Miniführer erhältlich. Zur Vorbereitung lassen sich die allermeisten Wanderkarten auch kurzfristig beziehen über mapfox.de. In Spanien ist altair.es in Barcelona eine sehr gut sortierte Buchhandlung, die auch nach Deutschland versendet.

Gehzeiten

Selbstverständlich handelt es sich nicht um minutengenaue Zeitangaben. Grundlage der Bemessung ist ein mittleres Gehtempo ohne Pausen oder sonstige Aufenthalte. Die faktische Dauer einer Wanderung hängt natürlich vom individuellen Gehrhythmus und der Kondition sowie vom unbeeinträchtigten Verlauf der Tour ab.

Anfahrt

Nahezu bei allen Touren ist man auf das eigene Auto angewiesen. Busverbindungen gibt es nur in die größeren Orte der Haupttäler mit sehr eingeschränktem Fahrplan. Kleinere Gebirgstäler sind oft durch gute Straßen an die Haupttäler angeschlossen. Manche Ausgangspunkte sind auf Pisten bzw. Fahrwegen recht unterschiedlichen Zustands erreichbar. In der Regel sind die angegebenen Fahrwege bei gebührender Vorsicht mit einem Normal-Pkw befahrbar, im Zweifelsfall wird auf den Zustand hingewiesen.Der Tunnel du Somport zwischen dem Vallée d'Aspe und dem Valle de Jaca verbindet das französische mit dem spanischen Wandergebiet. Von Jaca aus ist das Vallée d'Ossau über den Col du Pourtalet gut zu erreichen.

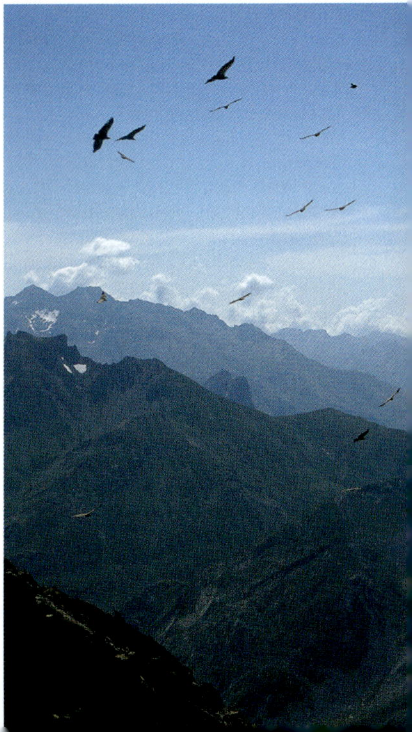

Könige der Lüfte in den Pyrenäen: Die Geierpopulationen nehmen wieder zu.

Bewirtschaftete Schutzhütten im Wandergebiet

Refugio de Lizara (75 Pl.), Tel. +34 974 34 84 33, refugiodelizara.com
Refugio de Gabardito (50 Pl.), Tel. +34 974 37 53 87, refugiodegabardito.com
Refugio de Linza (65 Pl.), Tel. +34 974 348289, refugiodelinza.com
Refuge d'Ayous (47 Pl.), Tel. +33 559 053700, refuge-ayous.com
Refuge de Pombie (45 Pl.), Tel. +33 559 053178, refugedepombie.ffcam.fr
Refuge d'Arrémoulit (28 Pl.), Tel. +33 559 053179, refugedarremoulit.ffcam.fr (voraus. bis Sommer 2025 geschlossen)
Refuge d'Arlet (45 Pl.), Tel. +33 559 360099, tourisme-aspe.com
Refuge de L'Abérouat (85 Pl.), Tel. +33 559 347167, aberouat.fr (nur beschränkt für individuelle Wanderer zugänglich, da dort v.a. Schulklassen in Ferienbetreuung sind).

Auskunft über die Hütten im Wandergebiet sind auch auf den Internetseiten der Bergvereine zu bekommen, siehe auch »Informationen und Adressen von A bis Z: Wander- und Bergvereine«.

Hütten (Refugio/Refuge)

Nur auf relativ wenigen Wanderungen kommt man an bewirtschafteten Schutzhütten vorbei. Sie werden zumeist von Bergvereinen verwaltet und sind in der Regel in den Sommermonaten zwischen Juni und September geöffnet. In der Wintersaison wird zumeist ein Lagerraum offen gehalten, aber ohne Bewachung und Bewirtschaftung (Zugang bitte bei der lokalen Tourismusinformation erfragen). Da die meisten Hütten in der Hochsaison sehr stark belegt sind, sollten Übernachtungen immer und rechtzeitig angemeldet werden. Alle bewirtschafteten Hütten bieten auch Mahlzeiten und Getränke an.

Die Bezeichnung »Refugio« gilt in Spanien oft auch für einfache Hütten mit wenig Plätzen zur Selbstversorgung. Die Ausstattung beschränkt sich in der Regel auf Tisch, Bank, Schlafstelle und Kamin. Neben der eigenen Verpflegung müssen daher auch Schlafsack, Isomatte und Kochgeschirr mitgebracht werden. Verlässliche Quellen sind in Hüttennähe zumeist nicht vorhanden, so dass man auf abgekochtes Bach- oder Seewasser angewiesen ist. Der Zustand und damit die Brauchbarkeit dieser Hütten schwankt stark von solide gebauten und ausgestatteten bis zu mitunter recht verkommenen Hütten. Wer die Übernachtung in diesen Refugios plant, sollte sich unbedingt vor Aufbruch bei den touristischen Infostellen oder in bewirtschafteten Refugios über den aktuellen Zustand und den Zugang erkundigen.

Unter »Refugio« zählen oftmals auch Schäferhütten. Sie werden gemeinhin von Schäfern benutzt, stehen im Notfall aber auch Wanderern als Unterstand offen. In Frankreich werden Schäferhütten meist als »Cabane« (abgekürzt C^{ne}) bezeichnet, während Refuge sich in der Regel auf bewirtschaftete Schutzhütten bezieht.

Naturschutz

Bitte beachten Sie auf jeder Wanderung die allgemein gültigen Verhaltensregeln zum Schutz der Gebirgswelt. In den Touristenämtern liegen Informationsblätter aus. Dort wird auch, oftmals durch spezielle Ausstellungen, über die heimische Tier- und Pflanzenwelt sowie über besonders gefährdete Arten und ihren Schutz informiert. Im französischen »Parc National des Pyrénées« und in ausgewiesenen Schutzregionen gelten streng überwachte Sonderregelungen.

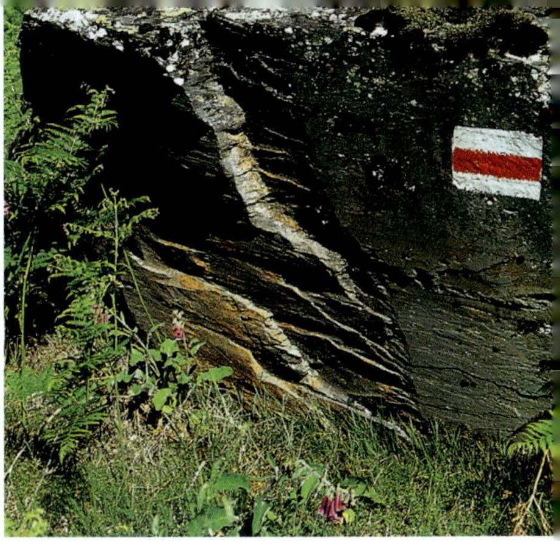

H.R.P.-Weitwanderweg (Markierung).

Tipps für Weitwanderer

Das gute Wegenetz erlaubt eine vielseitige Kombination von Touren über mehrere Tage. Besonders erwähnenswert sind Wanderungen über die Grenze, auf denen sich der eindrucksvolle Kontrast der Gebirgsseiten zeigt. Die Berggebiete des Vallée d'Ossau sowie Vallée d'Aspe und komplementär dazu das Valle de Canfranc und Valle de Hecho bieten dafür eine Vielzahl an schönsten Möglichkeiten. Herausragend sind die südlichen Grenzberge des Cirque de Lescun mit vielen reizvollen Übergängen in die spanische Bergwelt der Pyrenäen. Daneben lockt auch die mehrtägige Verbindung bezaubernder Nebentäler wie jene zwischen dem Pic du Midi d'Ossau und der Peña Collarada.

Abkürzungen

GR	Sendero de Gran Recorrido; Grande Randonnée (Weitwanderweg; weiß-rot markiert)
A.R.P. (Spanien) / H.R.P. (Frankreich)	Alta Ruta Pirenaica; Haute Randonnée Pyrénéenne (Pyrenäen-Höhenwanderweg – weiß-rot-weiß markiert)
PR	Pequeño Recorrido (untergeordneter Wanderweg)
Bco.	Barranco (Bach, Schlucht)
C^{ne}	Cabane (Schäferhütte)
R^{au}	Ruisseau (Bach)
Ch^{lle}	Chapelle (Kapelle)
GREIM	Grupo de Rescate e Intervención en Montana (Bergrettung der Landespolizei)

Wandern in den Westpyrenäen

Geografie

Während das Zentralmassiv der Pyrenäen eine hermetische Barriere zwischen Frankreich und Spanien bildet, sind die Westpyrenäen an zahlreichen Stellen passierbar. Der Portalet-Pass zwischen Laruns und Biescas bildet mit seiner moderaten Höhe von knapp 1800 m den ersten Übergang nach dem Balaïtous-Massiv, das die 3000-m-Grenze noch einmal deutlich übersteigt. Er verbindet die beiden großen Nord-Süd-Täler des Vallée d'Ossau und Valle de Tena und erlaubt den leichten Zugang zum grenznahen Gebiet des mit seiner gespaltenen Spitze unverkennbaren Pic du Midi d'Ossau. Nur wenige Kilometer westlich liegt der gleichermaßen bedeutende Somport-Pass, über den noch vor wenigen Jahren die Verbindung zwischen dem Vallée d'Aspe und dem Valle de Canfranc lief. Mit der Eröffnung eines Tunnels unter dem Pass sind die beiden Täler mit ihren Hauptorten Oloron Ste-Marie und Jaca verkehrsgünstig angeschlossen. Westlich des Somport-Passes erhebt sich auf der Südseite der Zentralachse ein vielfältig gegliedertes Massiv mit dem Pico de Aspe und Bisaurín als Exponenten. Dieser Gebirgszug wird durch die Talniederung des Río Aragón Subordán von den Grenzbergen zwischen dem Pic de Gabedaille und dem Pic de Laraille getrennt. Dort biegt der Río Aragón in einem großen Bogen nach Süden ab und durchschneidet in einer Schlucht die kleineren Gebirgsstöcke der Punta Agüerri und Peñaforca, um dahinter durch das Valle de Hecho abzufließen. Während der Gebirgszug der französischen Seite nach Norden abdreht und sich in den bekannten Gipfeln von Ansabère, Table des Trois Rois und Anie noch einmal in Höhen von 2500 m aufschwingt, mit denen das Hochplateau von Lescun abgeschottet wird, senkt sich die Sierra de Alano relativ rasch auf 2000er-Höhen und wird durch das Valle de Ansó abgeschnitten. Mit ihm enden die aragonesischen Pyrenäen. Nörd-

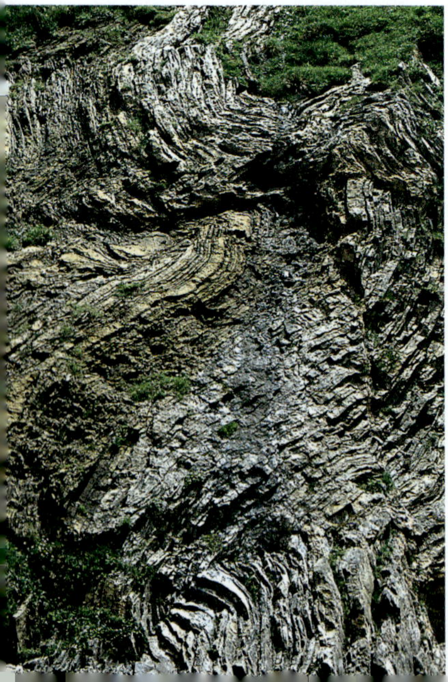

»Bewegtes« Gestein unterwegs zum Lac de Lhurs (Tour 51).

lich des Grenzgebirges zwischen den Pässen von Erraize und Larrau konzentriert sich im französischen Haute Soule eine in den Westpyrenäen einzigartige Landschaft großer Canyons und Schluchten. Die Gorges de Kakouéta und d'Holzarté sowie der Canyon d'Olhadubi sind mächtige und lange Einschnitte in der relativ flachen Nordabdachung des Hauptkammes. Im Pic d'Orhy (Pico de Ori) am Grenzpass von Larrau erreicht die Hauptkette noch einmal 2000 m Höhe, um dann endgültig auf das Mittelgebirgsniveau der baskischen Bergzüge abzufallen.

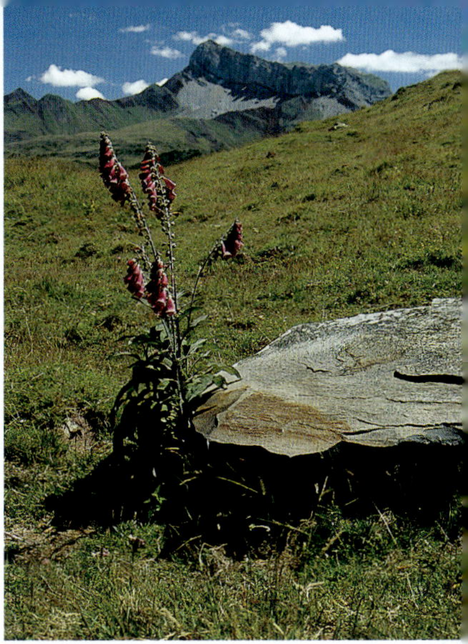
Fingerhut.

Vegetation und Tierwelt

Ein großer Baumbestand prägt weite Teile der Westpyrenäen. In den verschiedenen Höhenzonen der Bergregionen siedeln vorwiegend Wald-, Hakenkiefer, Rotfichte und Tanne, während unter den Laubarten die Buche dominiert, die wunderschöne Wälder bildet. Mehr peripher begegnet man Bergahorn, Esche, Birke und Ulme. Auf den Wiesen und Hochplateaus gedeiht eine große Vielfalt an Blumenarten, die ab dem Frühsommer ein prächtiges Farbschauspiel liefern. Frühlingskrokus, Akelei, Glockenblume, Frühlingsenzian und Stängelloser Enzian, Alpenglöckchen, Küchenschelle, Primel, Türkenbund-Lilie, Pyrenäenbaldrian, Berg-Hahnenfuß, Narzissen und Küchenschelle sind nur eine kleine Auswahl, die auf den Wanderwegen anzutreffen sind. Pyrenäenlilie und Gelber Enzian bilden oft ausgedehnte Blumenteppiche. Das Kalk- und kristalline Gestein sind ein guter Nährboden für viele seltene Blumen, von denen im »Parc National des Pyrénées« eine große Zahl beheimatet ist. Den steilen Fels und feucht-schattige Standorte bevorzugen zwei endemische Arten, der Langstielige Pyrenäensteinbrech und das Pyrenäenveilchen.

Der Gämse wird der Wanderer recht häufig begegnen. Große Gruppen sieht man vorwiegend in den abgelegenen Felsgebieten und einsamen Karstregionen. Murmeltiere machen sich in den schrofigen Talhängen bemerkbar, während Begegnungen mit Wildschweinen eher die Ausnahme sind. Äußerst rar sind die Auftritte von Dachs, Steinmarder, Siebenschläfer, Wildkatzen und Fischotter. Der Braunbär ist mittlerweile zum Mythos der Westpyre-

näen geworden und das Vallée d'Aspe wirbt geradezu mit dem »ours brun«. Regelmäßige Ausstellungen in den »Maisons du Parc« informieren über Geschichte und Gegenwart des Tieres, dem auch die Wildhüter nur schwer auf die Spur kommen. Es werden alle Anstrengungen zur Katalogisierung und zum Schutz der winzigen Bärenpopulation unternommen, die sich in den westlichen Randgebieten des Nationalparks und um das Valle de Ansó aufhalten soll. Dem Wanderer bleibt eine Begegnung mit dem Braunbären sicher erspart.
Unter den Reptilien sind verschiedene Natternarten sowie Kreuzotter und Aspisviper zu erwähnen, die jedoch selten vorkommen. Eine Besonderheit der Amphibien ist der winzige Pyrenäen-Gebirgsmolch, der klares und kaltes Wasser am liebsten an Quellen bevorzugt. »Guardafuente« – Wächter der Quellen – wird er deshalb auch genannt.
In den Lüften dominiert neben Alpendohle und -krähe der Gänsegeier, der hoch über den Tälern und Weideplateaus seine Kreise zieht. Mit viel Glück lassen sich auch der imposante Bartgeier mit einer Flügelspannweite bis drei Meter ausmachen sowie Königs- und Schlangenadler. Unter den Greifvögeln treten außerdem Habicht, Sperber, Falke und Milan auf. Auch die westlichen Pyrenäen sind ein ausgesprochenes Paradies für Singvögel mit einem enormen Artenreichtum, in dem auch recht seltene Exemplare vertreten sind.
Im Vallée d'Ossau nördlich von Laruns ist seit 1993 eine Beobachtungsstation für Geier eingerichtet, von der aus die Greifvögel an ihren Nistplätzen hoch in den Felsen gut zu beobachten sind: La Falaise aux vautours, 64260 Aste-Béon, Tel. +33 5 59 82 65 49, falaise-aux-vautours.com.

Nationalpark

Das vom »Parc National des Pyrénées« erfasste Gebiet der Westpyrenäen macht nur ein Drittel der Gesamtfläche des Nationalparks aus. Sein Kern bildet einen schmalen Streifen entlang der Grenze zwischen Pic du Midi d'Ossau und Pic Lariste, während die erweiterte Zone weit ins Vorland reicht. Der Nationalpark wurde 1967 gegründet und umfasst insgesamt mehr als 450 km², die Randzone erstreckt sich auf einer Fläche von mehr als 2000 km². Seine vorrangige Bestimmung liegt in Schutz und Erhalt der ursprünglichen Gebirgsnatur und ihrer großen Vielfalt unter Einbeziehung der Erholungs- und Sportbedürfnisse der Besucher. Mehrere »Maison du Parc« in den Zugangstälern informieren ausführlich über die Bergwelt und veranstalten thematische Ausstellungen.

Vallée d'Ossau: Maison du Parc, 64440 Laruns, Tel. +33 5 59 05 41 59
Vallée d'Aspe: Maison du Parc, 64490 Etsaut, Tel. +33 5 59 34 88 30
parc-pyrenees.com

Natursport in den Westpyrenäen

Gleitschirmfliegen

Anhänger des luftigen Sports finden landschaftlich reizvolle Bedingungen in den Vallées d'Ossau und Aspe. Veranstalter gibt es vor Ort.

Klettern

Kletterrouten im Naturfels sind in nahezu allen Regionen zu finden. Das Kalkgestein bietet vielfach sehr guten Fels. Weithin bekannt sind die über 90 Routen an den Kalkwänden des Chemin de la Mâture und die in landschaftlich grandioser Umgebung hochragenden Aiguilles d'Ansabère. Auskunft bei den Sportveranstaltern bzw. Bergführern vor Ort oder über die Tourismusbüros.

Radfahren und Mountainbiking (VTT)

Die vielen Pässe über den Hauptkamm des Gebirges sind für Radfahrer attraktive Ziele. So mancher Pass im Vorgebirge, insbesondere in Frankreich, muss den Vergleich mit den großen Herausforderungen aber nicht scheuen, wie z. B. der Col de Marie-Blanque zwischen Escot und Bielle. Wer das Mountainbike bevorzugt, findet auf zahlreichen Forstpisten und Fahrwegen Gelegenheit für lange und aussichtsreiche Touren aller Grade. In den Touristenämtern sind zum Teil auch Routenpläne mit Detailangaben erhältlich.

Skifahren und Schneeschuhwandern

Skizentren mit präparierten Pisten gibt es auf beiden Seiten der Pyrenäen. In Spanien locken die Anlagen von Formigal und Candanchú nahe der Pässe von Portalet und Somport; auf französischer Seite sind es Gourette nahe Laruns und Arette-la-Pierre-St-Martin am Fuß des Pic d'Anie. Natürlich bietet sich Liebhabern von Skitouren allenthalben ein fantastisches Terrain, was gleichermaßen für das Schneeschuhwandern gilt. Auch Langläufer kommen mit präparierten Pisten auf ihre Kosten.

Wildwasser

Kajak und Rafting erfreuen sich großer Beliebtheit. Vorwiegend werden die größeren Flüsse der Haupttäler frequentiert, wo auch Wildwasserzentren ansässig sind. Informationen und Vermittlung in den Touristenämtern.

Canyoning

Für die Liebhaber des nassen Bergsports gibt es gute Gelegenheiten in schönen Schluchten und Canyons beiderseits der Grenze. Wer sich führen lassen will, findet in den größeren Talorten mehrfach Veranstalter, die geführte Touren anbieten. Im Bild ein Abstieg in der wasserreichen Gorge du Cap de Pount am Fuß des Pic du Midi d'Ossau.

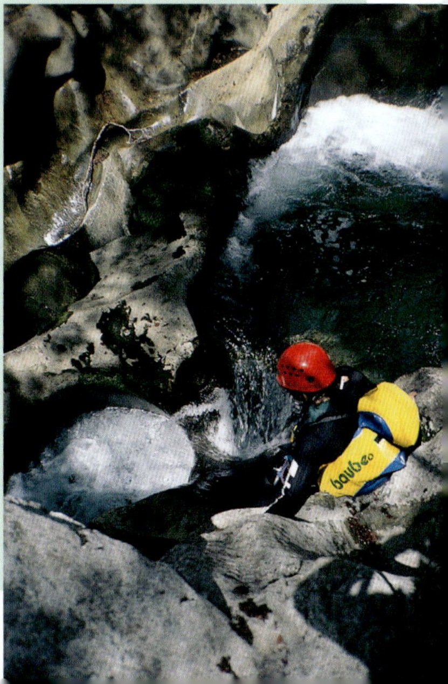

Informationen und Adressen von A bis Z

Auskunft

Allgemeine Auskunft:

- Spanisches Fremdenverkehrsamt in Deutschland mit Infobüros in Berlin, Düsseldorf und Frankfurt/Main, Öffnungszeiten für Besucher, Adressen, Telefon- und Mailkontakte: spain.info/de
- Französische Zentrale für Tourismus (Atout France) in Frankfurt/Main., kein Besucherverkehr! Anfragen und Infomaterial nur über Internet: france.fr

Lokale Auskunft:

- Oficina de Turismo in Jaca: Plaza de San Pedro, 11–13, jaca.es/oficina.html
- Valle de Canfranc: Oficina de Turismo, Plaza del Ayuntamiento, 1; 22880 Canfranc-Estación, canfranc.es
- Valle de Hecho: Hecho; Oficina de Turismo, valledehecho.net
- Valle de Ansó: Ansó; Oficina de Turismo, Pza. Domingo Miral, 1, bajos, anso.es
- Office de Tourisme in Oloron Sainte-Marie: Allées du Comte Tréville, tourisme-oloron.com.
- Vallée d'Ossau: Laruns; Office Municipal de Tourisme, 64440 Laruns, Maison de la Vallée d'Ossau, ossau-pyrenees.com
- Vallée d'Aspe: Bedous; Office de Tourisme, Place François Sarraillé, 64490 Bedous, tourisme-aspe.com

Bergrettung

Europäische Notrufnummer für Handynetze: Tel. 112.

- In Spanien ist die Guardia Civil mit der spezialisierten GREIM für Bergrettung zuständig: Tel. 062 (mit Mobiltelefon 974 062). Allgemeiner Rettungsdienst Tel. 112.
- In Frankreich Tel. 17 der Gendarmerie und Tel. 18 der Feuerwehr.

Camping und Unterkunft

Auf französischer Seite ist das Angebot an Campingplätzen aller Kategorien weitaus größer als auf spanischer. Dort bestehen auch Möglichkeiten für »Camping à la ferme«, Bauernhöfen angeschlossene Zeltflächen in schöner Lage; siehe: agroturismorural.com und bienvenue-a-la-ferme.com. Im »Parc National des Pyrénées« ist freies Zelten nicht gestattet, es darf jedoch ein Zeltbiwak für eine Nacht oder bei Wetterumsturz aufgestellt werden, sofern der Standplatz mindestens eine Wegstunde von der Nationalparkgrenze entfernt liegt. Feste Unterkünfte gibt es überall auch in kleineren Dörfern, zunehmend beliebt sind »turismo rural« bzw. »gîtes ruraux«, das sind Zimmer, Apartments und Häuser auf Bauernhöfen oder in ländlicher Umgebung:

- Spanien: turismorural.com; toprural.es
- Frankreich: gites-de-france.com; toprural.fr

Verzeichnisse für alle Unterkunftsarten können bei den Tourismusämtern angefordert werden.

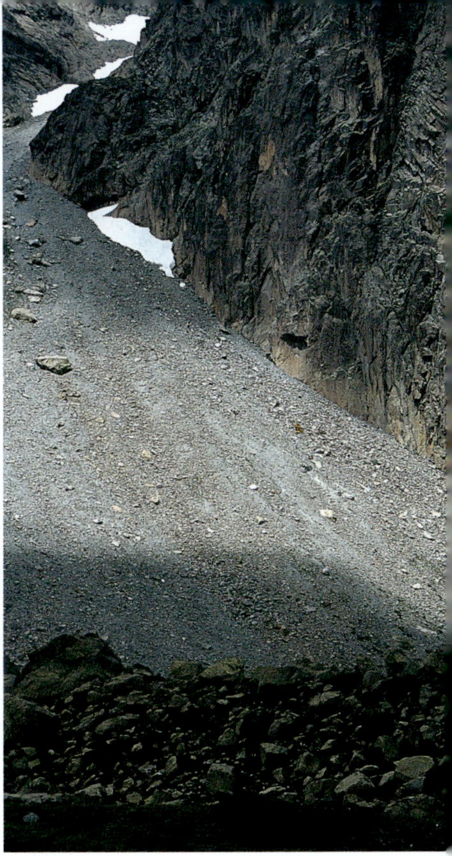

Gefahrenort: Geröllflanke am Pic du Midi.

Ferien, Feiertage und Feste

Die sommerliche Ferienzeit liegt zwischen 14. Juli und 31. August. Dann sind Campingplätze und bewirtschaftete Berghütten recht stark belegt. In Spanien ist die »Semana Santa« um Ostern eine traditionelle Ferienwoche. Dorffeste gibt es so viele wie Berge. Alle haben einen eigenen Anlass und eigene Tradition, wobei sich manche über mehrere Tage mit Essen, Musik und Tanz erstrecken. Der urtümliche Charakter ist zumeist in den kleinen Dörfern präsent; die in den touristischen Zentren zur Animation arrangierten Festivitäten sind eher steril. Manche Ortschaften organisieren inzwischen überregional bekannt gewordene Festivals für Musik, Theater usw. Besonders hervorzuheben sind die Musikfestivals in der Burg von Aínsa sowie die von Lanuza am gleichnamigen Stausee im Valle de Tena. Die Tourismusämter geben Veranstaltungskalender heraus.

Geschäftszeiten

In der Hochsaison gibt es immer Läden, die auch außerhalb der geregelten Zeiten geöffnet sind. Vorwiegend Supermärkte sind dann ganztägig und die Woche durch geöffnet. Bäckereien haben gewöhnlich auch am Sonntagvormittag auf. Ansonsten gelten für Spanien die Kernöffnungszeiten von 9 bis 14 Uhr und 17 bis 20 Uhr, für Frankreich von 9 bis 12 Uhr und 16 bis 19 Uhr.

Reisezeit

Der Frühsommer im Mai und Juni sowie der Herbst im September und Oktober sind sehr angenehme Wandermonate. Wegen der allgemein länger dauernden Schneelage auf der Nordseite sind die Wandermöglichkeiten in den französischen Westpyrenäen im Mai noch recht eingeschränkt, während man auf spanischer Seite schon einmal in größere Höhen vorstoßen kann. Juli und August sind die heißesten Monate, in denen mit den typischen Wärmegewittern am späten Nachmittag gerechnet werden muss. Auftreten und Ausprägung der Sommergewitter zeigen große lokale Unterschiede. Die Hochsommerzeit bietet allerdings auch die beste Gewähr für schneefreies Gelände. Zwischen Ende August und Anfang Oktober sind die Wetterlagen gewöhnlich sehr ausgeglichen mit nachsommerlichen Temperaturen. Im Oktober, der mit dem prächtigen Farbenspiel der Bäume seinen besonderen Reiz hat, muss man mit instabilen Wetterlagen und im französischen Gebirge auch schon mit erstem Schneefall rechnen. Auf spanischer Seite kann der November dann noch einmal schönes spätherbstliches Wetter bringen, bevor auch dort der erste Schnee die Berge überzieht.

Telefon

Ländervorwahl für Spanien 0034, für Frankreich 0033.

Verpflegung

Da die Hütten im Wandergebiet weit gestreut liegen, ist eine Verpflegung, die auch für unvorhergesehene Fälle ausreicht, dringend zu empfehlen. Die Versorgung auch in kleineren Dörfern macht in der Regel keine Probleme. In Bars, Bäckereien oder Épicerien ist zumindest eine Grundausstattung erhältlich. In vielen Dörfern findet ein wöchentlicher Kleinmarkt statt, auf dem man sich mit heimischen Produkten gut eindecken kann. Keinesfalls zu vernachlässigen ist der Vorrat an Getränken. Bei den Brunnen an Schäferhütten handelt es sich nicht unbedingt um reines Quellwasser, sondern um abgeleitetes Bachwasser, das aus Weideregionen stammt.

Wander- und Bergvereine

- Federación Aragonesa de Montañismo (FAM): Albareda, 7, 50004 Zaragoza, Tel. +34 976 22 79 71, fam.es
- Club Alpin Français (CAF): 24, avenue de Laumière, 75019 Paris, Tel. +33 1 53 72 87 00, ffcam.fr

Wettervorhersage

Mehrtägige Wettervorhersagen der meteorologischen Institute für die einzelnen Bergregionen können in den Tourismusämtern eingesehen werden. Unter den diversen Adressen bieten aemet.es (Spanien) und meteo.fr (Frankreich) Vorhersagen für lokale Regionen und Langzeitprognosen.

Der Umwelt zuliebe ...

Auch beim Wandern hinterlassen wir einen ökologischen Fußabdruck, aber im Einklang mit der Natur unterwegs zu sein, ist gar nicht so schwer!

VORBEREITUNG UND ANFAHRT

- Sich vorab informieren, worauf in Bezug auf Natur und Umwelt in der jeweiligen Wanderregion besonders zu achten ist.
- Soweit möglich mit Bahn und Bus anreisen, Wander- und Rufbusse nutzen.
- Ist eine Anfahrt mit dem Auto nötig, Fahrgemeinschaften bilden.
- Bei weiten Anfahrten Mehrtagestouren planen oder von einem Quartier vor Ort aus mehrere Touren absolvieren.
- Flugreisen möglichst reduzieren und durch Beiträge zu Klimaschutzprojekten kompensieren.

KLEIDUNG UND AUSRÜSTUNG

- Beim Kauf von Outdoor-Kleidung auf umweltfreundliche und faire Herstellung achten und Kleidungsstücke möglichst viele Jahre nutzen.
- Ausrüstung kann man eventuell auch gebraucht kaufen oder ausleihen.
- Reparieren statt neu kaufen.

VERPFLEGUNG

- Beim Einkauf Bio-Ware, regionale und saisonale Erzeugnisse bevorzugen.
- Hütten und Gasthäuser auswählen, die regionale Produkte verwenden.
- Auf Einwegflaschen und Plastikverpackungen verzichten, stattdessen wiederverwendbare Trinkflaschen und Brotzeitboxen benutzen.

ÜBERNACHTUNG

- Bei lokalen Anbietern buchen, damit Menschen vor Ort profitieren.
- Auf Hütten und in anderen Unterkünften Strom und Wasser sparen.

UNTERWEGS

- Wege benutzen und Abkürzer vermeiden.
- Sperrungen von Wegen und Schutzgebieten respektieren.
- Keine Blumen pflücken und keine Pflanzen entnehmen.
- Waldbrandgefahr beachten.
- Müll wieder mit nach Hause nehmen und dort entsorgen.
- Toilettengänge in freier Natur möglichst vermeiden.
- Lärm vermeiden.
- Hunde an die Leine nehmen.

ROTHER
BERGVERLAG

Valle de Canfranc

Das prachtvolle Gebäude des Bahnhofs von Canfranc ist heute Endstation für alle Reisenden. Die früher mögliche Zugfahrt ins benachbarte Vallée d'Aspe ist zwar wieder in Planung, doch bis dahin wird der neu gebaute Somport-Tunnel als schnelle Alternative zu der aussichtsreichen und kurvigen Passstraße genutzt. Das vom Río Aragón durchzogene Gebirgstal war nie so abgeschottet wie manche Täler der pyrenäischen Hochgebirgszonen, mehrere Höhlen und Dolmen, u. a. bei Villanúa, bezeugen eine sehr frühe Besiedlung. Der mit 1640 m tiefstliegende und relativ leicht zu bewältigende Pass der alpinen Pyrenäen beförderte frühzeitig die Kommunikation zwischen den Provinzen Béarn und Huesca, die bereits unter der Römerherrschaft mit einer Straße verbunden waren. Die Stadt Jaca am Talausgang bildete einen bedeutenden römischen Stützpunkt und war in den Jahren der spanischen »Reconquista« die königliche Hauptstadt der Pyrenäen. Ihre einst strategisch bedeutende Lage lässt sich an der großen Fortanlage vor der Stadt ermessen. Seinen ersten »touristischen Ansturm« erlebte das Valle de Canfranc im Mittelalter mit den Pilgerströmen auf dem Jakobsweg nach Santiago de Compostela. Damals erhielt der nahe von Candanchú gelegene Convento de Santa Cristina weltweit große Bedeutung als Pilgerherberge.

Die östliche Talseite wird durch die dem Hauptkamm vorgelagerte Peña Collarada geprägt, die schon bei der Einfahrt ins Tal mit ihrem stockwerkartigen Aufbau auf sich aufmerksam macht. Der mit 2886 m höchste Gipfel der spanischen Westpyrenäen bietet wegen seiner abgetrennten Lage eine der besten Aussichten der Pyrenäen. Im Norden des Massivs reihen sich drei parallel verlaufende Nebentäler, von denen der Canal Roya von Bergwanderern am häufigsten besucht wird. Er entspringt am Fuß des Pico de Anayet, dem spanischen Pendant zum berühmten Pic du Midi d'Ossau. Nach Überwindung der mächtigen Kesselwand lassen sich von dem reizvollen Hochplateau mit den Anayet-Torfseen die beiden Gipfel zusammen in den Blick nehmen. Candanchú und Astún kurz unterhalb des Somportpasses sind eher sterile Wintersportanlagen und eigentlich nur als Ausgangspunkte für Wanderungen und anspruchsvolle Bergbe-

Der Bahnhof von Canfranc.

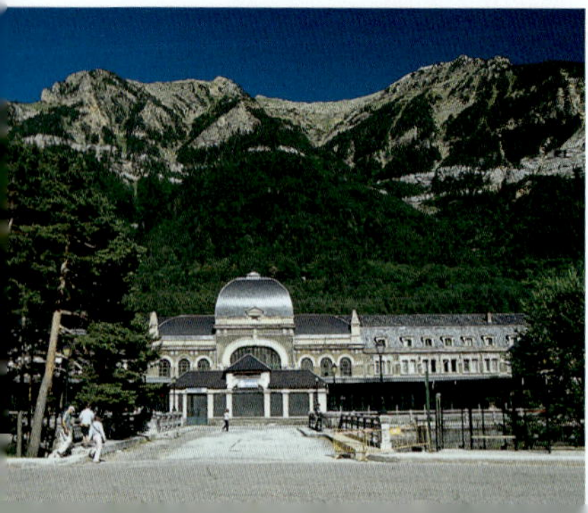

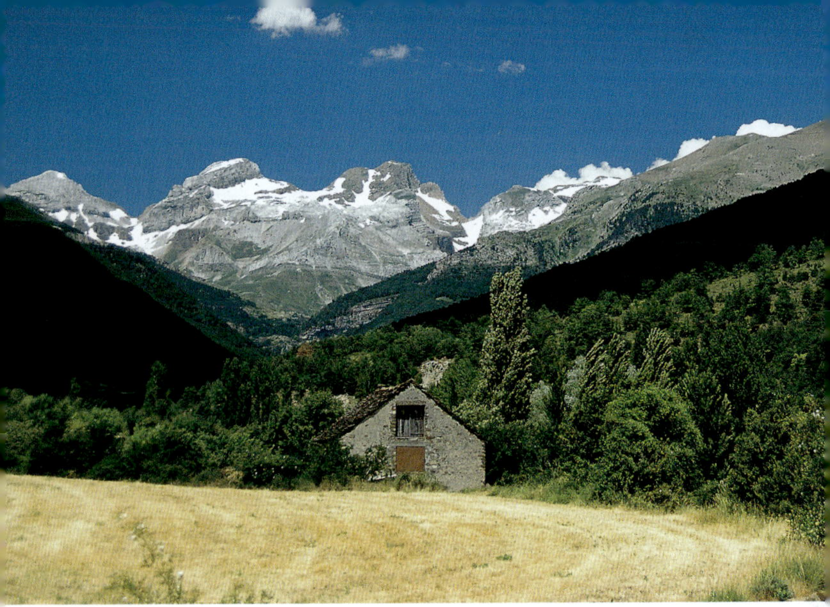

Valle de Aísa. Im Blickzentrum die Picos de Aspe und Llena de la Garganta.

steigungen interessant. Während sich von Astún aus leicht die Berg- und Seeregion um den Pic du Midi d'Ossau im französischen »Parc National des Pyrénées« erschließt, bildet Candanchú den Zugang für die nordseitige fantastische Bergfront zwischen den Exponenten Pico de Aspe und Bisaurín. Beide Gipfel sind klassische Ziele, werden aber normal über die leichtere Südseite bestiegen, wofür Talwechsel nötig sind. Nördlich von Castiello de Jaca schlängelt sich ein Passsträßchen vorbei an den hübschen Dörfern Borau und Aísa hinüber ins Tal des Río Estarrón und dort taleinwärts bis auf knapp 1500 m Höhe. Hier beginnen zahlreiche Anstiege, neben dem Hauptziel Pico de Aspe auch in kaum frequentierte, aber immens eindrückliche Gebiete wie die Lecherínes. Im Westen wird das Tal durch einen harmlosen Kretezug mit dem aussichtsreichen Pico Mesola abgeschlossen, jenseits davon liegt das hübsche Paralleltal des Río Osia, durch das man bis zum Refugio de Lizara gelangt. In der Umgebung der neu und komfortabel ausgebauten Herberge wird im Winter Skilanglauf betrieben, im Sommer ist sie Stützpunkt für die Normalroute auf den Bisaurín. Der 2670 m hohe Berg dominiert die Sierra de Secús und wartet mit einem großartigen Gipfelspektrum auf. Auf halbem Weg passiert man den Collado de lo Foratón, über den sich hinüber zum Refugio Gabardito im Valle de Hecho wandern lässt.

1 Peña de Oroel, 1769 m

3.30 Std.

Aussichtsposten im Vorland – auf den »Hausberg« von Jaca

Besonders intensiv strahlen die rotbraunen Felsen der Peña de Oroel im Abendlicht. Ein schöner Wanderweg durch dichten Wald steigt hinauf zu dem riesigen Gipfelkreuz auf dem lang gestreckten Koloss, von wo sich die Berge des Valle de Canfranc, allen voran die majestätische Collarada, aus übersichtlicher Distanz präsentieren.

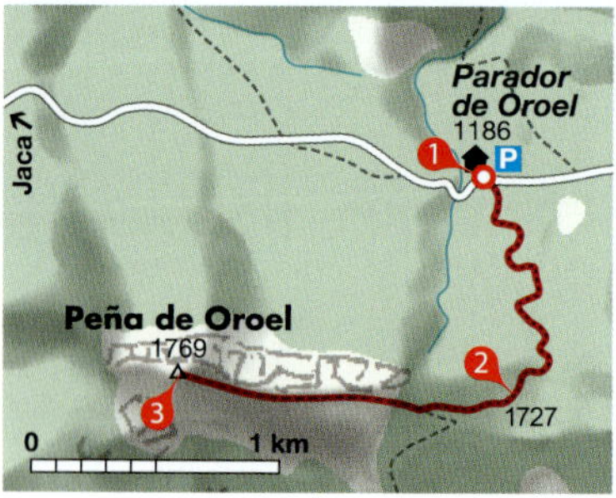

Talort: Jaca, 815 m.
Ausgangspunkt: Parkplatz am Restaurant »Parador de Oroel«, 1186 m. Von Jaca auf der A-1205 Richtung Bernúes (Puerto de Oroel); bei km 6,8 links auf die Asphaltstraße (beschildert mit »Parador Oroel«) und 2,5 km bis zum Restaurant.
Höhenunterschied: 583 m.
Anforderungen: Leichte Wanderung, gut verteilte Steigung.
Markierung: Weiß-gelb (PR-HU 66).
Einkehr: Restaurant »Parador de Oroel«, Jaca.

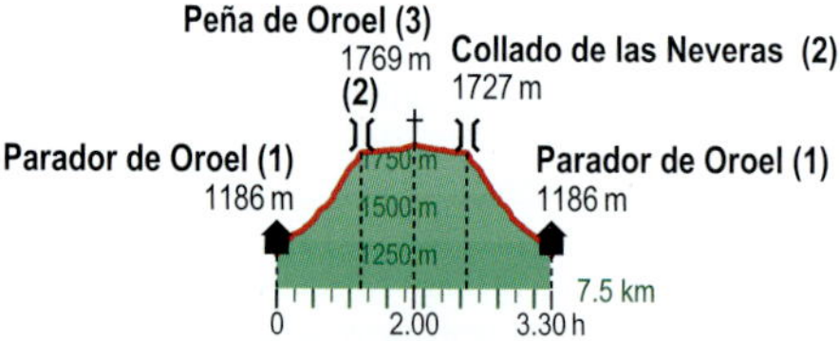

Dem **Parkplatz (1)** gegenüber nehmen wir den mit »Cruz« beschilderten Weg auf. Er vereint sich schnell mit dem als S6 bezeichneten Wanderweg, der in langen bequemen Kehren durch die dicht mit Kiefern bewachsenen Nordhänge der Peña de Oroel ansteigt. Weiter oben mischen sich auch Tannen darunter. Der Schatten spendende Wald erstreckt sich bis zum langen Rücken des Berges, wo wir den **Collado de las Neveras (2)**, 1727 m, erreichen. Hier beginnt lichtes, überwiegend mit Buchsbäumen bestandenes Gelände. Den links abzweigenden Weg lassen wir beiseite und bleiben auf dem flachen Kamm mit Westrichtung bis zum überdimensionierten »Cruz« (Kreuz), das die **Peña de Oroel (3)**, 1769 m, ziert.

Einer Felsmole gleich: Peña de Oroel im Süden von Jaca.

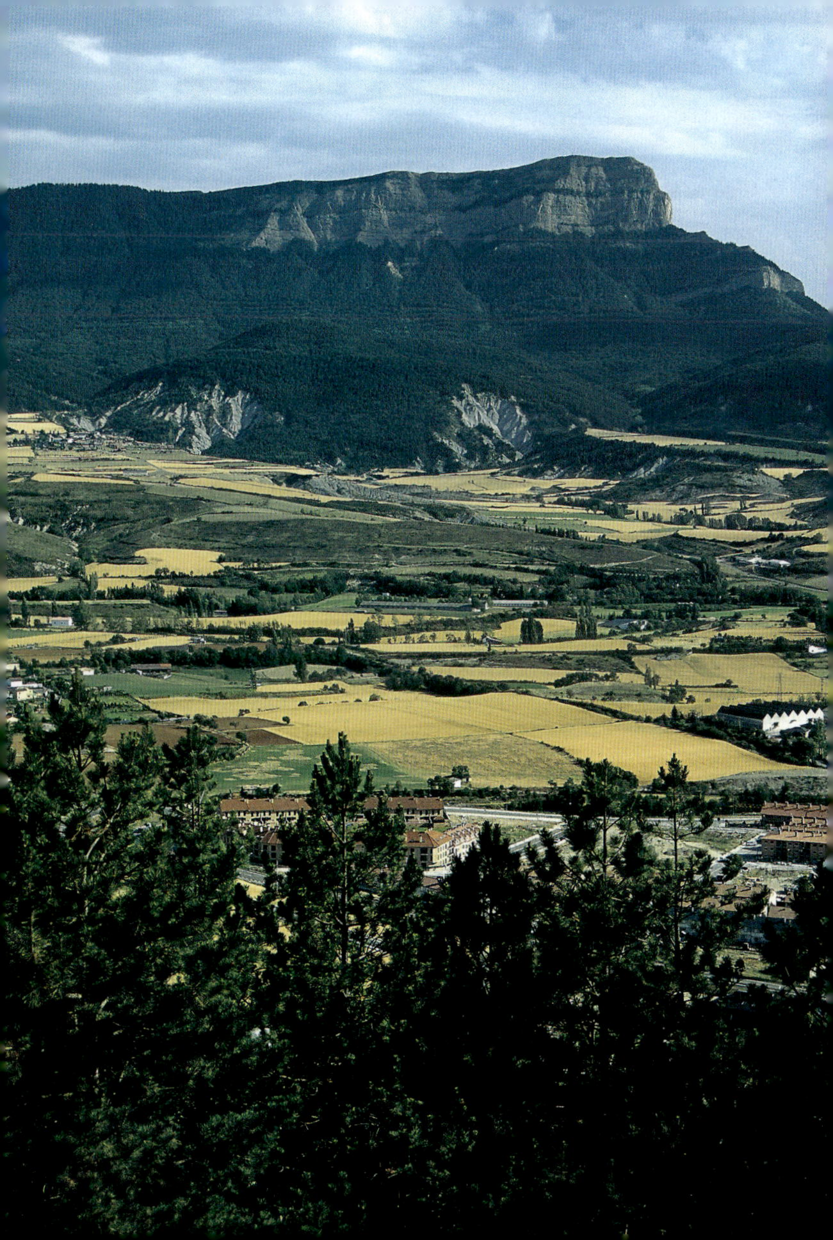

2 *Ibón de Ip, 2110 m*

7.30 Std.

Über allem thront die Collarada

Das schöne Kalkmassiv der Collarada bekommt man auf dieser Wanderung von seiner Nordseite her ausgiebig zu Gesicht. Am Wanderziel gruppiert sich um den aufgestauten Ip-See ein schroffer Bergkessel mit zackigen Gipfeln, die nur mit schwieriger Kletterei erreichbar sind. Die zum Staudammbau errichteten Gebäude verrotten heute leider vor sich hin.

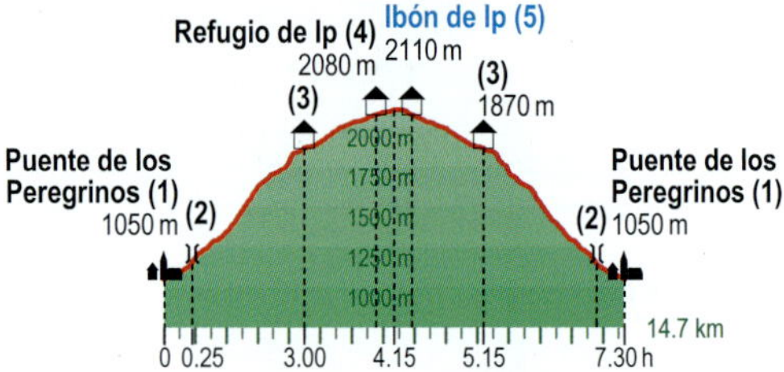

Talort: Canfranc, 1050 m.
Ausgangspunkt: Puente de los Peregrinos am nördlichen Ortsausgang von Canfranc, 1050 m. Direkt hinter Canfranc biegt man von der N-330 auf die rechts abgehende Piste und quert den Río Aragón. Hinter der Brücke sind Parkplätze.

Höhenunterschied: 1060 m.
Anforderungen: Gute Kondition erforderlich; lange, anstrengende Wanderung mit großer Höhendistanz. Sehr stark steigende Wegetappen.
Markierung: Gelb-grün; Steinmännchen.
Einkehr: Canfranc-Estación, Villanúa.

Hinter der **Puente de los Peregrinos (1)** nehmen wir den breiten Fahrweg auf und lassen unterwegs den links abzweigenden Weg nach »Canfranc-Estación« (GR-65.3) beiseite. Wir folgen der Beschilderung »Ibón de Ip«. Gleich hinter der Brücke über den Barranco de Ip schwenkt unser Weg nach rechts, unterquert die alte **Eisenbahnbrücke (2)**, 1150 m, und setzt nun zum recht kräftigen Anstieg an. Mit Steinmännchen markierte Umgehungspfade meiden fürs Erste den steilen Hauptweg, der vor Zeiten für den Holztransport angelegt wurde. Bei einem scharf nach links abführenden Pfad – Steinmarkierung! – verlassen wir den geradeaus hochziehenden Forstweg und folgen bequemen Kehren durch dicht bewachsene Waldhänge aufwärts. Unser Pfad schließt dann wieder am breiten Forstweg an, auf dem wir allmählich gelichtete Hänge erreichen.

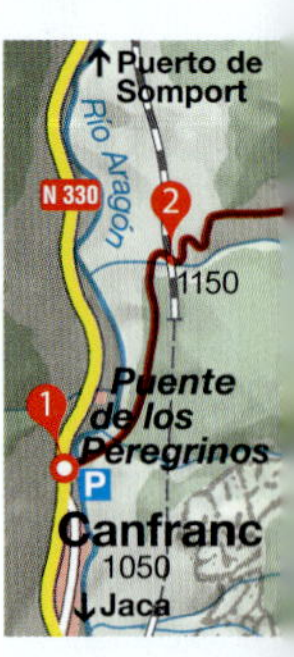

Auf nun schmalem Weg wird eine Seitenschlucht gequert, da-

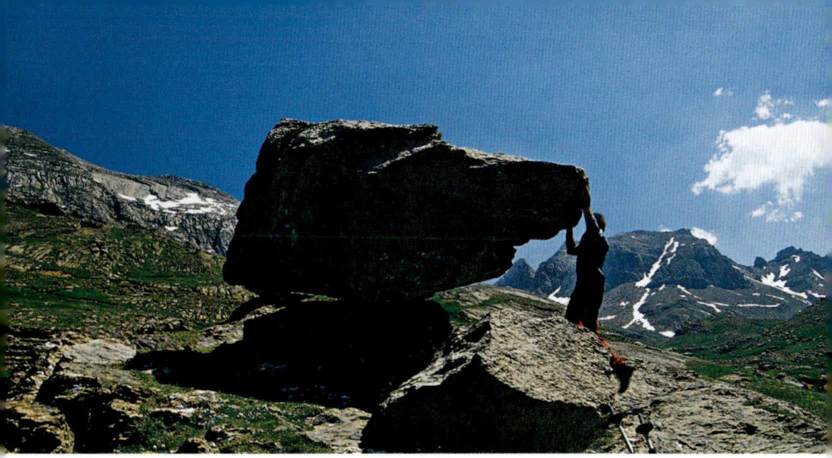

»Wackelstein« kurz vor dem Ibón de Ip.

nach geht es in offene, mit weißem Affodill bestandene Grashänge. In kurzer Folge kreuzt der Weg zwei schön geschnittene Schluchten, die steil zum Barranco de Ip abfallen, danach zieht er durch flache Hanglagen an einem winzigen **Refugio (3)**, Notbiwak, 1870 m, vorbei und wird dahinter bisweilen undeutlich. Entlang den Steinmännchen queren wir das felsdurchsetzte Gelände und halten auf die hügelige Talschwelle vor uns zu. Wir queren einen kleinen Barranco, steigen dann zu aufgelassenen Gebäuden aus der Zeit des Baus der Staumauer, und treffen auf eine beschilderte Wegkreuzung: Von rechts kommt der an der Südseite des Barranco de Ip aufsteigende Weg (»la Besera«) an, wir laufen weiter zum nahen **Refugio de Ip (4)**, 2080 m. Die solide Selbstversorgerhütte (16–20 Personen) liegt links der bepflanzten Staumauer, an deren Seite wir zum **Ibón de Ip (5)**, 2110 m, gelangen.

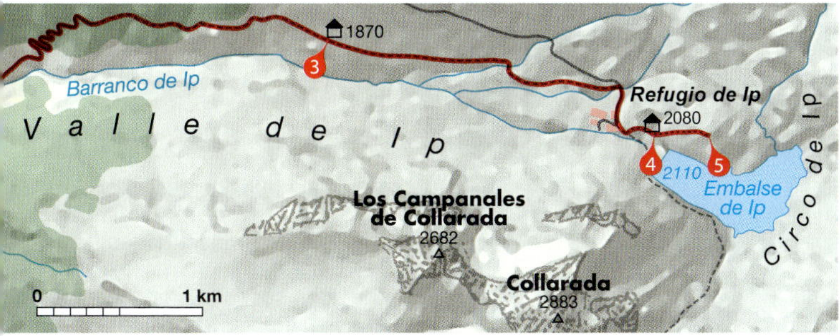

3 Circo de Samán, 2190 m

6.45 Std.

Alpine Flora, Gämsen, ein Karstsee und ein verschwiegener Bergkessel

Das offene Tal des Barranco de Izas bildet den Vorlauf zu dem überaus reizvollen Anstieg hinauf zum versteckten Circo de Samán. Keine Berge mit Großformat sind hier Trumpf, sondern die Fassetten einer Landschaft im stillen Abseits. Umso mehr lassen sich die dichten Blumenhänge, die schön gezeichneten Felsfronten, die bezaubernd liegende Cabaña auf halbem Weg und der einsame Circo de Samán genießen, in dem sich die Gämsen mit ein wenig Glück zahlreich tummeln.

Talort: Canfranc-Estación, 1200 m.
Ausgangspunkt: Col de Ladrones, 1340 m. Durch Canfranc-Estación auf der N-330 Richtung Puerto de Somport, ca. 200 m hinter den letzten Häusern des Ortes, direkt am Ortsausgangsschild, rechts auf eine Piste abzweigen und auf dieser etwa 1,7 km bis zu einer ausgedehnten Plattform nahe den alten Fortanlagen (Fuerte de Col de Ladrones).
Ein Fußweg zum Col de Ladrones beginnt unmittelbar nach der Brücke über den Río Aragón auf der links abzweigenden Piste. Bei einer Gabelung (der Weg links bleibt am Fluss) rechts ansteigend zu einer Haarnadelkurve der Anfahrtspiste. Hier auf der links abführenden Piste ein paar Meter und weiter auf dem rechts abzweigenden Weg, der zum Col de Ladrones hinaufsteigt.
Höhenunterschied: 850 m.
Anforderungen: Ausgedehnte Tour mit mehreren starken Steigungsstrecken. Wegverlauf kurzfristig am Steilabbruch.
Markierung: GR bis zum Abzweig aus dem Tal des Bco. de Izás; Steinmännchen.
Einkehr: Canfranc-Estación, Villanúa.

Rückblick ins Izás Tal.

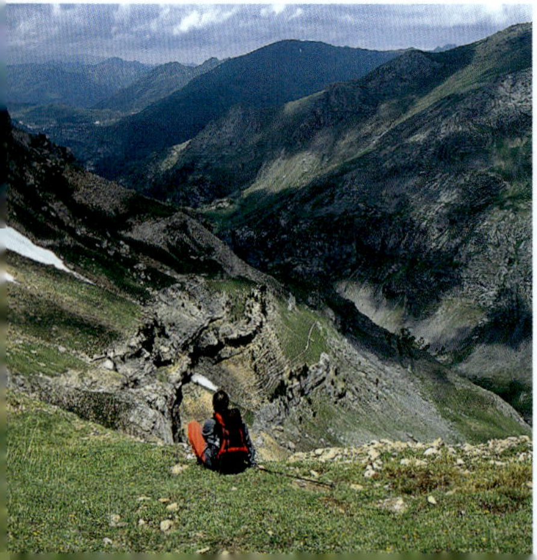

Am **Col de Ladrones (1)** nehmen wir die nach Osten zum Embalse de Izás führende Piste auf. Kurz vor dem winzigen Staubecken gehen wir bei dem Wegweiser »Coll de Izás/Ibón de Iserías« rechts ab und laufen auf steinigem Weg taleinwärts. Eine Talschwelle, die der Bach in einer Serie von Wasserfällen am Fuß einer vertikalen Felswand durchschneidet, überwindet unser Weg mit kräftigen Kehren und erreicht danach ein Hochtal, das sich mit leichter Steigung nach Osten zu erstreckt. Rechts begleitet von

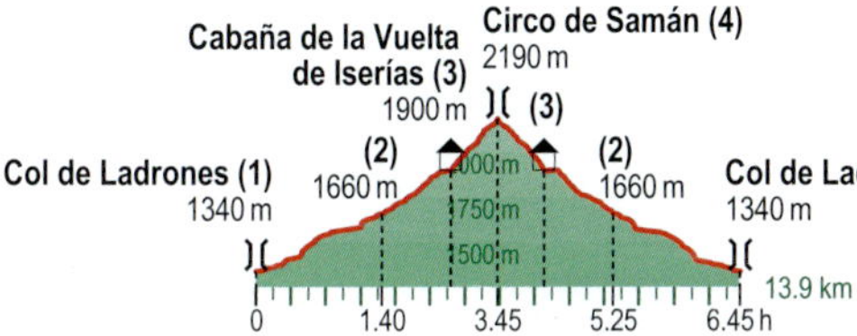

schön gezeichneten Felswänden wandern wir durch prächtige Blumenwiesen den breiten Canal de Izás einwärts. Bei einem Steinmännchen – Achtung! – spaltet sich unser Weg: Der linke Zweig bleibt nahe dem Talbach, wir jedoch schlagen den rechten und leicht ansteigenden Weg ein (wenige Meter hinter der Verzweigung GR-Zeichen auf einem Felsbrocken!), um auf die richtige Höhe zu kommen, wo wir das Tal verlassen müssen. Nachdem ein von rechts in mehreren Stufen abfallender Seitenbach gequert ist, treffen wir auf einen großen, dunklen und kantigen **Felsblock (2)** mit GR-Markierung: Etwa 30 m dahinter zweigt bei einem Steinmännchen ein anfangs unscheinbarer Pfad rechts ab. Nach wenigen Schritten ist er gut ausgetreten und kurvt nun durch üppige Blumenhänge hangaufwärts, nähert sich dem rechts von uns abfallenden Bacheinschnitt und steigt im Zickzack auf einen halbrunden Felsabbruch zu. An dessen Fuß schwenkt er nach Nordwesten und zieht auf einer Felsterrasse hinüber zur **Cabaña de la Vuelta de Iserías (3)**, 1900 m. Die kleine intakte Hütte (2–4 Plätze für Selbstversorger) ist pittoresk auf einem Sporn mit herrlicher Aussicht postiert. Mit einer Spitzkehre wechselt unser Weg nun nach Süden und steigt in schöner Wegführung – Vorsicht, kurzfristig recht nah am Steilabbruch! – auf der zweiten Felsterrasse an. Er quert einen kleinen Barranco und überwindet einen steilen Schrofenhang auf eine Geröllhalde am Fuß der Felsaufbauten zu. Hier dreht er wieder südwärts und läuft, nun recht unscheinbar, auf den kleinen **Sattel (4)**, 2190 m, hinter dem sich der **Circo de Samán** ausbreitet. In einer tiefen Karstmulde zu Füßen des Bergkessels liegt der gleichnamige See.

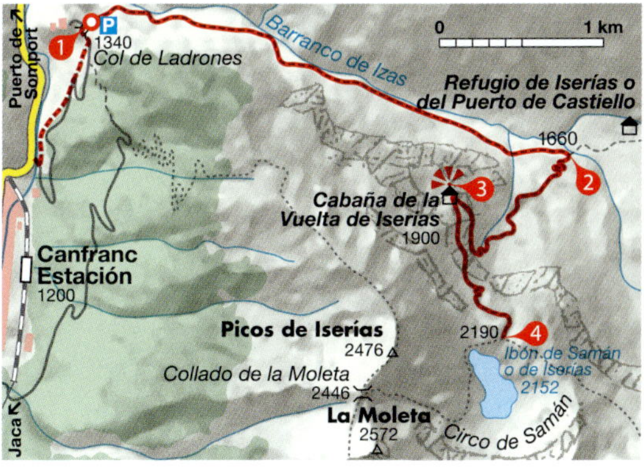

TOP 4 Ibones de Anayet und Vértice de Anayet, 2555 m

9.00 Std.

In den großen Talkessel des Canal Roya, hinauf zu zauberhaften Torfseen und zum Abschluss ein blendender Aussichtsgipfel

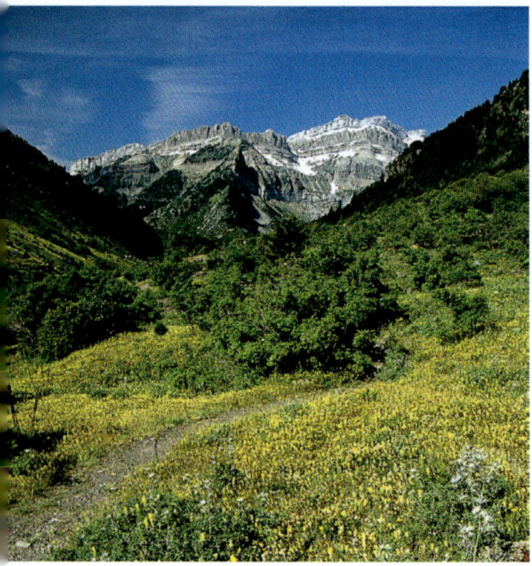

Mit seiner spitzhütigen Gestalt scheint der Pico de Anayet das spanische Gegenstück zum benachbarten Pic du Midi d'Ossau. Da der Berg aber einige Kletterpassagen erfordert, steigen wir von dem bildhübschen Grasplateau mit den Torfseen auf den nur wenig niedrigeren Vértice de Anayet und genießen von dort den Anblick der grandiosen Bergwelt mit ihrem eindrucksvollen Reichtum an Farben und Formen. Ausdrücklich sei erwähnt, dass die bis zu den Ibones de Anayet verkürzte Tour ein überaus schönes Wandererlebnis verspricht.

Talweg im Canal Roya.

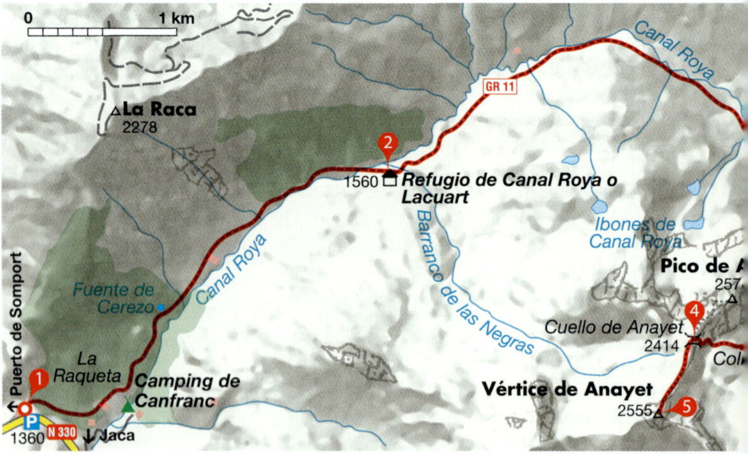

Talort: Canfranc-Estación, 1200 m.
Ausgangspunkt: Parkplatz Anglassé, 1360 m. Von Canfranc-Estación auf der N-330 Richtung Somport-Pass bis km 671, rechts ab zum Parkplatz am Río Aragón.
Höhenunterschied: 1195 m.
Anforderungen: Extrem lange Tour mit großer Höhendistanz. Steile Steigetappe im Talschluss des Canal Roya und zum Cuello de Anayet. GR bis Collado und Ibones de Anayet; danach deutlicher Pfad zum Cuello de Anayet. Im Frühsommer kann der Anstiegsweg zum Collado de Anayet überschwemmt und der Passanstieg mit Schnee bedeckt sein!
Markierung: Weiß-rot (GR 11) bis Ibones de Anayet; danach Steinmarkierungen.
Einkehr: Canfranc-Estación, Candanchú.
Hinweis: Die reduzierte Tour bis zu den Ibones de Anayet ist eine überaus schöne und selbstständig lohnende Wanderung mit prächtiger Landschaftsumgebung und Ausblicken. Dauer der verkürzten Tour: 6.30 Std.

Beim Parkplatz **Anglassé (1)** überqueren wir auf der Brücke den Río Aragón und laufen auf dem Forstweg durch Wald, vorbei an der eingefassten »Fuente del Cerezo« linker Hand. Sobald wir auf Bachniveau kommen, endet der Forstweg, wir setzen auf dem breiten Wanderweg links fort zu einem Brückchen über den Talbach, auf der anderen Seite vorbei am **Refugio de Canal Roya (2)**, das als Viehpferch genutzt wird. Unser Weg bleibt nun in den rechten Talhängen, zieht bei einer Verengung schärfer an und übersteigt eine kleine Talschwelle, hinter der wir ein ausgedehntes Hochtal mit weiten Grashängen betreten.
Mit nachlassender Steigung laufen wir taleinwärts und folgen der Talbiegung nach Südosten, während sich die markanten Felsen des Pico de Anayet im Süden ins Blickfeld schieben. Am Ende des breiten und flachen Talgrunds baut sich der mächtige Talschluss auf, an dem Wasserfälle aus der Anayet-Hochebene abstürzen. Unser Weg schlängelt sich in ausgeklügelter Wegführung in dem Talkessel hoch und leitet zum **Collado de Anayet (3)**, 2227 m. Hier teilt er sich: Links setzt sich der GR zur Nordspitze des größten der Anayet-Seen fort. Wir folgen diesem und bleiben an der Westseite des Sees bis zu seinem Südufer, wo wir auf einen querlaufenden Weg stoßen. Hier gehen wir rechts und sehen vor uns den Sattel zwischen dem Pico de Anayet rechts und dem Vértice de Anayet links. Der Pass ist durch einen markanten Felsblock gekennzeichnet. Auf unserem Weg halten wir nun schnurstracks auf den Pass zu und steigen in steilen Windungen hinauf zum grasigen **Cuello de Anayet (4)**, 2414 m, wo sich mehrere Wege aufspalten. Nach Norden geht es zum Pico de Anayet ab, wir wenden uns nach Süden

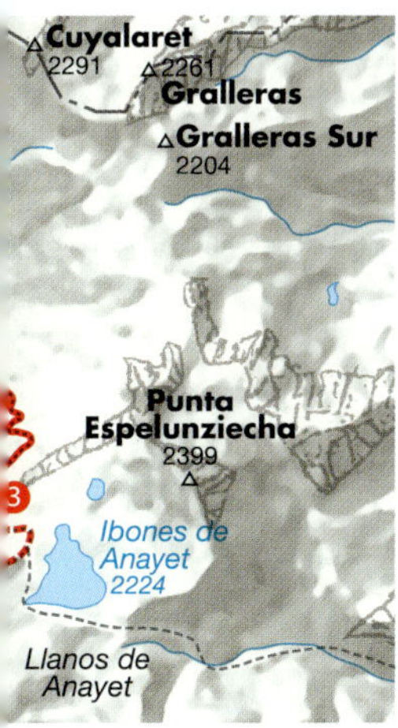

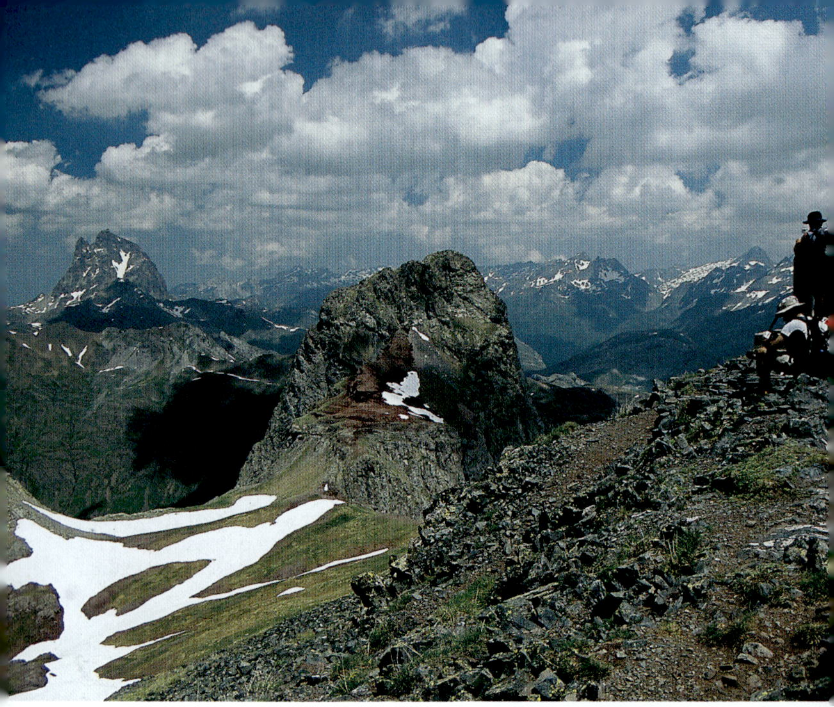

Am Ziel: Vértice de Anayet. In der Mitte der Pico de Anayet, links hinten Pic du Midi d'Ossau.

und folgen der Abriebspur über rötliches Gestein. Rechts des Kamms haltend erreichen wir den **Vértice de Anayet (5)**, 2555 m, mit geodätischem Zeichen.

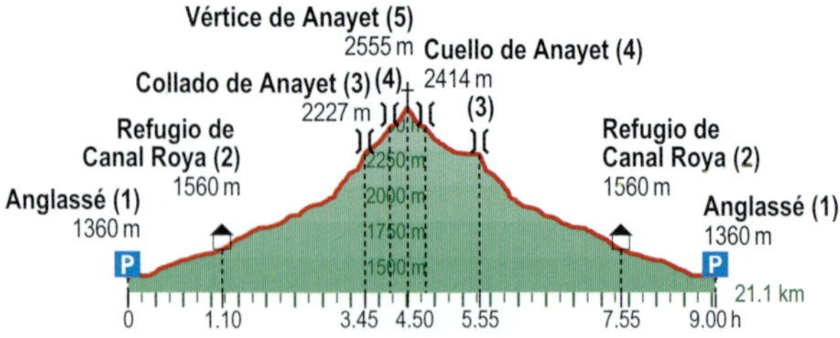

4.00 Std.

Ibón del Escalar, 2080 m, und Pic des Moines, 2346 m

5

Eine kleine Spitze mit großartigem Rundblick

Auf den ersten Blick scheinen die Skianlagen von Astún nicht die besten Voraussetzungen für attraktive Wandertouren. Doch der Ibón del Escalar am Fuß eines kleinen Bergrunds ist davon verschont und wird sehr gerne als Picknick- und Ruheplatz angegangen. Von hier bietet sich ein müheloser Abstecher hinauf zum Puerto de Jaca, wo sich die Berge um den berühmten Pic du Midi d'Ossau präsentieren. Wer ein wenig klettergewandt ist, sollte sich den anschließenden Gipfelausflug zum Pic des Moines, schon auf französischer Seite, nicht entgehen lassen, um das wirklich großartige Gebirgspanorama voll auszukosten.

Talort: Astún, 1710 m.
Ausgangspunkt: Parkplatz von Astún, 1710 m.
Höhenunterschied: 636 m.
Anforderungen: Bis Ibón del Escalar und Puerto de Jaca leichte Wanderung, mitunter kräftige Steigungen. Beim Anstieg zum Pic des Moines teils ausgesetzte Stellen.
Markierung: Schilder, Steinmännchen.
Einkehr: Astún; Canfranc Estación.

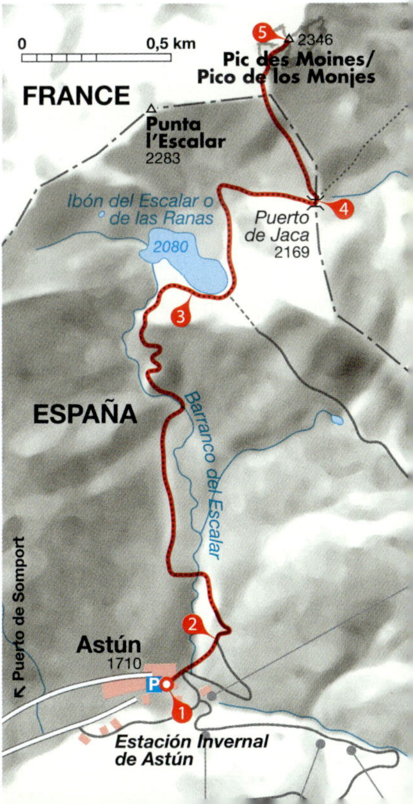

Am Parkplatz von **Astún (1)** gehen wir Richtung »Telesilla de los Lagos«. Gleich nach dem letzten Gebäude linker Hand mit Restaurant und Bar kommt der Barranco del Escalar herunter und läuft kanalisiert unterirdisch ab. Auf der anderen Seite geht bei einem Schild ein Trampelpfad links ab. Wir nehmen ihn auf, steigen durch Grashänge an und kürzen dadurch eine von der Talstation abgehende Pistenschleife ab. Wieder auf der Piste folgen wir ihr links bis zu einem winzigen Rückstaubecken des Barranco, wo die **Piste endet (2)**. Hier teilt sich der Weg. Wir können nun den bei-

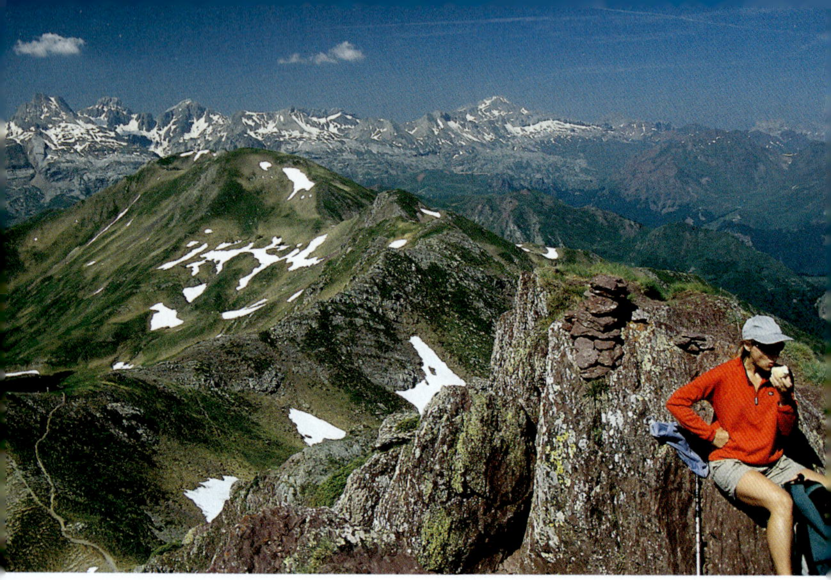

Superbes Panorama: Pic des Moines.

den Wegzweigen folgen, die beiderseits des Bachs durch die Grashänge ansteigen. Der Weg auf der linken Seite quert weiter oben den Bach erneut und schließt am rechtsseitigen Weg an.
Während sich das Tal merklich verengt, zieht unser Weg kräftiger an und steigt im Zickzack über Fels und Wiesenhänge. Nach Überwindung des Taleinschnitts erreicht der Weg annähernd Bachniveau und kommt flach zur Südseite des **Ibón del Escalar (3)**, 2080 m. Wir laufen rechts um den Südzipfel des Sees, dann leicht ansteigend mit Nordrichtung und queren den vom Sattel herablaufenden Bach. Gleich danach dreht unser Weg nach Westen und steigt geradewegs hinauf zum **Puerto de Jaca (Col des Moines, 4)**, 2169 m. Auf dem Sattel folgen wir dem nordwärts haltenden Weg unterhalb des Kamms. Er zieht im Queranstieg zu einem kleinen Sattel hoch, wo der Blick ins benachbarte Vallée d'Aspe frei wird. Vor uns liegt nun die Südfront des Pic des Moines; flachen Wegs geht es hinüber zum Fuß des Gipfelaufbaus und dort im steilen, teils ausgesetzten Anstieg entlang dem Gratverlauf zum engen **Pic des Moines (5)**, 2346 m.

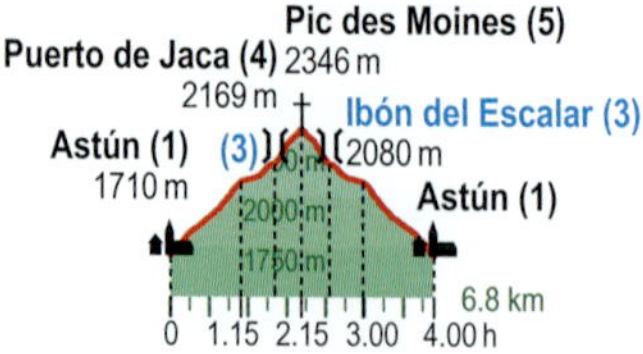

4.45 Std.

Pico de Canal Roya, 2345 m

6

Kleine Kammwanderung im Angesicht des Pic du Midi d'Ossau

Die Skilifte von Astún lassen wir auf dieser beschaulichen Wanderung hinter uns. Überraschend einsam und mit weit reichenden Blicken präsentieren sich die moderaten Grenzberge hoch über dem Canal Roya. Im Mittelpunkt stehen der formschöne Pico de Anayet auf spanischer Seite, auf französischer mit dem Pic du Midi d'Ossau sein größeres Pendant.

Talort: Astún, 1710 m.
Ausgangspunkt: Parkplatz von Astún, 1710 m.
Höhenunterschied: 635 m.
Anforderungen: Leichte Tour. Der Anstieg im Skigebiet zum Collado de Astún ist etwas verwirrend.
Markierung: Steinmännchen.
Einkehr: Astún.
Variante: Am Collado de Astún, 2189 m, nach Süden auf dem Kamm zur Punta Malacara, 2268 m, und in leichtem Auf und Ab zum Pico de Canal Roya.

Am Parkplatz von **Astún (1)** laufen wir zum letzten Gebäudekomplex und weiter zur weißbedachten Talstation der Telesilla »Cima Raca«. Dahinter treffen wir auf den Barranco de Astún und biegen links auf die schmale Piste ab, die den Bach rechtsseitig begleitet. Weiter oben schließen wir an einen **Fahrweg (2)** an und verlassen ihn wieder, sobald er eine Haarnadelkurve nach rechts macht. Hier folgen wir der geradeaus führenden Skipiste, die weiter entlang des Baches ansteigt. Vorbei an den Schildern »Canal Roya/Toboganes« beginnt die Skipiste nach einem flacheren Abschnitt stark anzusteigen, sie dreht nach links ab und mündet in einen Fahrweg, dem wir hinauf zu einer **Bergstation (3)**, 2150 m, oberhalb des Ibón de las Truchas folgen. Wir steigen wenige Meter zu dem kleinen See hinab und folgen nun dem klaren Weg, der durch die Grashänge hinauf zum **Collado de Astún (4)**, 2189 m, steigt. Am Pass nehmen wir den rechterhand die Hänge querenden Weg. Er kommt in Felsterrain, hier verlassen wir ihn alsbald nach rechts und laufen weglos auf eine Graskuppe zu, die durch einen einsamen Busch markiert wird. Durch über-

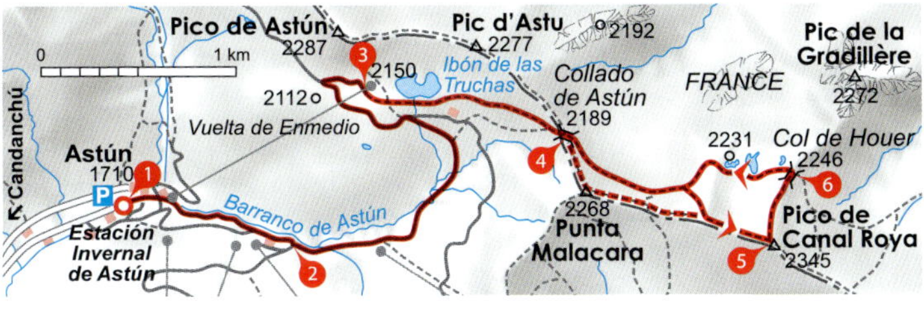

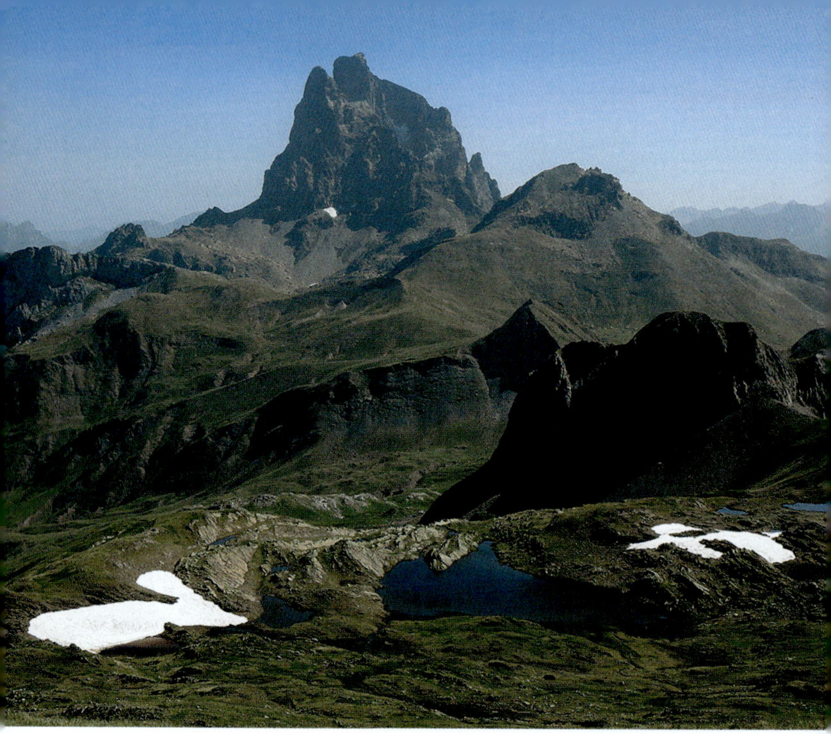

Blick zum Wahrzeichen der französischen Westpyrenäen: Pic du Midi d'Ossau.

sichtliches Gelände steigen wir die sanften Hänge an und erreichen den namenlosen Gipfel mit einem originellen Steinmännchen. Wir bleiben nun auf dem Kamm, steigen wenige Meter zu einem Sattel ab und wieder aufwärts zum **Pico de Canal Roya (5)**, 2345 m, mit famoser Sicht.

In direkter Nordrichtung wandern wir nun abwärts zum **Col de Houer (6)**, 2246 m, am Fuß des auffälligen Pic de la Gradillère. Am Sattel nach links und vorbei an den hübsch liegenden winzigen Seen. Am letzten See weiter auf dem mit Steinmännchen markierten Weg und über den Collado de Astún zurück nach **Astún (1)**.

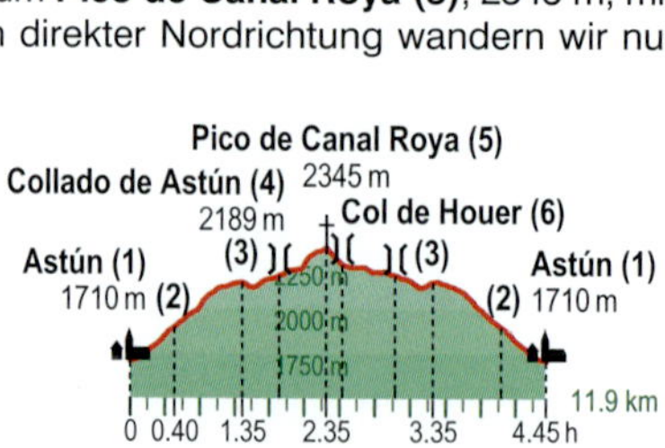

3.45 Std.

Tortiellas Bajo, 1746 m

7

Eine wenig bekannte Annäherung an die großen Gipfel

Nur wenige Wanderer verirren sich zu den Hochebenen von Tortiellas. Dabei liefert schon der Anmarsch durch das kurze Tal von Rioseta mit dem schön geformten Felskessel am Talende einen eindrucksvollen Vorgeschmack. Am Ziel präsentiert sich dann die prächtige Gipfelgalerie zwischen Pico Lecherines und Pico de Aspe, zu ihren Füßen eine tiefe Karstsenke mit sattem Grasboden, durch den sich im Sommer der Bach des Barranco de Tortiellas schlängelt. Nur nach der Schneeschmelze fließt genügend Wasser, das sich zum See aufstaut.

Talort: Canfranc-Estación, 1200 m.
Ausgangspunkt: Rioseta, 1400 m. Von Canfranc-Estación auf der N-330 Richtung Puerto de Somport bis ca. 200 m vor dem Militärcamp Rioseta, das an einer Haarnadelkurve liegt. Hier kann rechts der Straße in der Nähe des langen Gebäudes geparkt werden. Vor dem Militärcamp dürfen keine Autos abgestellt werden!
Höhenunterschied: Knapp 700 m mit Gegenanstiegen.
Anforderungen: Unschwere Wanderung, zwischendurch allerdings kräftige Steigung.
Markierung: GR-Markierung bis Tortiellas Alto.
Einkehr: Candanchú, Astún.

Tortiellas Bajo.

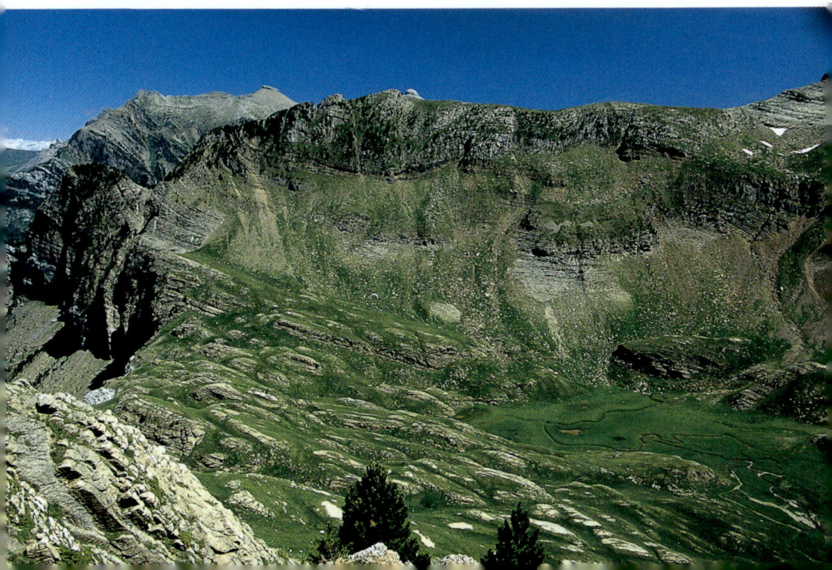

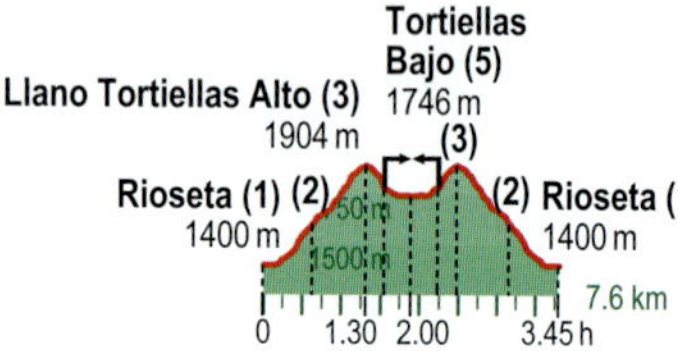

Vom Parkplatz laufen wir auf der Straße zum Militärcamp **Rioseta (1)**, bei dem steinernen Umspannturm rechts der Gebäude beginnen wir unsere Wanderung. Entlang den Strompfosten zunächst weglos durch Wiesen hinauf zu einer Mauer, bei der ein Tellerlift endet. Ab hier wird ein Pfad zunehmend deutlich, es beginnt auch die GR-Markierung. Zwischen einem Schlepplift und der Stromleitung durch Grashänge ansteigend zeigt sich alsbald das tief eingeschnittene und von schönen Felswänden begrenzte Rioseta-Tal.

Unser Weg hält auf den steil aufragenden Talschluss zu und weicht dann rechts in den **Hang** aus **(2)**, der auf langen bequemen Kehren angestiegen wird. Oben passieren wir ein Felsgässchen und betreten eine ausgeprägte Karstlandschaft mit erodiertem Kalkfels und Erdeinstürzen. Nachdem wir auf felsigem Weg kräftig bergauf gewandert sind, wird das Gelände wieder flacher und grasig. Vor uns tauchen die Liftanlagen des **Llano Tortiellas Alto (3)**, 1904 m, auf. Während der GR weiter zu den Gebäuden läuft, verlassen wir ihn noch vor einem eingefurchten Bachbett und dem ersten Liftgebäude und nehmen links die unscheinbare Grasspur in Südrichtung auf. Sie führt

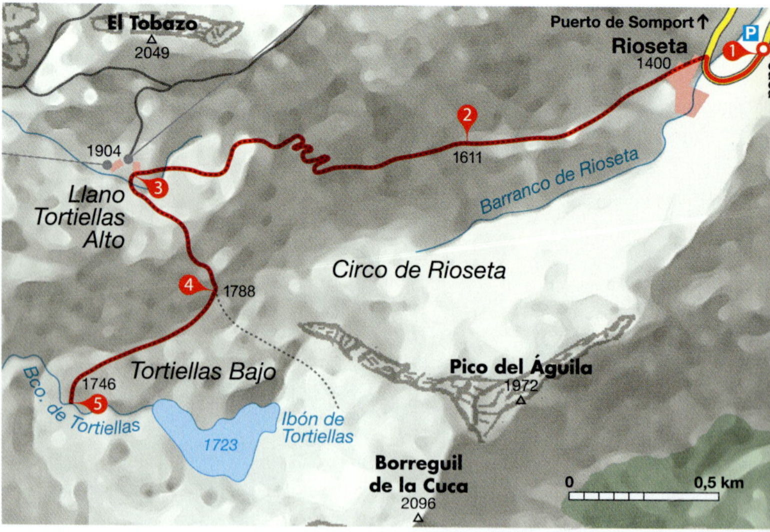

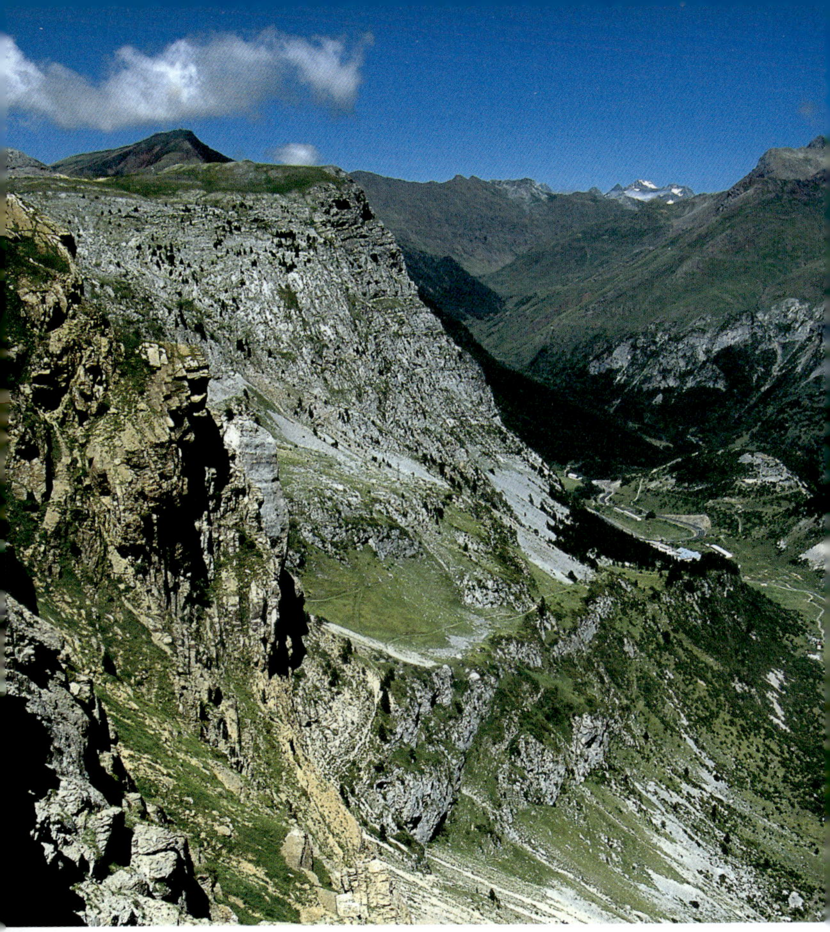

Das Tal der Rioseta.

uns zu Fahrspuren, denen wir links folgen und sogleich weiter auf dem Pfad, der rechter Hand den Grashang durchzieht. Er kommt rasch an die scharfen Abbrüche des Circo de Rioseta und hält dann stark abwärts auf die Senke zu. Bei einer **Gabelung (4)**,1788 m, nehmen wir den rechten Zweig und steigen nun in einem Bogen hinunter zum Westrand der **Tortiellas Bajo (5)**, 1746 m.

8 Majada de Gabardito, 1520 m

4.00 Std.

Sanfte Blumenwiesen und ein privilegierter Blick auf die Peña Collarada

»Praderas de Heidi« – die »Heidi-Wiesen« wird das hübsche Gelände um die Forsthütte von Gabardito auch genannt. Wir steigen zuerst auf einem schattigen Weg entlang dem Barranco de los Meses durch verlassene Baumschulen und später durch schönen Wald zu den idyllischen Wiesenhängen, die im Frühjahr und Sommer mit Blumen übersät sind.

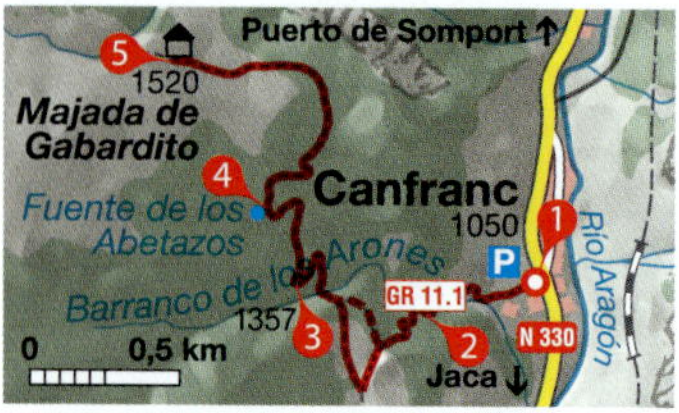

Talort: Canfranc, 1050 m.
Ausgangspunkt: Parkplatz gegenüber der südlichen Ortseinfahrt von Canfranc, 1050 m.
Höhenunterschied: 470 m.
Anforderungen: Leichte Kurztour auf gutem Wander- und Forstweg.
Markierung: GR-11.1.
Einkehr: Villanúa, Canfranc-Estación.

Vom Parkplatz bei **Canfranc (1)** laufen wir auf der Straße ca. 50 m nach Süden und biegen unmittelbar vor der Böschungsmauer rechts ab auf den markierten GR-Pfad. Ihm folgend geht es vorbei an zwei unbewohnten Häusern und nach einer hohen Trockenmauer in Wald, wo wir uns dem Barranco de los Meses (auch: Bco. de los Arones) nähern. Durch altes Forstgelände mit moosigen Mauern, Treppen und Toren steigt unser Weg bequem an und quert den Bach bei einer regulierten **Stufe (2)**. Gleich danach auf dem breiten Waldweg links in gemütlichen Kehren weiter, die diversen Abkürzungspfade lassen wir beiseite. Mit zunehmender Höhe entfernen wir uns vom Bach, laufen kurz am Fuß einer Felswand – der Weg ist hier mit Natursteinen »gepflastert« – und treffen dahinter auf eine Verzweigung, wo wir dem schmaleren Weg links folgen. Schon nach kurzem stoßen wir auf einen **Forstweg (3)**, 1357 m, hier rechts weiter. Er kreuzt unseren Barranco und zieht vorbei an der hübschen kleinen **Fuente de los Abetazos (4)** hinauf zu den Wiesenhängen von Gabardito. Auf Fahrspuren laufen wir zur nahen **Majada de Gabardito (5)**, 1520 m; leider ist die Forsthütte in recht schlechtem Zustand und allenfalls als Notplatz für 4–6 Personen brauchbar.

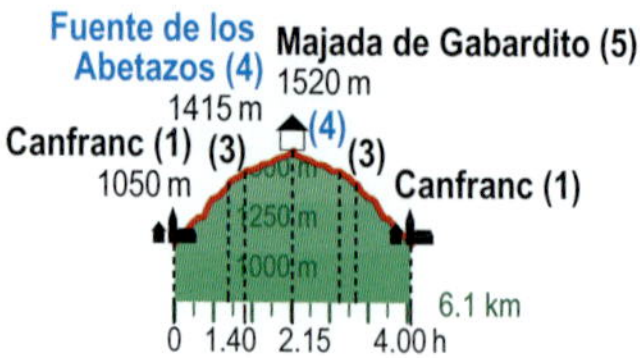

Die schöne Schlucht des Barranco Aguaré entspringt nahe der Majada de Gabardito.

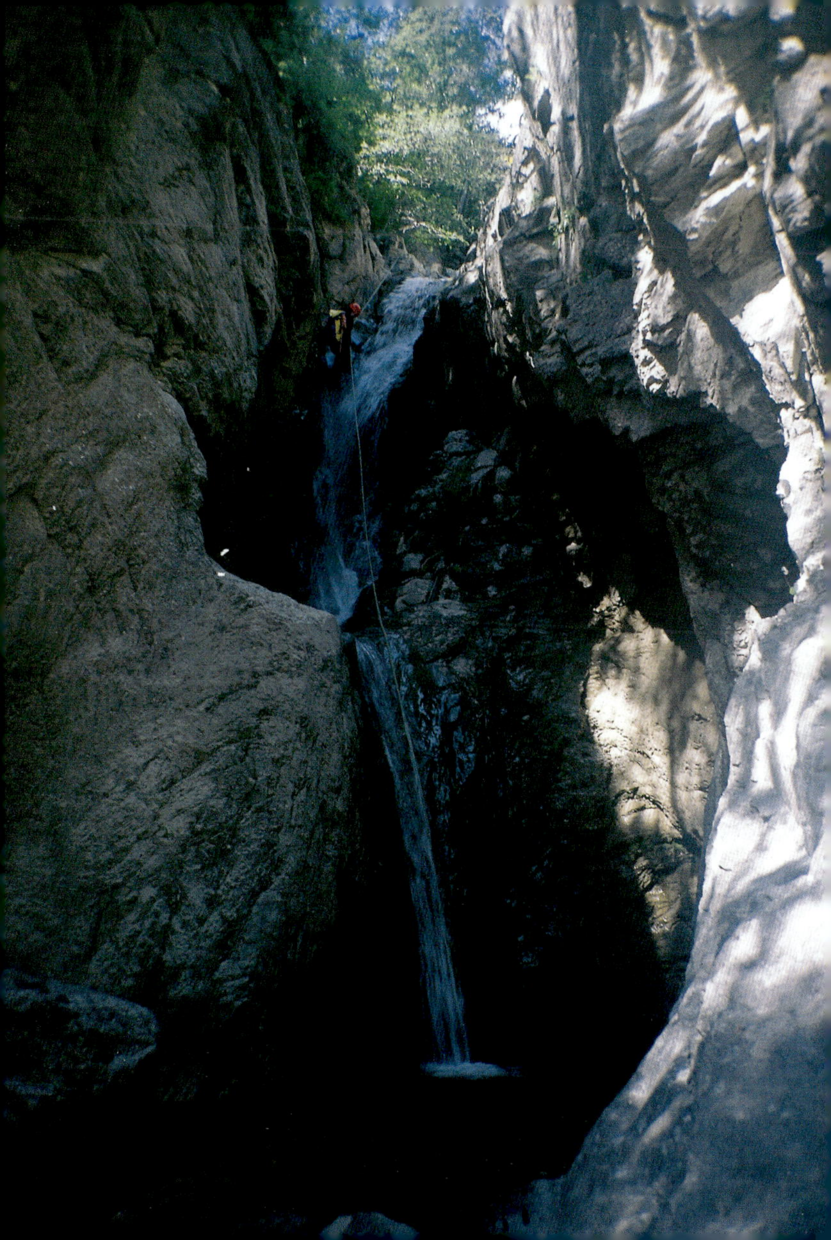

TOP **9**

Ibón de Estanés, 1760 m

5.30 Std.

Grüne Weiden, grasende Pferde und ein schöner Bergsee vor kontrastreicher Kulisse

Viele Wege steuern den Ibón de Estanés an und unter den klassischen Wanderzielen in der Grenzregion um den Puerto de Somport steht der See ganz oben. Seine Beliebtheit verdankt er der hübschen Lage zwischen sanften Gras- und Felskuppen, vor allem aber seiner Einrahmung durch die formschöne Sierra de Secús im Süden und den rötlich gefärbten Bergzügen des Grenzkamms im Norden.

Talort: Candanchú, 1570 m.
Ausgangspunkt: Parkplatz an der Piste nach Rinconada, 1610 m. Am Ende der Skistationen von Candanchú weiter auf der nach Westen gerichteten Asphaltpiste, die sogleich zu einer Splitterpiste wird, bis zu einem großen eingezäunten Wasserbassin linker Hand. Hier sind rechts der Piste auf Fels die weißroten GR-Zeichen zu sehen. Hier parken. Ist die Piste gesperrt, muss man vom großen Parkplatz bei den Skistationen ca. 500 m laufen.
Höhenunterschied: Ca. 400 m einschließlich Gegenanstiegen.
Anforderungen: Lange Tour mit geringer Höhendistanz. Sehr schmaler Weg durch ein abschüssiges Geröllkar vor der Gave d'Aspe; hier ist Trittsicherheit erforderlich. Die folgende Querung des Bergbachs kann bei starker Wasserführung Probleme bereiten. Vorsicht!
Markierung: GR-11.
Einkehr: Candanchú, Astún.

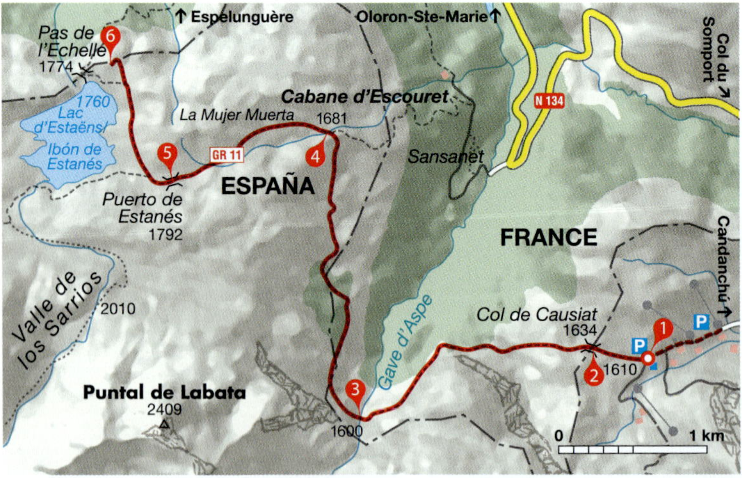

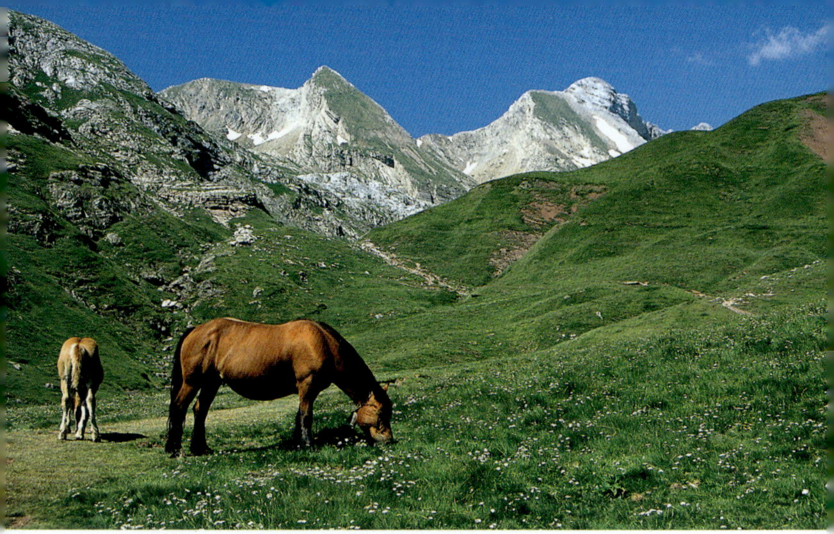

Idylle vor den ersten Gipfeln der Sierra de Secús.

Vom Parkplatz bei **Candanchú (1)** gehen wir einige Meter auf der Skipiste, um vor einer Brücke bei Steinmännchen rechts auf den Wanderweg zu wechseln. Er zieht durch hübsche Hänge mit Felsbrocken und tritt am **Col de Causiat (2)**, 1634 m, in den französischen »Parc National« ein. Alsbald senkt er sich und kommt in Buchenwald, wo wir erst ab-, dann wieder ansteigen und auf flachem Weg durch steile, mit Kleingeröll bedeckte Hänge queren.
Mit einer deutlichen Biegung nach Süden schwenkt unser Weg am Fuß steiler Abbrüche ins Tal der Gave d'Aspe ein. Auf einem schmalen, bisweilen nur fußbreiten Band queren wir die Geröllhänge und kommen zur **Gave d'Aspe (3)**, 1600 m, die die Wasser aus dem Circo de Aspe abführt. Bei starker Wasserführung ist große Vorsicht geboten, eventuell ist ein paar Meter unterhalb des Wegs die Querung günstiger! Auf der anderen Seite steigt unser Weg wieder an – der rechts absteigende Weg wird nicht beachtet! – und führt durch mär-

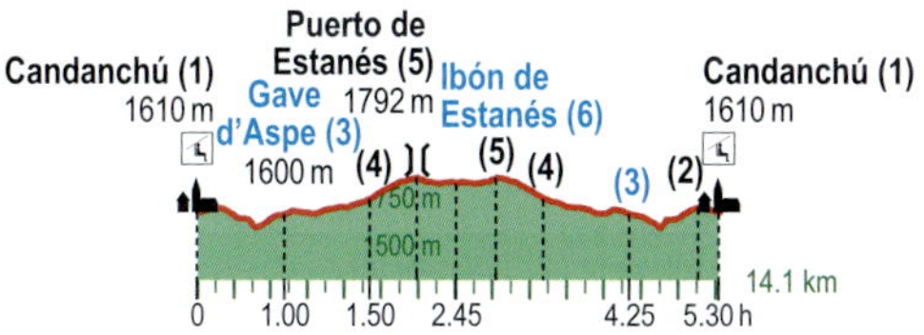

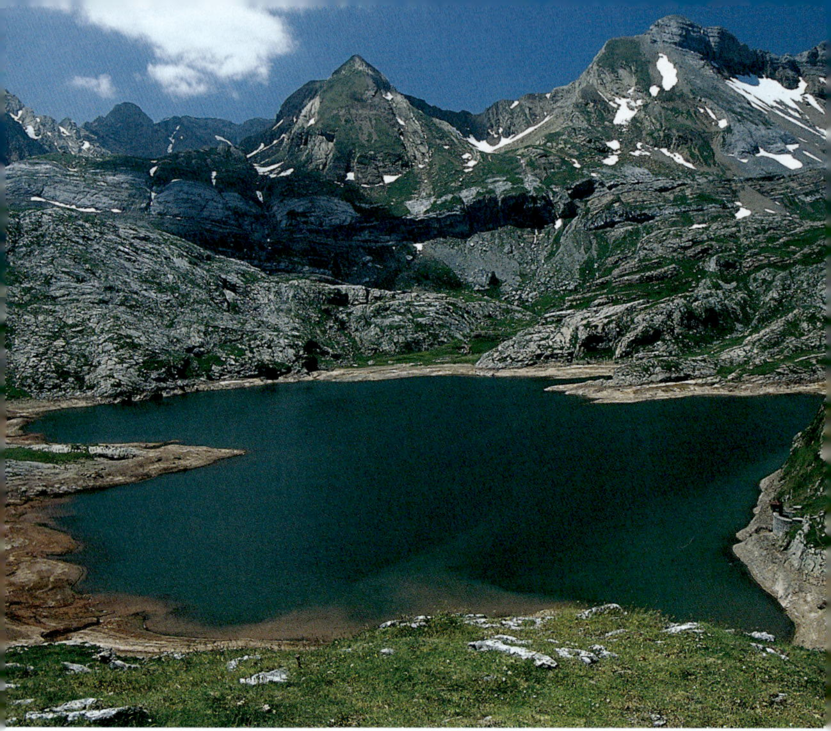

Ibón de Estanés vor eindrucksvoller Kulisse der Secús-Kette.

chenhaften Buchenwald mit Farnen und bemoosten Steinen. Der folgende kleinere Sturzbach lässt sich auf Steinen problemlos queren.
Nach der Waldstrecke erreicht unser Weg offene Grashänge und trifft in einem Weidetal mit dem vom französischen Sansanet heraufkommenden **Wanderweg (4)**, 1681 m, zusammen. Mit Westrichtung ziehen tiefe Wegfurchen hinauf zu einem hübschen Weidetal, das linker Hand von Felsbauten abgeschirmt wird. Wir folgen den markanten Wegen und stehen auf dem flachen **Puerto de Estanés (5)**, 1792 m, über dem See.
Ein paar Schritte weiter hält der GR geradeaus zum Südende des Sees, wir biegen aber rechts ab und laufen zur Nordseite des **Ibón de Estanés (6)**, 1760 m. Hier erhebt sich rechts des engen Pas de l'Echelle, über den ein Weg ins französische Espelunguère absteigt (siehe Tour 43), ein markanter Felsbuckel – die aussichtsreiche Erhebung ist über die rechte Seite auf Schrofenhängen leicht anzusteigen, eine gute Raststelle!

5.30 Std.

Rundtour um die Mallos de Lecherín

10

Die fantastischen Felstürme von allen Seiten

Der Bergkessel zwischen dem Pico de Aspe und dem Pico Rigüelo vereint mehrere Bergspitzen, die zu den schönsten Formationen des Gebiets zählen. Inmitten der Kette ragen die turmartig erodierten Mallos de Lecherín heraus, die man im Anstieg durch den landschaftlich wunderschönen Kessel ständig vor Augen hat. Auf dem Pass steht man ihnen dann vis-à-vis und genießt weit herum die unglaublich abwechslungsreiche Bergwelt.

Talort: Aísa, 1030 m.
Ausgangspunkt: Ende der Asphaltpiste ins Valle de Aísa, 1480 m. Von Aísa weiter in Fahrtrichtung Yasa; nach dem Schwimmbad von Aísa an der Verzweigung rechts ab ins Valle de Aísa bis zum Ende des Sträßchens; hier Parkmöglichkeit.
Höhenunterschied: 960 m.
Anforderungen: Recht lange Tour, besonders im Anstieg zum Collado de Lecherín sehr starke Steigung. Teilweise weglos. Achtung: Der Westhang des Collado de Lecherín kann bis in den Sommer mit Schnee bedeckt sein.
Markierung: Wegschilder; Steinmännchen; GR-11.1 ab Refugio de López Huici.
Einkehr: Aísa.

Am Parkplatz im **Valle de Aísa (1)** durchqueren wir das Eisentor und passieren eine Viehumzäunung links des Wegs. Wenig später verlassen wir die Fahrpiste nach rechts auf einem Weg hinunter zum Río Estarrón, dort über Steine zur anderen Seite. Taleinwärts haltend wird sogleich der von rechts zulaufende Barranco de la Madalena gekreuzt, kurz darauf kommt unser Pfad auf Höhe des Bachs und wird bisweilen undeutlich.
Wir bleiben an der rechten Bachseite und halten auf Stufen des Barranco de Estarrón zu. Das Tal richtet sich nach Nordost, der Anstieg über die grasigen Hän-

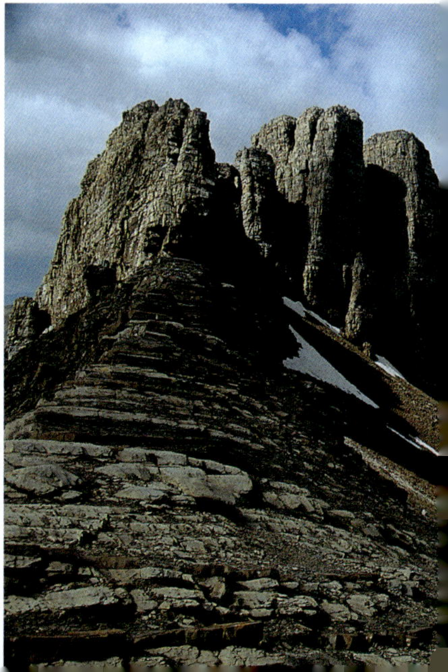

Imposante Felstürme: Mallos de Lecherín.

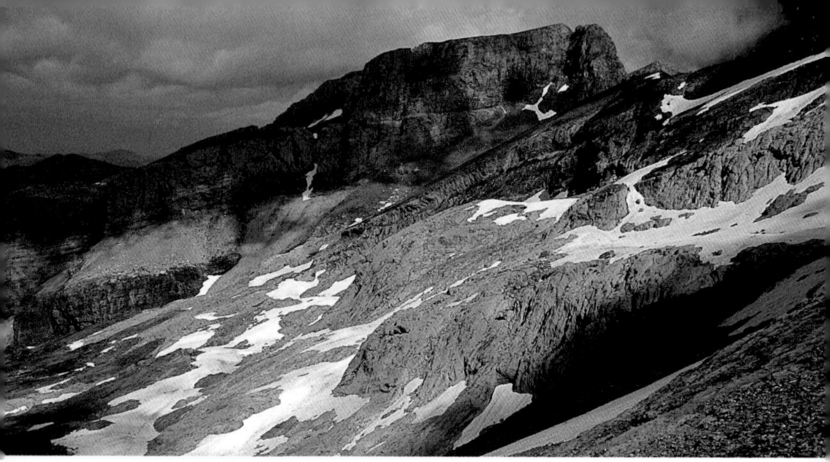

Im Aufstieg zum Collado de Lecherín.

ge wird kräftiger, und wir erreichen die Höhe des rechter Hand liegenden Refugio de Rigüelo. Bald danach kreuzen wir auf 1720 m den unauffälligen **GR-11.1 (2)**; hier kommen wir beim Abstieg vom Collado de la Madalena wieder an. Mit gleich bleibender Richtung steigen wir in dem gut überschaubaren Gelände zu einem flacher werdenden Talabsatz auf, wo sich rechts von uns der vorgeschobene Pico Rigüelo präsentiert, links davon der markante Felsblock der Mallos de Lecherín, der uns als Referenzpunkt dient, und nördlich von diesem der zweifarbige, hütchenförmige Pico de Lecherín.
Mit einem recht deutlichen Schwenk nach Osten geht unser Weg dann den steilen Schrofenhang an, der sich zwischen Geröllhängen und Karstfelsen vom Fuß der Mallos de Lecherín herunterzieht. Auf windungsreichen Pfaden steigen wir erst direkt auf die Mallos zu und kommen weiter oben in Gelände mit Felsbrocken. Wir durchqueren es auf den grasigen »Wegen« und drehen vor den großen Geröllflanken der Mallos wieder mehr nach Nordost, wo der Sattel am Fuß des Pico de Lecherín klar im Blick ist. Durch gerölliges und felsiges Terrain steigen wir hinauf zum **Collado de Lecherín (3)**, 2360 m.
Auf der anderen Seite des Passes nehmen wir den südwärts laufenden Abstiegsweg. Weiter unten wird das **Refugio de López Huici** mit dem roten Dach sichtbar, mehr oder weniger direkt darauf zuhaltend queren wir durch die ostseitigen Hangpartien des Pico Rigüelo und erreichen die am Ende einer Fahrpiste liegende **Schutzhütte (4)**, 2000 m, solide Selbstversorgerhütte für 12–16 Personen, wo wir am GR anschließen. Nun folgen wir der Fahrpiste zum grasigen **Collado de la Madalena (5)**, 2039 m. Hier biegen

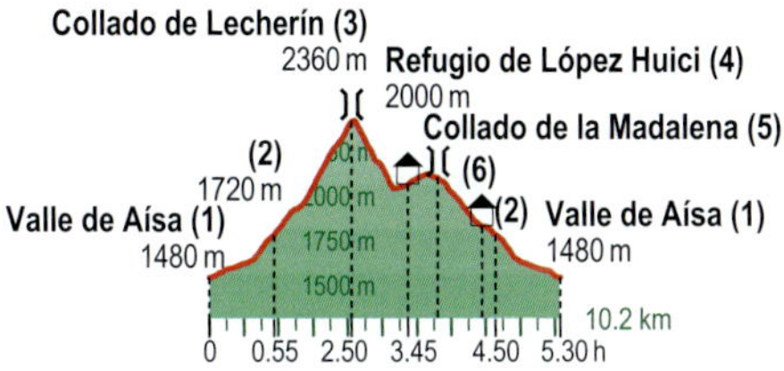

wir mit dem GR rechts ab und erst linksseitig des Hangeinschnitts, weiter unten dann zur rechten Seite wechselnd steigen wir hinunter ins Tal des Barranco de Estarrón. Im großen Bogen läuft unser Weg anschließend nordwestwärts am **Refugio de Rigüelo (6)**, 1768 m, vorbei und trifft auf unseren Anstiegsweg, auf dem wir talauswärts zum Parkplatz im **Valle de Aísa** laufen.

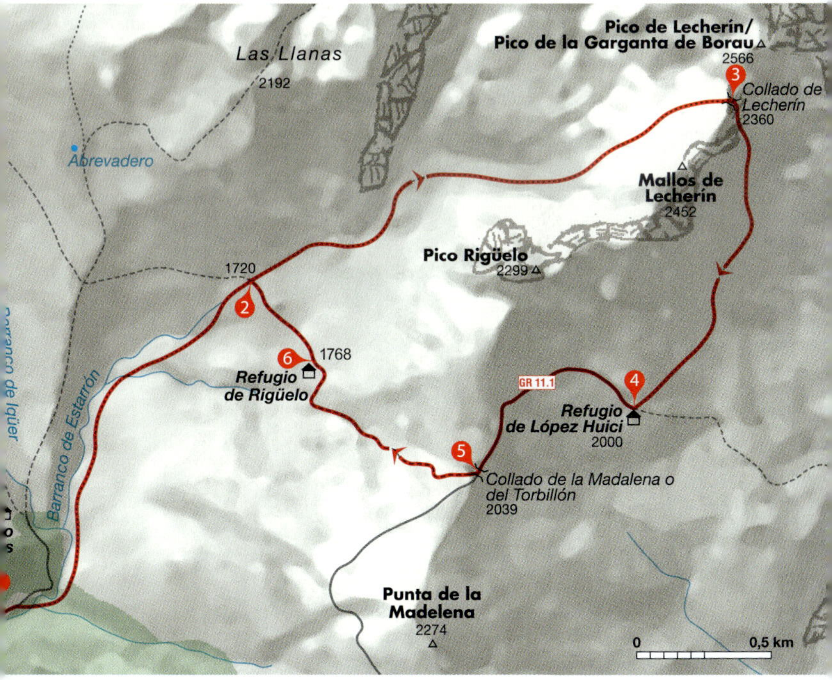

TOP **11**

Pico de Aspe, 2640 m

7.00 Std.

Klassisches Gipfelerlebnis mit herausragenden Blicken

Die Sierra de Aísa präsentiert sich dem Wanderer wie ein Gipfeltriumvirat. Mit ihrer schönen Anordnung und Gestalt beherrschen die drei Picos Llena del Bozo, Llena de la Garganta und Aspe konkurrenzlos die Szenerie, die Beliebtheit bei Gipfelstürmern konzentriert sich aber klar auf den Pico de Aspe. Der klassische Anstieg über die Südseite bietet ebenso abwechslungsreiche Landschaften wie Anforderungen und wird oben von einem prächtigen Panorama in alle Richtungen gekrönt.

Talort: Aísa, 1030 m.
Ausgangspunkt: Siehe Tour 10.
Höhenunterschied: 1160 m.
Anforderungen: Sehr lange Tour mit großer Höhendistanz und mehreren recht steilen Etappen. Trittsicherheit in Karstgelände und chaotischem Fels erforderlich. Große Vorsicht bei Nebel! In den oberen Lagen kann Schnee bis in den Juli liegen.
Markierung: Schilder; Steinmännchen.
Einkehr: Aísa.

Am Gipfelziel: Blick vom Pico de Aspe.

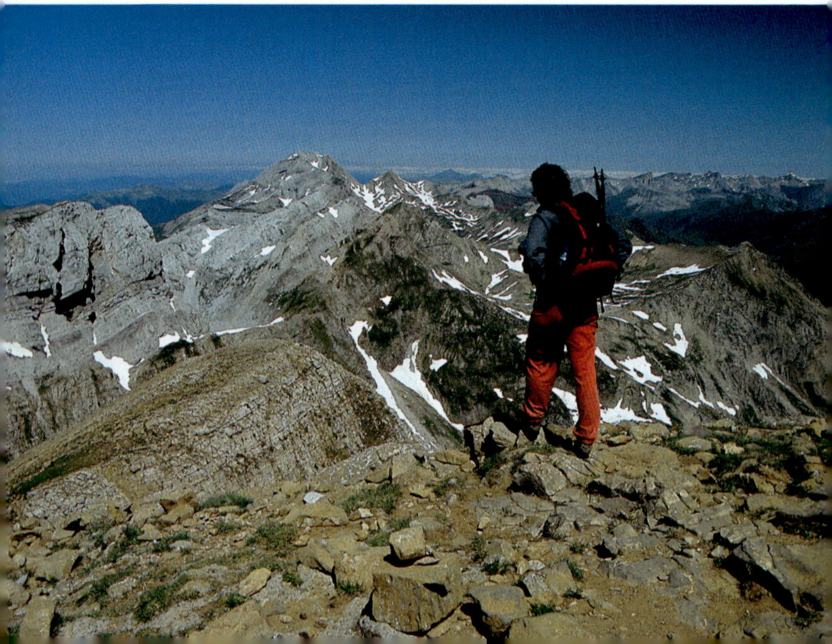

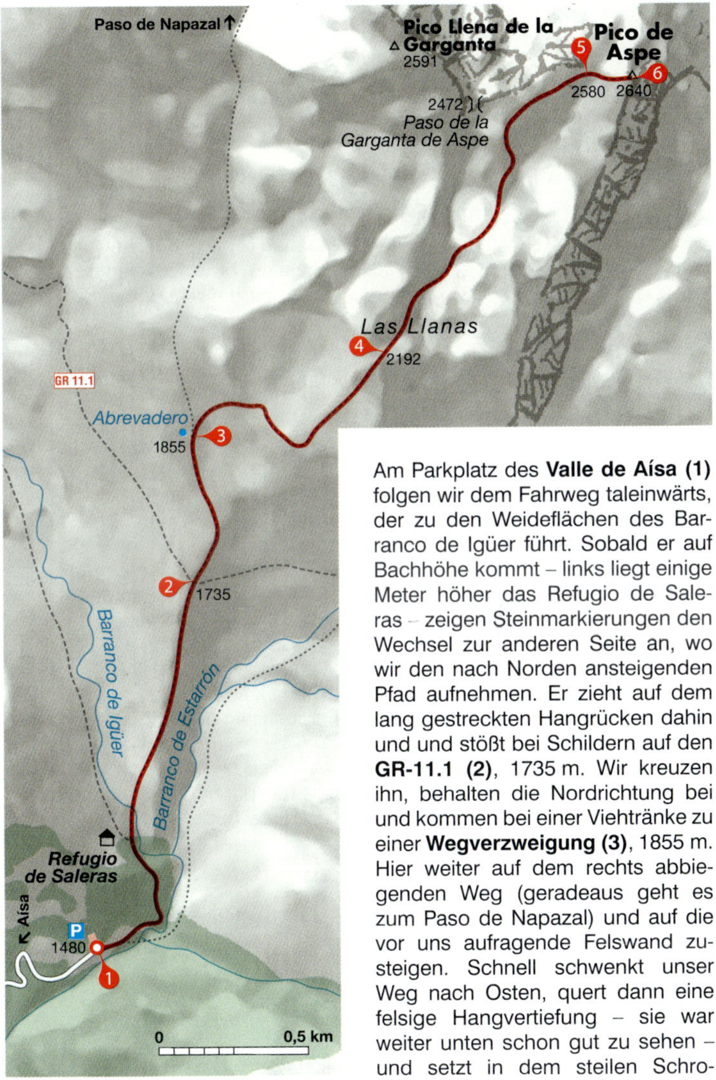

Am Parkplatz des **Valle de Aísa (1)** folgen wir dem Fahrweg taleinwärts, der zu den Weideflächen des Barranco de Igüer führt. Sobald er auf Bachhöhe kommt – links liegt einige Meter höher das Refugio de Saleras – zeigen Steinmarkierungen den Wechsel zur anderen Seite an, wo wir den nach Norden ansteigenden Pfad aufnehmen. Er zieht auf dem lang gestreckten Hangrücken dahin und und stößt bei Schildern auf den **GR-11.1 (2)**, 1735 m. Wir kreuzen ihn, behalten die Nordrichtung bei und kommen bei einer Viehtränke zu einer **Wegverzweigung (3)**, 1855 m. Hier weiter auf dem rechts abbiegenden Weg (geradeaus geht es zum Paso de Napazal) und auf die vor uns aufragende Felswand zusteigen. Schnell schwenkt unser Weg nach Osten, quert dann eine felsige Hangvertiefung – sie war weiter unten schon gut zu sehen – und setzt in dem steilen Schro-

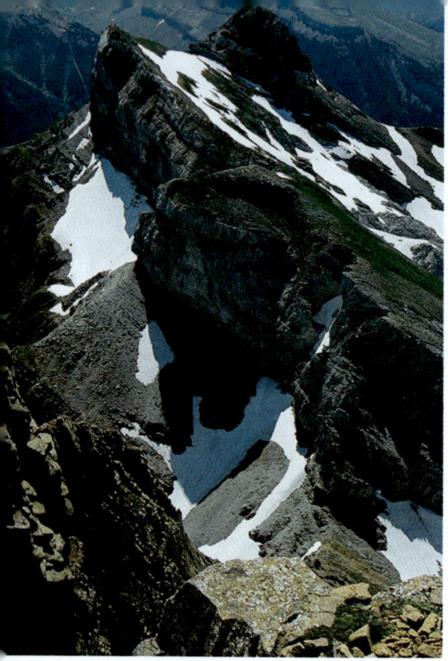

La Zapatilla – kurioser Nachbar des Pico de Aspe.

fenhang an. Auf ausgetretenen Wegspuren, teils begleitet von Steinmännchen, steigen wir zunächst in Südostrichtung an, wechseln alsbald nach Nordost und ersteigen auf schlängelndem Weg den zunehmend steinigen Steilhang. Bei einem kleinen Sattel erreichen wir den Eingang zu **Las Llanas (4)**, 2192 m, – einem ausgedehnten, bizarr erodierten Karstgebiet mit Felschaos, tiefen Tälern und Einbrüchen.

Kurz nach dem Betreten von Las Llanas teilt sich der »Weg«: Sehr gut platzierte Steinmännchen führen halb links haltend durch das chaotische Gelände – rechts ließe sich der direkte Anstieg durch die Karstregion machen, wobei es durch Kleintäler und über Talscheiden geht, bisweilen mit leichter Kletterei: gute Orientierung ist hier unbedingt nötig! Für den Anstieg folgen wir vorzugsweise der linken Variante, die mehr am Rand des Karstgeländes verläuft. Langsam weicht der nackte Karstfels wieder grasigen Flecken, der bleibend gut markierte Pfad steigt kurz auf den Paso de la Garganta de Aspe zu und biegt dann nach Nordosten in die schrofigen Steilhänge eines Vorgipfels des Pico de Aspe, um zu einem winzigen **Sattel (5)**, 2580 m, aufzusteigen. Wir queren auf Sattelhöhe und sogleich beginnt der Einstieg in den Gipfelaufbau mit deutlichen Trittspuren und Steinmännchen, die den felsigen Grat hinauf geleiten zum **Pico de Aspe (6)**, 2640 m.

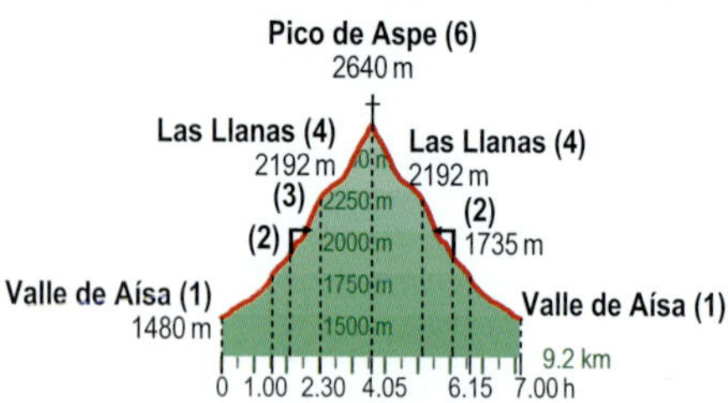

6.00 Std.

Valle de Igüer und Puerto de Aísa, 2270 m

12

Ein verstecktes Hochtal, schön und einsam in wilder Bergkulisse

Die eigenwillig geformten Bergmassive der Punta Alta de Napazal und des Pico Llena del Bozo bilden die Eingangspforten zum Valle de Igüer. Nur wenige Wanderer verschlägt es in das landschaftlich überaus reizvolle Tal, das sich bis zu seinem Ursprung, dem Puerto de Aísa, durchwandern lässt.

Talort: Aísa, 1030 m.
Ausgangspunkt: Siehe Tour 10.
Höhenunterschied: 790 m.
Anforderungen: Sehr lange Tour ohne technische Herausforderung.
Markierung: GR-11.1 bis Collado del Bozo; Steinmännchen.
Einkehr: Aísa.

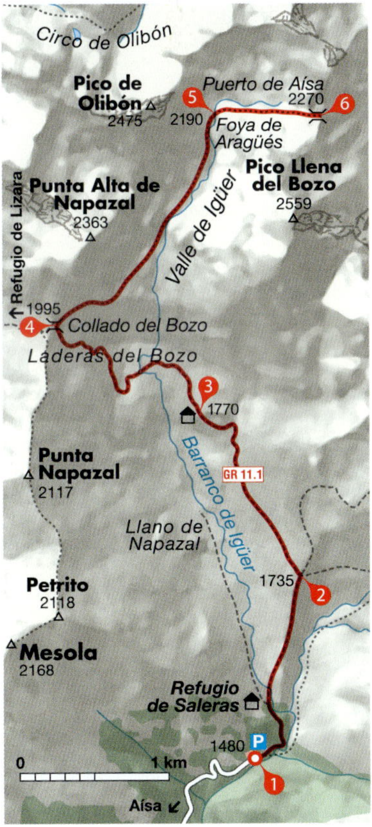

Am Parkplatz des **Valle de Aísa (1)** folgen wir dem Wegverlauf aus Tour 10 bis zur Kreuzung mit dem **GR-11.1 (2)**. Hier nun links auf dem Weitwanderweg auf annähernd gleicher Höhe über dem langen Weidetal des Barranco de Igüer. Im Vorblick nach Nordwesten ist der Collado del Bozo gut zu sehen. Nachdem der Weg in ein Seitentälchen einbiegt, quert er den Bachlauf und führt an einer Viehabsperrung entlang, dann vorbei an einer links liegenden **Hütte (3)**, 1770 m. Wir laufen durch flaches Karstgelände, das am Fuß des Passhangs einem kleinen Wiesenplateau weicht. Hier holt unser Weg in einem Bogen nach Süden aus und steigt dann mit Nordwestdrehung in den Hang ein, wo er in bequemen Kehren hoch zum **Collado del Bozo (4)**, 1995 m, zieht.

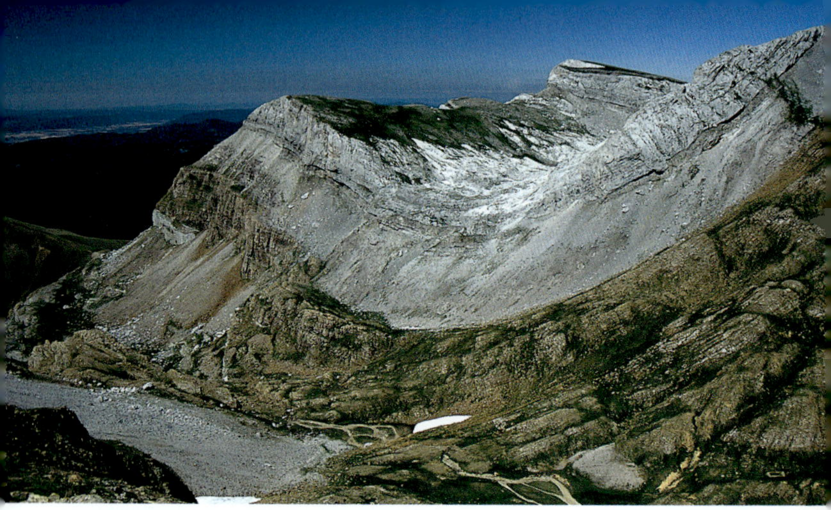

Verschrobene Felsformen ... *... und bunte Blumenpracht prägen das Igüer-Tal.*

Auf dem Pass verlassen wir den zum Refugio de Lizara absteigenden GR und folgen dem nach Nordosten gerichteten markanten Weg. Nach einer recht kräftig steigenden Hangquerung treten wir ins grasige, mit Felsbrocken durchsetzte Valle de Igüer ein. Von Steinmännchen begleitet laufen wir stets links des Talbachs taleinwärts – kleinere Talstufen werden ohne Probleme überstiegen – und kommen schließlich in der **Foya de Aragüés (5)**, 2190 m, auf Bachhöhe. Die so genannte Karstsenke wird im Norden durch eine sichelförmige steile Krete abgeschirmt, nach Südosten setzt der zum Pico Llena del Bozo aufsteigende Grat an. Wir queren den Bach, umrunden den Gratansatz und laufen nun in Westrichtung durch leicht ansteigendes, von Gräben durchzogenes Karstgelände. Der kaum ausgeprägte Pfad kann unterwegs leicht verloren gehen, das übersichtliche Terrain macht aber auch weglos keine Probleme. An den scharf abbrechenden Nordausläufern des Pico Llena del Bozo ist der **Puerto de Aísa (6)**, 2270 m, erreicht.

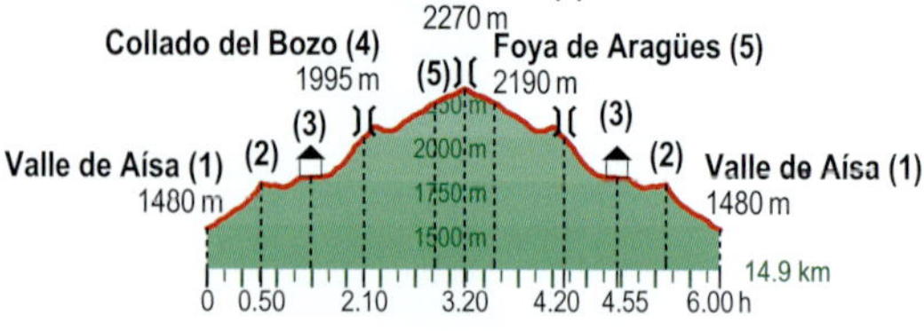

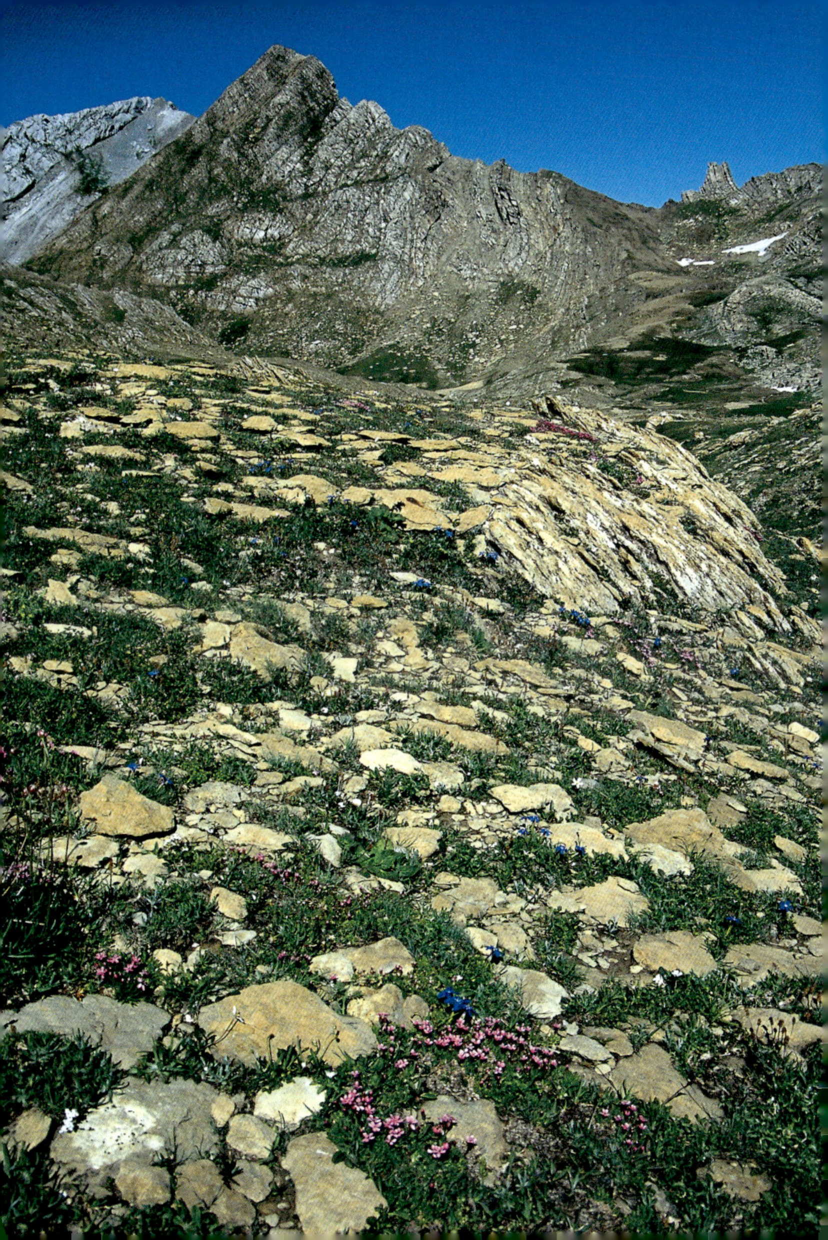

13 Mesola, 2168 m

5.00 Std.

Krete-Tour im Angesicht großartiger Bergmassive

Auf der lang gezogenen Krete zwischen den Talschlüssen von Aísa und Aragüés del Puerto lässt sich durch bunte Blumenflecken und Enzianinseln gemütlich bis zum harmlosen »Gipfel« der Mesola wandern. Von dort genießt man prächtige Blicke auf die formgewaltigen Massive zwischen Pico de Aspe und Bisaurín.

Talort: Jasa, 930 m.
Ausgangspunkt: Refugio de Lizara, 1510 m. Von Jasa über Aragüés del Puerto auf Asphaltsträßchen bis zum Talschluss. Parkplätze vor dem Refugio.
Höhenunterschied: Ca. 760 m.

Anforderungen: Insgesamt leichte Wanderung mit angenehmem Steigungsverlauf; kräftiger, kurzer Anstieg zur Mesola.
Markierung: GR-11.1 bis Collado del Bozo; Steinmarkierungen.
Einkehr: Refugio de Lizara, Jasa.

Vor dem **Refugio de Lizara (1)** folgen wir den nach Nordost laufenden Fahrspuren durch die Grasebene des Llano de Lizara. In weitem Bogen umlaufen wir so eine mit Buchsbäumen und Buchen bestandene Anhöhe. Bei einem Zaun weiter auf Grasspuren, alsbald auf einem gut ausgetretenen Weg vorbei am **Refugio de la Cueva (2)**, 1574 m (Forsthütte). Unser Weg bleibt linksseitig des aus den Osthängen der Krete ablaufenden Barranco del Articuso, entfernt sich weiter oben von dem Bacheinschnitt und hält nun mehr oder weniger direkt auf den Pass zu. Bequeme Hangkehren überwinden dann steileres Gelände, bevor der Weg den **Collado del Bozo**, 1995 m, erreicht. Wir verlassen ihn jedoch kurz vorher in einer **Linkskurve (3)** mit weiß-roter Markierung – direkt unterhalb der schroff ansetzenden Passerhebung! – nach rechts und laufen in einer ansteigenden Hangquerung hinüber zur flachen Krete. Auf dem stets leicht an- und wieder absteigenden Kamm kommen wir zuerst über die **Punta Cuello Bozo (4)**, 2088 m, und durch einen lang gestreckten Sattel hinüber zur **Punta Napazal (5)**, 2117 m. Erneut abwärts zu einem Sattel mit Stein-

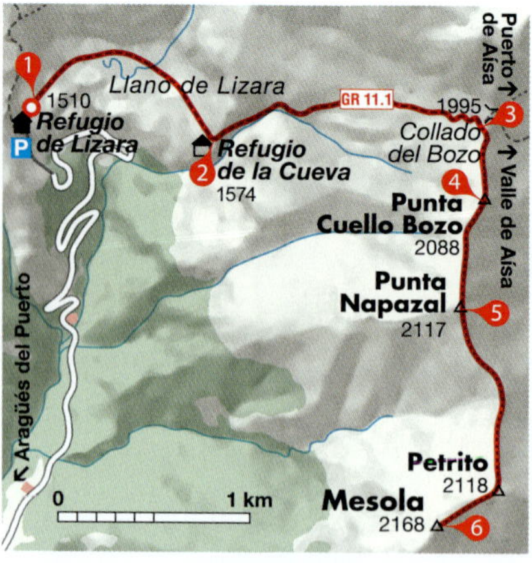

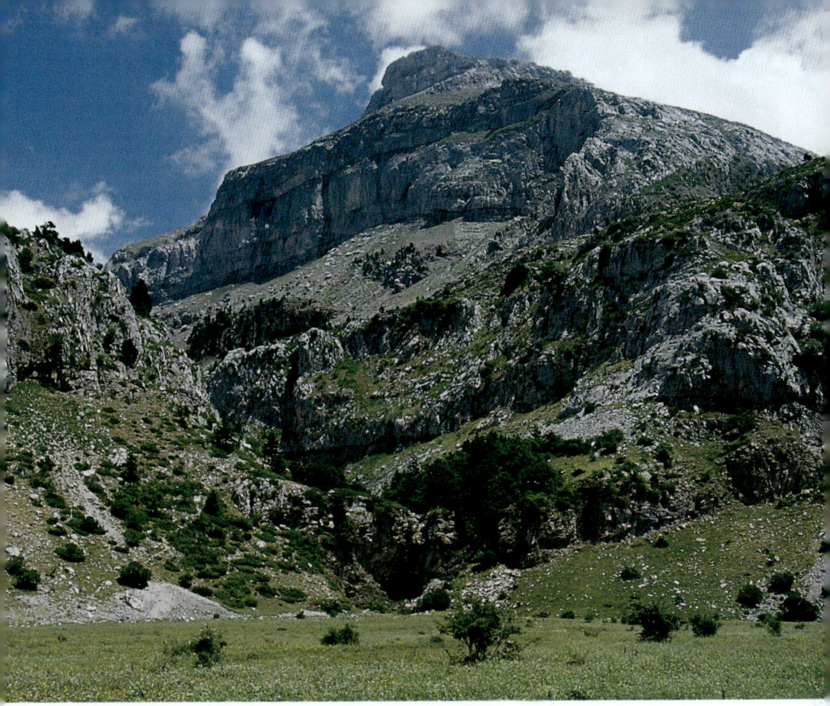

Das Bernera-Massiv dominiert das Hochtal von Lizara.

biwak und wieder aufsteigend zum Petrito, 2118 m, der einen Vorgipfel der Mesola bildet. Er lässt sich auch leicht quer durch seine Westhänge ohne Höhenverlust umgehen.

Indem wir uns an den Steinmarkierungen orientieren, steigen wir schließlich noch den gerölligen Aufschwung hinauf zu unserem Ziel, der **Mesola (6)**, 2168 m, die nach Nordosten überraschend in Steilflanken abfällt.

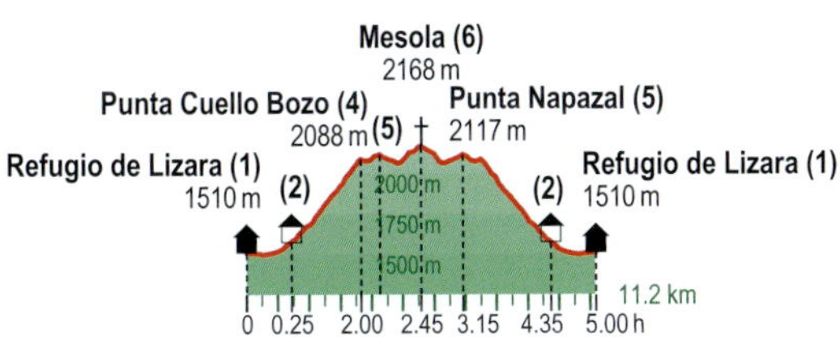

14 Bisaurín, 2670 m

6.15 Std.

Auf der klassischen Route zum hervorragenden Aussichtsgipfel

Neben Pico de Aspe gehört der Gipfel des Bisaurín zu den klassischen Attraktionen der spanischen Westpyrenäen. Das klotzige Massiv dominiert das obere Tal des Río Osía und wird gemeinhin vom Refugio de Lizara angegangen. Eine reizvolle Alternative ist der nur wenig längere Anstieg aus dem Valle de Agüerri mit dem Refugio de Gabardito als Ausgangspunkt. Egal welchen Zugang man wählt, ein unverstellter Weitblick über die mehr oder weniger namhaften Berge der Westpyrenäen ist garantiert.

Talort: Jasa, 930 m.
Ausgangspunkt: Siehe Tour 13.
Höhenunterschied: 1160 m.
Anforderungen: Lange Tagestour mit großer Höhendistanz; bis auf einen längeren Steilabschnitt technisch nicht schwer.
Markierung: GR-11.1 bis Collado de lo Foratón; Steinmännchen.
Einkehr: Refugio de Lizara, Jasa.
Hinweis: Bei Schneelagen ab dem Collado de lo Foratón nur mit entsprechender Ausrüstung (Steigeisen, Eispickel) aufsteigen! Ein alternativer Anstieg ab Refugio de Lizara lässt sich über die Plana Mistresa machen, sodass man eine Rundtour kombinieren kann. Siehe auch Tour 15, Variante.
Variante: Alternativer Anstieg zum Collada de lo Foratón vom Refugio de Gabardito im Valle de Hecho: siehe Tour 16.

Im Anstieg zum Bisaurín: im Zentrum des Blicks der Castillo d'Acher.

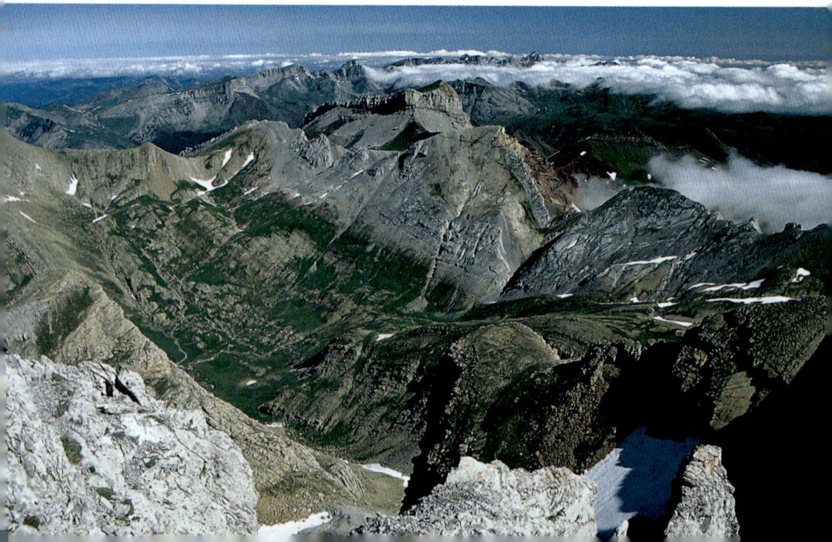

Wir beginnen unsere Tour auf dem nach Nordwest ansteigenden Fahrweg (weiß-rote GR-Zeichen) hinter dem **Refugio de Lizara (1)** und setzen bei einer Viehtränke auf dem anschließenden Wanderweg fort. Mit angenehmer Steigung durch die Grashänge passieren wir eine links eines markanten großen Felsbrockens liegende Quelle und laufen in Richtung der lang gestreckten Sattelhöhe. Dann knickt unser Weg nach rechts ab, kurvt kurz durch steiniges Gelände und steigt nach einer Viehtränke links des Wegs in langen Hangkehren zu dem grasigen **Collado de lo Foratón (2)**, 2016 m, hinauf. Hier gehen wir vom GR, der zum Refugio de Gabardito (siehe Variante) absteigt, nach rechts ab, um den eingefurchten Wegen auf dem nach Nordost hochziehenden Bergrücken zu folgen. Ein kräftiger Anstieg führt zu felsigen Abhängen, wo sich der Weg links einer auffälligen Geröllbahn hochschlängelt. Den Steinmarkierungen entlang steigen wir durch erdiges, dann gerölliges Gelände an, das weiter oben von steinigem Terrain mit deutlichen Abriebspuren abgelöst wird. Hier legt die Steigung noch einmal zu, bevor der breite Gipfelaufbau in Sicht kommt. Der Weg zieht nun durch weniger steile Schrofenhänge hinauf und macht dann einen deutlichen Bogen nach rechts (Achtung: Vorher lohnt sich ein kurzer Abstecher zu einer Scharte links des Wegs, die einen fantastischen Blick auf die Westwand des Bisaurín erlaubt!), um sich in die felsige Südflanke des Bergkamms einzufädeln. In schräger Hangquerung hinauf zum Gipfelzeichen des **Bisaurín (3)**, 2670 m.

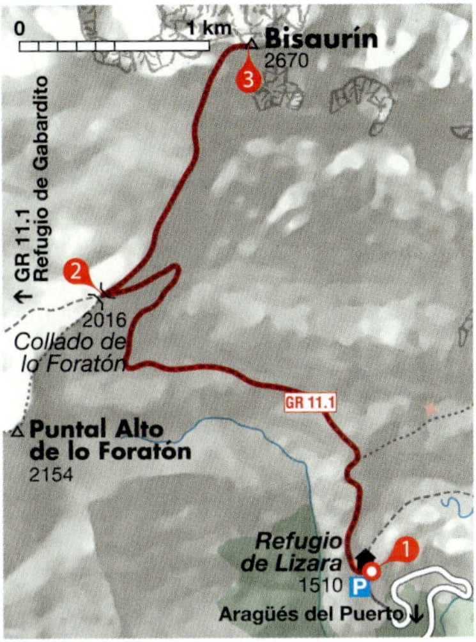

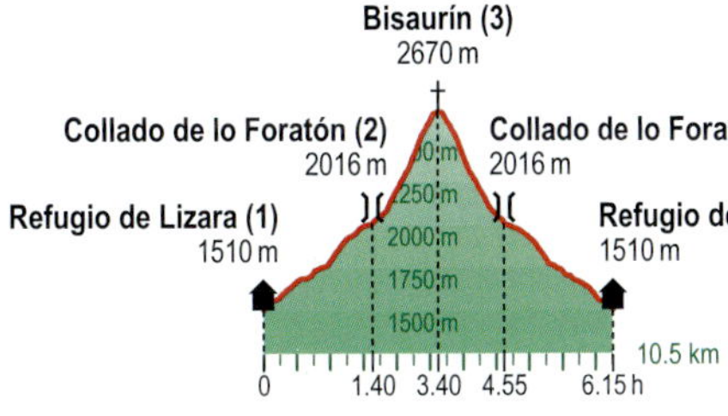

15 Plana Mistresa, 1984 m

3.00 Std.

Halbtagestour zum Fuß der Secús-Gipfel

Die grasige Hochebene mit den mäandernden Bächen inmitten der rundum aufsteigenden Berge bildet ein reizvolles Ziel, um die Seele baumeln zu lassen. Eine genussvolle und leichte Verlängerung der Tour ließe sich nach Osten zum Puerto de Bernera mit 2115 m machen, dem Eingangstor zum Circo de Olibán und dem Valle de los Sarrios, dem »Gämsental«. Siehe Tour 41!

Talort: Jasa, 930 m.
Ausgangspunkt: Siehe Tour 13.
Höhenunterschied: 475 m.
Anforderungen: Problemlose Wanderung. Hin und wieder kräftige Anstiege.
Markierung: GR-11.1 (weiß-rot); Steinmännchen.
Einkehr: Refugio de Lizara, Jasa.

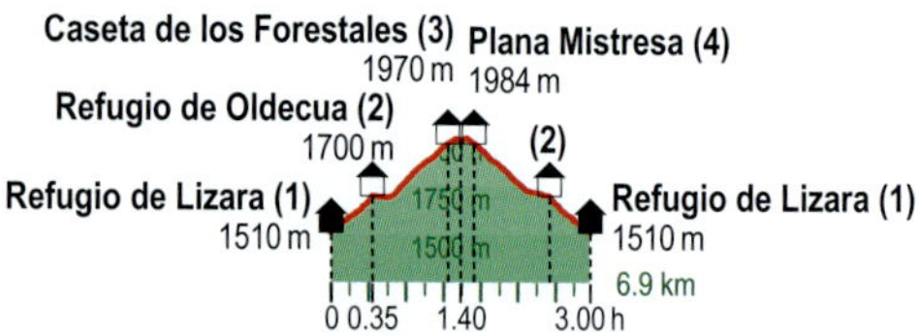

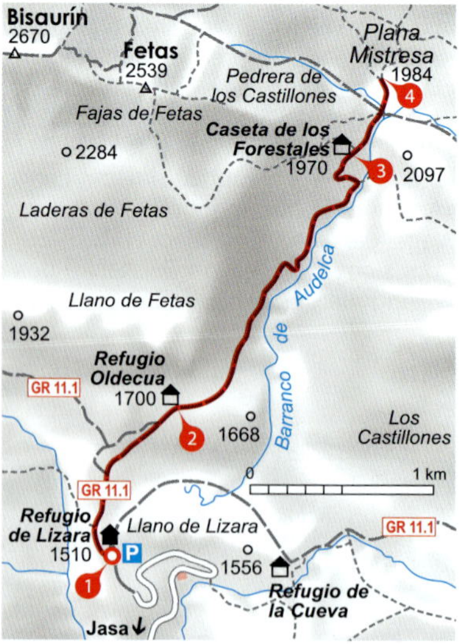

Hinter dem **Refugio de Lizara (1)** nehmen wir den ansteigenden Fahrweg auf. Schon nach 10 Minuten verlassen wir den GR-11.1 bei Steinmännchen nach rechts und folgen dem Pfad mit Richtung Nordost durch Wiesenhänge an. Er passiert das links am Fuß von Steilfelsen liegende **Refugio de Oldecua (2)**, 1700 m, flacht dann ab und schwenkt in das breite Tal ein, das sich weiter vorne stark verengt. Mit bequemer Steigung durchläuft der Weg die Steilabbrüche, zieht dann eine Weile kräftig durch Gras- und Felsgelände an und kommt zur **Caseta de los Forestales (3)**, 1970 m, einer Forsthütte. Wenig später betreten wir die von Bächen bewässerte **Plana Mistresa (4)**, 1984 m.

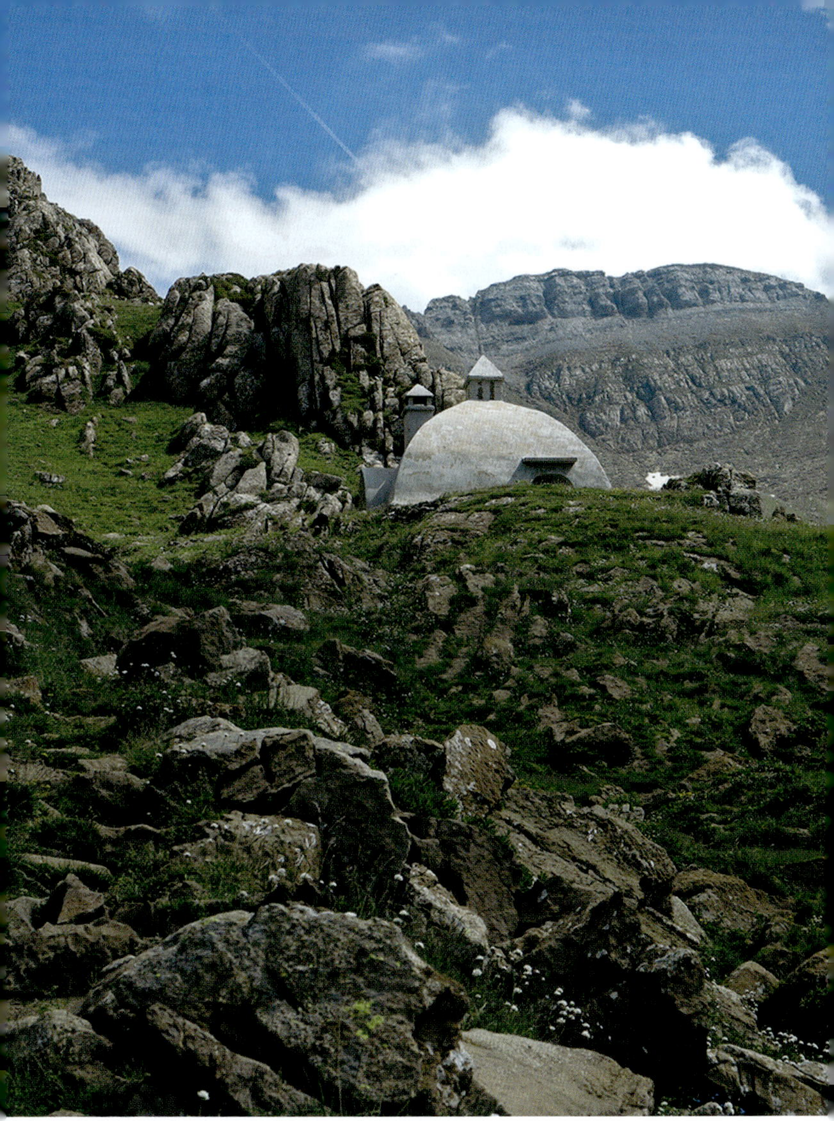

Kurz vor der Hochebene: Caseta de los Forestales.

Valle de Hecho

Der auffällige Verlauf des Valle de Hecho sticht beim Kartenstudium unmittelbar ins Auge. Seinen Ursprung hat das Tal in einem weiten Hochplateau am nördlichen Fuß der Sierra de Secús, deren markante Kalkformation einen wirkungsvollen Kontrapunkt zum rot getönten Grenzgebirge gegenüber abgibt. Hier vereinen sich zahllose Wasseradern aus den Berghängen zum Rió Aragón Subordán, der sich anfangs durch die grünen Weiden schlängelt. Die »Aguas Tuertas« – wörtlich »gewundene Wasser« – sind ein prächtiges Schauspiel, fast schon Idylle pur, zwischen den so nahe gerückten geologisch unterschiedlichen Bergformationen. Erst nach einem starken Talabfall beruhigt sich der Fluss und strebt nach Westen durch Wiesen, auf denen im Sommer große Viehherden weiden. Im Süden ist das Hochtal von den brüsken Abhängen eines isolierten Massivs begrenzt, das sich zu dem kurios geformten Castillo d'Acher aufschwingt; im Norden wird es von einem Bergkamm begleitet, aus dem nur wenige prägnante Erhebungen wie Pic d'Aillary, Pic Rouge und Pic de Burcq ausragen. Bei den Gebäuden von La Mina, die früher als Stützpunkt der spanischen Grenzwächter und für die Ausbeutung von Eisenerz dienten, beginnt der Fluss mit einer Biegung nach Süden. Die Gegend heißt Guarrinza und ist Ausgangspunkt für Wege in verschiedenste Richtungen. Der in historischen Zeiten wichtigste Weg stieg durch den Barranco de las Foyas hinauf zum Puerto de Palo, dem Grenzpass nach Frankreich. Unterwegs zweigt ein Pfad hinüber zum Ibón de Acherito, der einzig nennenswerte Bergsee des Valle de Hecho wird von einem kleinen Kessel eingerahmt. Von Guarrinza Richtung Westen zieht ein viel verzweigtes Wegenetz, das die eindrucksvoll geformte Bergkette zwischen der schiffsbugartig aufragenden Chipeta Alto und dem berühmten Pic d'Ansabère am Rand des französischen Cirque de Lescun erschließt. Aufgereiht zwischen beiden bilden Petraficha, Anzotiello, Chinebral de Gamueta und Mallo de Acherito nur einige der vielen attraktiven Berggipfel im oberen Hecho-Tal.

Nur wenige Kilometer nach dem Richtungswechsel nach Süden erreicht der Río Aragón Subordán bei Selva de Oza erneut eine Talweitung. Die dichten Kiefern- und Buchenwälder geben dem reizvollen Fleckchen seinen Namen. Das an der Brücke über den Fluss liegende Refugio Selva de Oza ist leider nur eine aufgelassene Militärunterkunft ohne jede Attraktivität. Neben Guarrinza ist Selva de Oza der zweite wichtige Ausgangspunkt für Bergwanderungen. Nach Osten werden Castillo d'Acher, die Nordfront des Agüerri-Massivs und weiter die Gipfel des Secús-Gebirges erreicht; nach Westen steigt der Weg durch den Barranco de Estribiella zur Gruppe um Lenito und Peña Forca sowie entlang der mächtigen Sierra de Alano hinüber nach Zuriza im oberen Valle de Ansó. Hinter Selva de Oza schließt sich das Tal zu einer engen Schlucht, aus deren senkrechten Wänden der Platz für ein enges

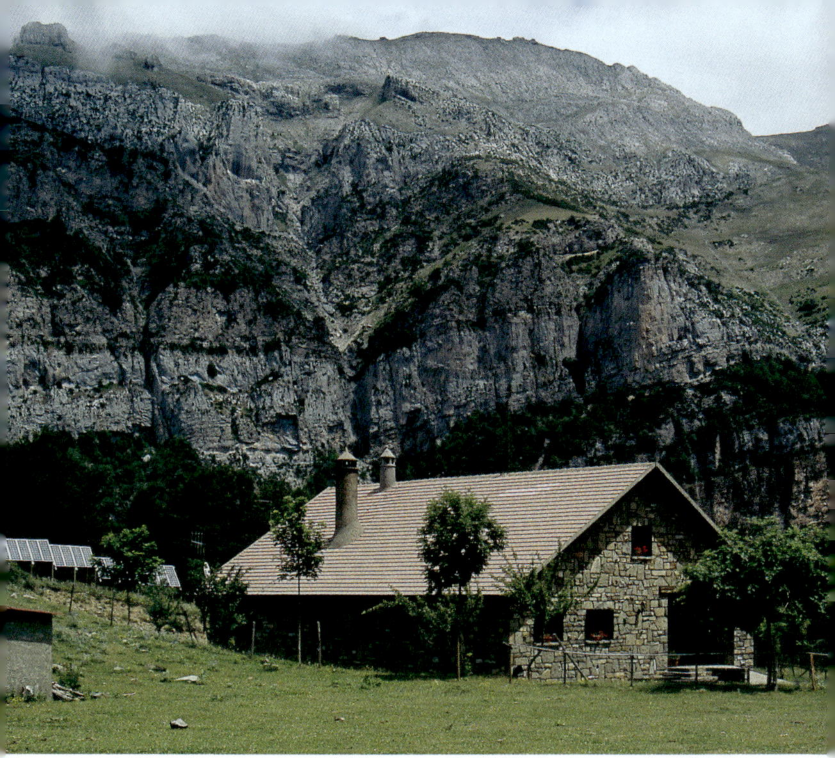

Refugio de Gabardito vor den Südwänden des Agüerri-Massivs.

Sträßchen gesprengt wurde. Die dunkle, tiefe und stets wasserreiche Schlucht mit dem unheilvollen Namen »Boca del Infierno« ist von zwei, drei Punkten aus einzusehen, der Abstieg im – wörtlich übersetzt – »Höllenschlund« ist schon ein aufregendes Abenteuer. Danach dehnt sich das Valle de Hecho großzügig weit aus und die Talberge senken sich auf moderates Niveau. Wenig hinter Siresa mit seinem aus dem 9. Jh. stammenden Monasterio de San Pedro liegt das ausnehmend hübsche Hecho, das seit alters überwiegend von Vieh- und Landwirtschaft lebt. Als Hauptort des Tals hat sich Hecho heute zum touristischen Zentrum entwickelt, was aber glücklicherweise seinen Charme bislang nicht beeinträchtigt hat. Hier schlendert man nach der Bergwanderung gerne durch die Gassen, beschaut die schöne Architektur der stattlichen Häuser und lässt sich an lauschigen Plätzchen zu *tapas* und *aperitivo* nieder.

16 Durchs Agüerri-Tal

4.30 Std.

Viel zum Schauen auf einem geruhsamen Höhenweg

Angesichts der vielseitigen Landschaftseindrücke und dem bequemen Höhenweg kommt man auf dieser Tour unweigerlich ins genussvolle Bummeln. Die sanften Graskuppen der Sierra de las Cutas mit weidendem Vieh auf der einen Seite und die steilen Flanken des Agüerri-Massivs gegenüber durchwandern wir das schöne Tal des Barranco de Agüerri bis zum Collado de lo Foratón am Übergang zum Refugio de Lizara im Valle de Aísa. Diese Wanderung bietet einen schönen alternativen Zugang zum Bisaurín (Tour 14).

Talort: Hecho, 820 m.
Ausgangspunkt: Refugio de Gabardito, 1374 m. Von Hecho nach Norden in Richtung Selva de Oza; an der Puente de Santana rechts ab und auf ausgeschilderter Asphaltpiste ca. 7,5 km vorbei am Cámping Borda Bisáltico bis zum Refugio de Gabardito.
Höhenunterschied: 642 m.
Anforderungen: Unschwierige Wanderung mit kurzen Steigabschnitten.
Markierung: GR-11.1.
Einkehr: Refugio de Gabardito, Cámping Borda Bisáltico, Hecho.

Variante: Alternativer Rückweg vom **Collado de lo Foratón**: Auf dem Kamm zur Punta de la Cuta. Am Pass steigt man auf dem Rücken hinauf zum Puntal Alto de la Foratón, 2154 m. Ab hier entlang der Kammlinie über, durch sanfte Sättel getrennte, Zwischengipfel. Bisweilen lassen sich die Auf- und Abstiege durch Hangtraversen glätten. Kurz vor der Punta de la Cuta, 2016 m, schlägt man rechts einen Pfad ein, der in Nordrichtung auf dem Rücken absteigt und am GR anschließt. Hier links zurück zum Refugio. Gesamte Runde ca. 6 Std.

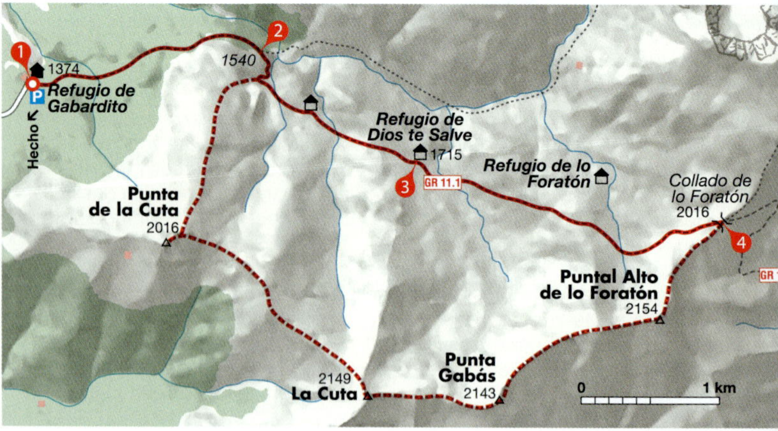

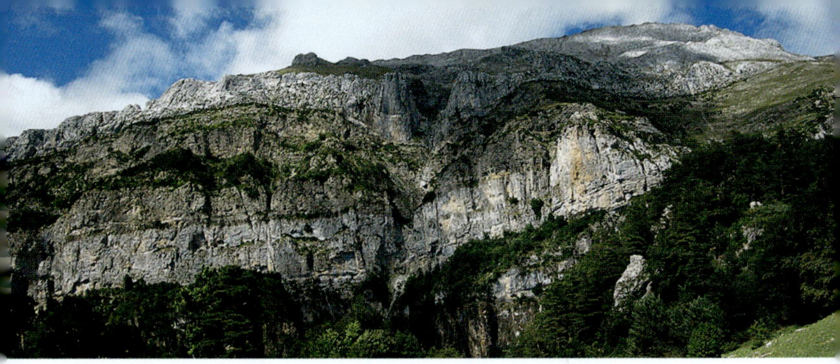

Imposante Wegbegleitung: die Südflanke des Agüerri-Massivs.

Ausgehend vom **Refugio de Gabardito (1)** beginnt unsere Tour bei dem Holzhäuschen am Waldrand auf dem weiß-rot markierten Forstweg. Er steigt durch Buchen- und Kiefernwald an (alle Abzweigungen – Langlaufrouten! – lassen wir beiseite) und geht alsbald in einen Wanderweg über. Zunehmend verengt sich der Barranco de Agüerri zu einem tiefen Schluchteinschnitt. Unser Weg erreicht den Fuß einer vertikalen Wand und säumt diese bequem ansteigend. Bei der beschilderten **Wegteilung (2),** 1540 m, folgen wir der Richtung »Bisaurín« nach rechts und steigen hinauf zu den weiten Weidehängen am Fuß der Sierra de la Cuta (siehe Variante). Hier flacht der Weg sogleich wieder ab, wir passieren eine kleine Forsthütte und danach ein Bächlein. Nachdem wir eine grasige Anhöhe erstiegen haben, zieht der Weg nahe dem **Refugio de Dios te Salve (3)**, 1715 m, vorbei. Die Selbstversorgerhütte bietet für 4 bis 6 Personen Platz. Weiter durch ein hübsches Weideplateau. Dann zieht unser Weg stärker an und ersteigt einen von der Sierra de Gabás nach Norden auslaufenden Höhenzug. Einen links abzweigenden Graspfad lassen wir unbeachtet und folgen rechts den Steinmännchen und Markierungspfosten in abgeflachte Grashänge. Hier ist unser Ziel gut zu sehen und wir laufen auf überwiegend flachem Weg hinüber zu den Abhängen des Puntal Alto de lo Foratón (mit auffälliger Felsspitze). Dort zieht unser Weg mit ansteigender Hangquerung direkt auf den flachen **Collado de lo Foratón (4)**, 2016 m, zu.

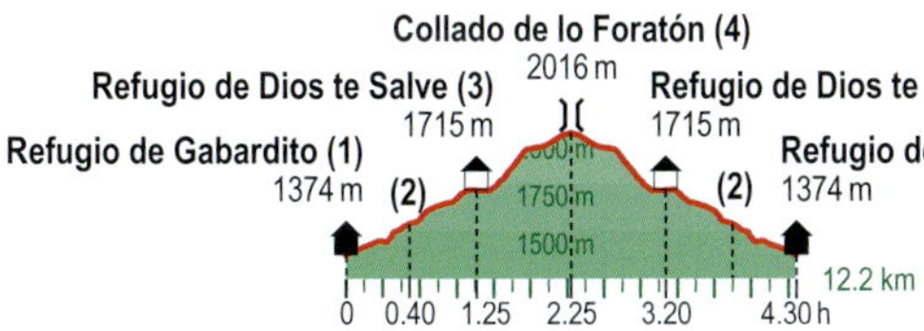

17 Castillo d'Acher, 2384 m

6.45 Std.

In jeder Hinsicht der kurioseste Berg der Westpyrenäen

Unter den vielen bizarren Bergformen der Region ist der Castillo d'Acher zweifellos die auffälligste und nährt den Wunsch hinaufzusteigen. Der isolierte Berg ähnelt einem wuchtigen Felskastell auf einem massiven Fundament mit rotbraunen Hängen. Oben ist die Überraschung perfekt: Das »Dach« des Castillo d'Acher ist eine eingeknickte trockene Karstsenke mit Gräben und Einbrüchen, rundum eingefasst von felsigen Festungszinnen, von denen die Punta Norte den Gipfel bildet. Mit großer Wahrscheinlichkeit kann man Gämsen beobachten. Eine faszinierende, wenngleich recht anstrengende Tour!

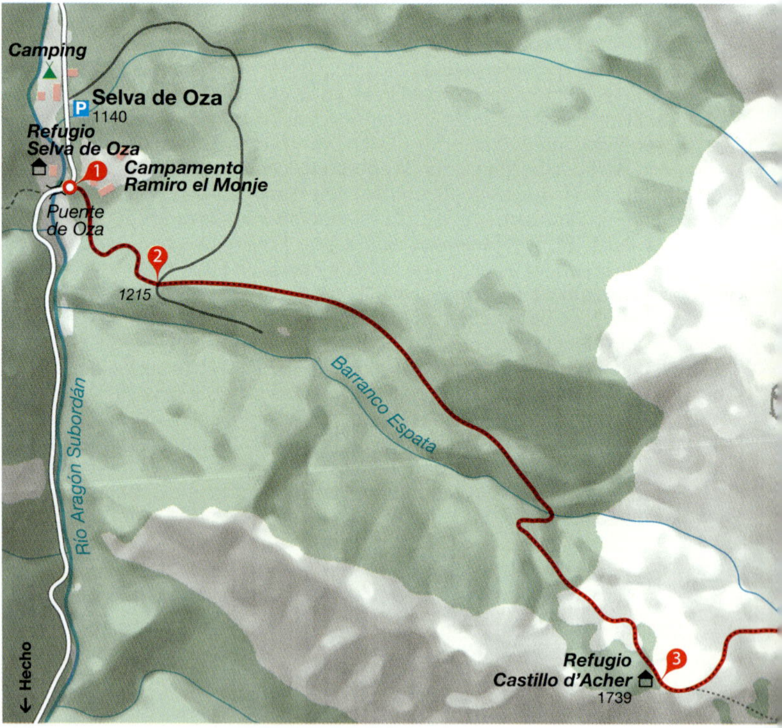

Talort: Hecho, 820 m.
Ausgangspunkt: Selva de Oza; Puente de Oza, 1115 m. Von Hecho nach Selva de Oza bis zur Brücke über den Río Aragón beim alten Refugio Selva de Oza.
Höhenunterschied: 1244 m.
Anforderungen: Tagesfüllende Wanderung mit sehr großem Höhenunterschied und recht steilen Abschnitten. Die Wegfindung im zweiten Tourenteil ist bisweilen schwierig.
Markierung: Verblasste, sehr unregelmäßige weiß-rote Markierung, Steinmännchen.
Einkehr: Bar in Selva de Oza (nur im Sommer), Hecho.
Variante: **Krete-Runde** auf dem Castillo d'Acher. Von der Punta Norte schlägt man Westrichtung ein und läuft am Fuß der Felskronen bis zum Westrand mit der Punta de Oza, 2193 m. Hier nach Süden abbiegen und entlang dem Südrand zur Einstiegsscharte. Zusätzliche Zeit: 1 Std.

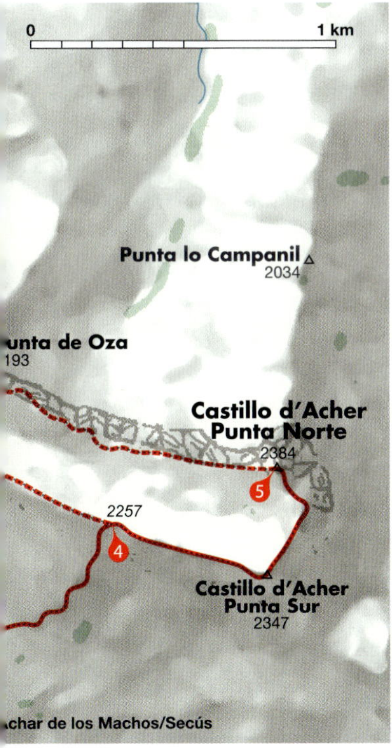

An der **Puente de Oza (1)** nehmen wir den bei einer Infotafel beginnenden und durch ein Wanderschild bezeichneten Weg auf. Nach einer markanten Biegung gehen wir links ab und steigen hinauf zu einer **Forstpiste (2)**, 1215 m. Auf der anderen Seite ist unser Weg angezeigt. Durch hübschen Wald steigen wir nun links des **Barranco Espata** kräftig an. Flacher geworden kreuzt unser Weg dann den Bach und beginnt auf der anderen Seite mit einem anhaltend kräftigen Hanganstieg. Nach der Baumgrenze zieht er durch steile eingefurchte Grashänge hinauf zu einem zumeist versiegten Brunnen, hinter dem alsbald das **Refugio Castillo d'Acher (3)**, 1739 m, erreicht ist. Die Hütte ist nur spärlich ausgestattet und bietet Platz für 6–8 Personen (Selbstversorger).

Wir folgen nun nicht den scheinbar evidenteren ausgefurchten Pfaden nach Osten, die zur Achar de los Machos (siehe Tour 18) hochsteigen, sondern schlagen den in geringer Entfernung von der Hütte links abgehenden Pfad mit Nordrichtung ein. Er ist durch Steinmännchen sowie verblichene GR-Zeichen markiert. Kaum steigend durchquert er die Grashänge, kreuzt dann ein Rinnsal und bleibt eine Weile an dessen linker Seite. Hin und wieder

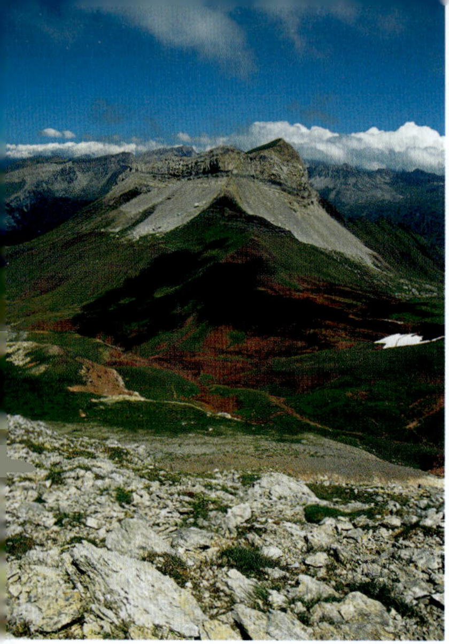

Castillo d'Acher.

verschwindet er kurz, es sind aber genug GR-Markierungen vorhanden. Wir bleiben auf dem Pfad bis zu einem Steinmännchen vor einer tieferen Furche links. Hier gehen wir ab und steigen entlang von Steinmarkierungen schnurstracks den Grashang an bis zu einem quer laufenden Hangweg, auf dem wir rechts weitergehen. Etwa 50 m nach einem betonierten Markierungspfosten mit Nr. 258 stoßen wir auf ein großes Steinmännchen und einen direkt am Weg liegenden Felsblock mit weiß-roten Zeichen. Von hier ist deutlich die Zugangsscharte in der Felskrone des Castillo d'Acher zu erkennen. Wir gehen links vom Weg ab mit Richtung Nordnordost entlang von Steinmännchen, anfangs durch stark erodierte Grashänge mit viel offen liegendem rötlichen Gestein, dann durch bedecktere Grashänge und kommen schließlich in hellen Kalkfels. Der teils recht steile und geröllige Schlängelweg ist gut markiert, er steigt hinauf zur Scharte, wo wir wieder festen Fels betreten und den **Rand (4)**, 2257 m, des von Ost nach West verlaufenden Karsttales mit seinen tiefen Gräben erreichen. Hier schlagen wir nun rechts ein und laufen auf deutlichem Pfad bis zum Ende des oberen Tals mit der Punta Sur, 2347 m, schwenken nun nach Norden und queren ansteigend die Grasflanke hinauf zur **Punta Norte (5)**, dem höchsten Punkt des **Castillo d'Acher**, 2384 m.

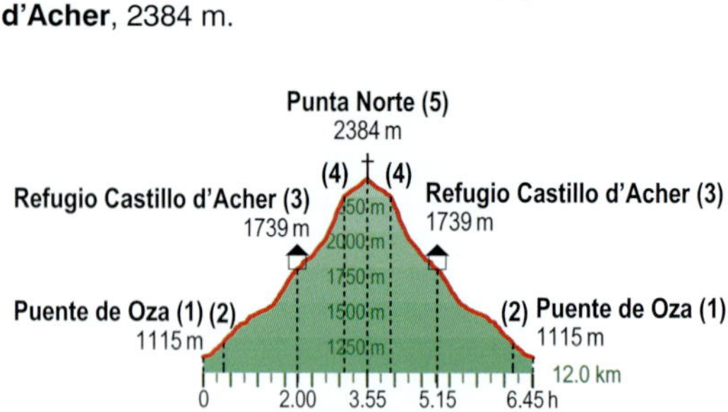

7.15 Std.

Aguas Tuertas, 1615 m, und Secús, 2351 m

18 TOP

Ein Landschaftspanoptikum ersten Ranges

An landschaftlicher Vielseitigkeit lässt diese Tour zu einem wenig bekannten Gipfel in der formschönen Sierra de Secús keine Wünsche offen. Der Bogen der Eindrücke reicht von den idyllischen Weiden der bekannten Aguas Tuertas bis zur ungewohnten Ansicht des kuriosen Castillo d'Acher. Ausdrücklich sei darauf hingewiesen, dass der Weg durchs Tal des mäandernden Río Aragón Subordán auch ohne Gipfelsturm zum Secús eine herrliche, leichte Wanderung ist, die man sich keinesfalls entgehen lassen sollte.

Talort: Hecho, 820 m.
Ausgangspunkt: Parkplatz am Barranco del Barcal auf der Piste zur Achar de Aguas Tuertas, 1350 m. Von Hecho nach Selva de Oza bis Guarrinza, hier rechts weiter auf der Piste durchs Tal bis zur Schranke am Barranco del Barcal. Parkplatz.
Höhenunterschied: 1001 m.
Anforderungen: Sehr lange Tour mit großem Höhenunterschied. Kräftiger Anstieg zum Gipfel.
Markierung: GR-11 bis Barranco de la Rueda; dann Steinmarkierungen. Ab Achar de los Machos GR-Markierungen bis Puerto de Taxera.
Einkehr: Bar in Selva de Oza (nur im Sommer), Hecho.

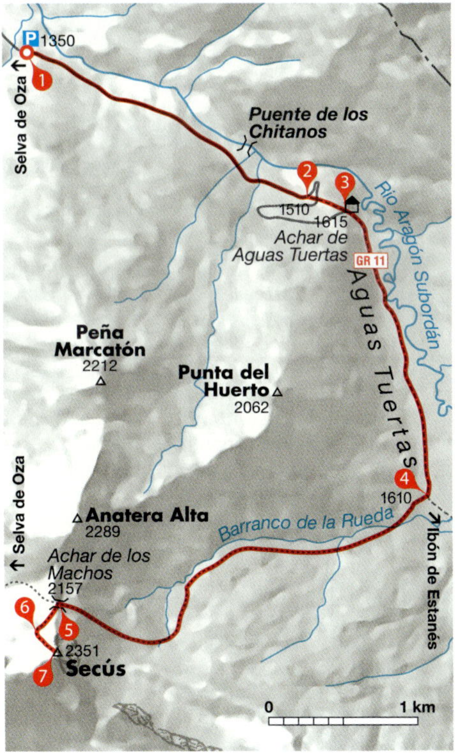

Ab dem Parkplatz beim **Barranco del Barcal (1)** gehen wir weiter auf dem Fahrweg bis zum Fuß der Talschwelle. In der **Linksbiegung des Fahrwegs (2)**, 1510 m, führt der GR geradeaus weiter und hinauf zur **Achar de Aguas Tuertas (3)**, 1615 m. Hinter

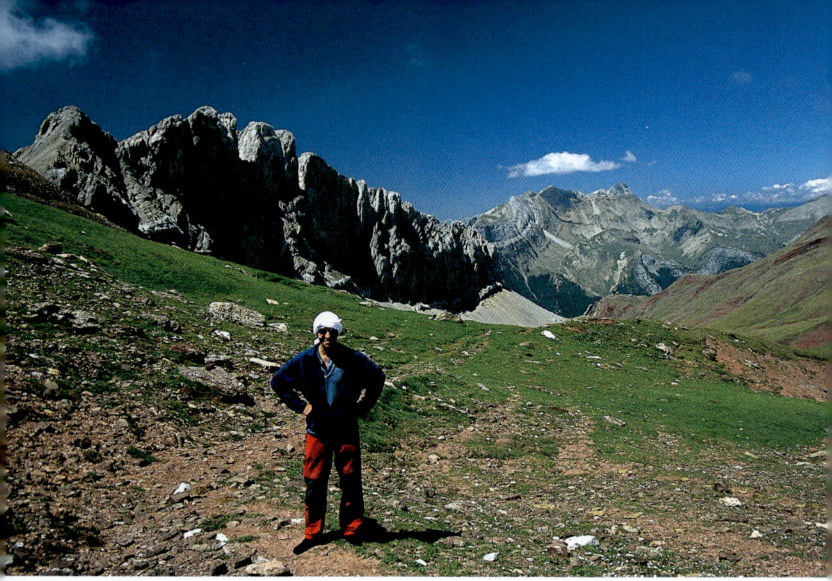

Achar de los Machos: links die lange Steilfront der Punta Costatiza.

dem kleinen Pass tut sich das lange Weidetal auf, zu dem sich unser Weg nun absenkt. Vorbei an einer Quelle rechter Hand spazieren wir im Talboden auf die breite Felsfront der Sierra de Secús zu, die das Tal im Süden abschließt. Am Ende der Flussniederung treffen wir auf eine **Wegverzweigung (4)**, 1610 m, bei der wir den nach links abbiegenden GR verlassen und rechts ins Tal des Barrancode la Rueda einbiegen. 50 Meter höher quert der Weg den Talbach und wir steigen nun an seiner linken Seite durch Grashänge an. Der Pfad ist mal mehr, mal weniger evident und nur unsystematisch mit Steinen markiert. Weiter oben verschärft sich der Taleinschnitt und die Steigung nimmt zu. Später flacht unser Weg ab und macht parallel zum linken Bacharm des Barranco einen Bogen nach links, nähert sich diesem, quert ihn und steigt die zunehmend mit Felsen belegten Grashänge an. Von hier aus ist die Achar de los Machos als grüner Sattel unterhalb der auffällig rot gefärbten Anatera Alta gut zu sehen. Da der Anstiegspfad zum Sattelaufschwung leicht zu verpassen ist, nehmen wir als Anhaltspunkt den größten Felsbrocken in Form eines schrägen Ambosses, der links am Fuß des auslaufenden Sattelhangs liegt. Hinter diesem lässt sich ein mit Steinmännchen markierter Weg aufnehmen, der in bequemer Führung hinauf zur **Achar de los Machos (5)**, 2157 m, leitet. Auf dem Pass bieten sich prächtige Anblicke von Castillo de Acher und Agüerri-Massiv.

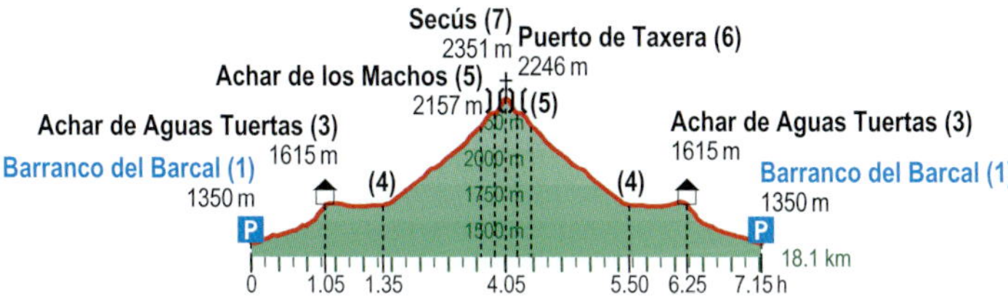

Wir folgen nun dem vom Pass links abgehenden, weiß-rot markierten Weg durch die Nordwest-Flanke des Secús. Er steigt zu einem Felsgässchen, dahinter betreten wir einen grasigen Sattel, den **Puerto de Taxera (6)**, 2246 m. Links schwingt sich der Secús auf, in dem breiten Hang hebt sich eine Felsmauer mit drei Höhlen ab. Wir nehmen nun den direkten weglosen Anstieg durch den karstig werdenden Hang hinauf zum Grat und halten uns dabei links der Felshöhlen. Auf dem Grat noch ein paar Schritte links bis zur Gipfelstange des **Secús (7)**, 2351 m.

Blick vom Secús nach Westen mit dem Castillo de Acher rechts.

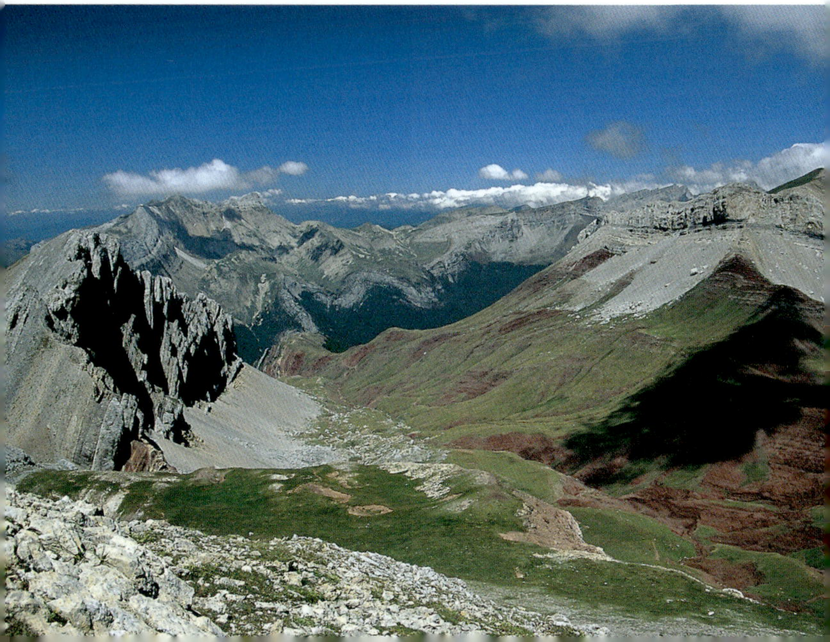

19 Punta o Rincón (Pic de Burcq), 2104 m

5.00 Std.

Einsamer Grenzberg mit großem Panorama

In der Reihe der zahlreichen Grenzgipfel, die den französischen Cirque de Lescun zum Tal des Río Aragón Subordán hin abschirmen, ragt die Punta o Rincón – französisch: Pic de Burcq – nicht besonders heraus. Dennoch ist der in stiller Landschaft gelegene Berg ein attraktiver Aussichtspunkt, der von vielseitigen Bergszenerien umgeben ist.

Talort: Hecho, 820 m.
Ausgangspunkt: Puente de la Mina, 1230 m. Von Hecho nach Selva de Oza und weiter bis zum Ende der Asphaltpiste bei der Flussniederung von Guarrinza. Hier auf dem links abwärts führenden Pistenzweig über die Brücke des Río Aragón Subordán bis zur Puente de la Mina mit Infoschildern. Ab der Verzweigung ist die Piste recht holperig, aber machbar. Ansonsten parkt man vorher.
Höhenunterschied: 874 m.
Anforderungen: Kaum technische Herausforderungen bis auf den Gipfelanstieg mit leichten Klettereien (I).
Markierung: Alte, unregelmäßige und verblichene GR-65.3.3-Markierung bis Puerto de Palo.
Einkehr: Bar in Selva de Oza (nur im Sommer), Hecho.

Direkt nach der **Puente de la Mina (1)** zweigt unser beschilderter Weg zum »Puerto de Palo« links ab. Der breite Weg begleitet anfangs den Barranco de Acherito und steigt dann an der rechten Seite des zufließenden Barranco de las Foyas kontinuierlich an. Bei Steinmarkierungen wird ein geradeaus führender Pfad beiseite gelassen und über den Bach zur linken Seite gewechselt. Weiter hangaufwärts bis zu einer beschilderten **Wegteilung (2)**,1610 m, wo nach links der Weg zum »Ibón de Acherito« (Holzschild) abzweigt. Wir setzen geradeaus mit mäßiger Steigung durch die Hänge fort, immer links des Bacheinschnitts. Kurz bevor sich mehrere Bächlein zum Talbach vereinen, gabelt sich der Weg, durch Steinmännchen markiert. Den markanteren Weg geradeaus lassen wir unbeachtet und folgen dem Pfad rechts zu einem wenig höher gelegenen Sattel. Dahinter dehnen sich die **Foyas de Santa María (3)**,

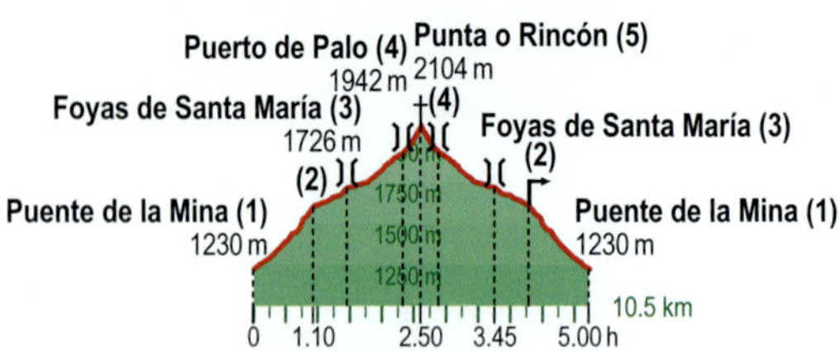

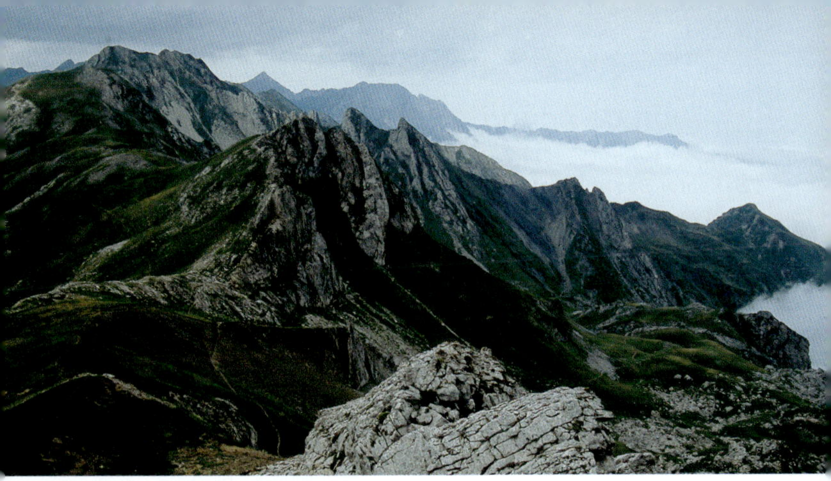

Grenzgebirge um die Punta o Rincón.

1726 m, aus – die sumpfige Senke mit einem kleinen Weiher und mäandernden Bächen, deren Wasser unterirdisch versickern, ist hübsch anzuschauen. Auf dem Sattel biegen wir scharf nach rechts ab und laufen oberhalb der Foyas – erst kurz weglos, alsbald auf einem klaren Pfad – am Fuß einer kleinen Erhebung zu einem zweiten Sattel. Von hier nimmt unser Weg Ostrichtung durch die Grashänge und hält auf den gut sichtbaren Puerto de Palo zu, von dem sich rechts die Punta o Rincón erhebt. Unterwegs tauchen wieder GR-Markierungen auf.

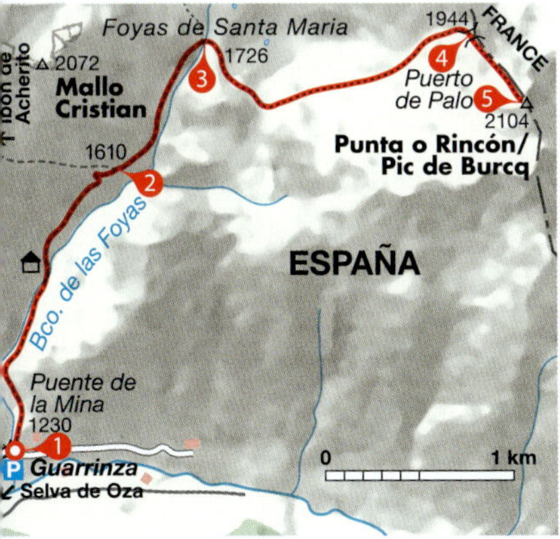

Weiter vorne wechseln wir mit einem Linksschwenk an die andere Talseite, mit gemächlichen Kehren geht es dann hinauf zum **Puerto de Palo (4)**, 1944 m. Hier rechts auf dem Graskamm zum Fuß des Gipfelaufbaus, wo wir bei Steinmännchen in den breiten Rücken einsteigen. Im Folgenden sind Steinmarkierungen in größeren Abständen postiert, sie leiten mehr oder weniger direkt entlang dem Grat über verblockte Strecken, Grasabschnitte und Geröllpartien hoch zur **Punta o Rincón (5)**, 2104 m.

20 *Ibón de Acherito, 1870 m*

3.45 Std.

Beliebter See in aussichtsreicher Lage

Der nahezu kreisrunde Ibón de Acherito ist einer der wenigen Seen dieser Bergregion. Seine schöne Lage in einem Bergkessel, die blendende Aussicht auf die großen Gipfel des Valle de Hecho und der unproblematische Anstieg machen ihn zu einem sehr beliebten Tourenziel.

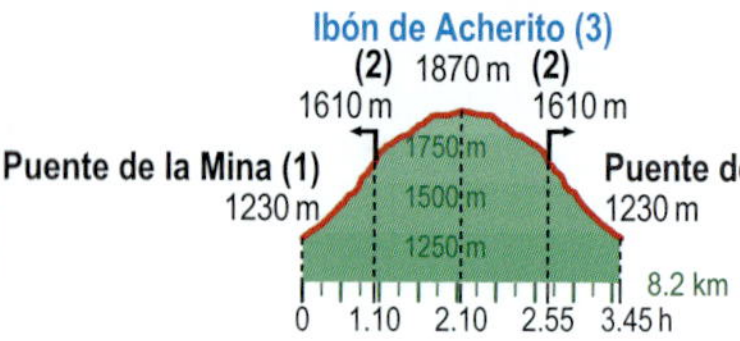

Talort: Hecho, 820 m.
Ausgangspunkt: Siehe Tour 19.
Höhenunterschied: 640 m.
Anforderungen: Leichte Wanderung mit klarer Wegführung.
Markierung: Alte GR-Markierung im ersten Teil.
Einkehr: Bar in Selva de Oza (nur im Sommer).

Eingebettet in einem Bergkessel: der Ibón de Acherito.

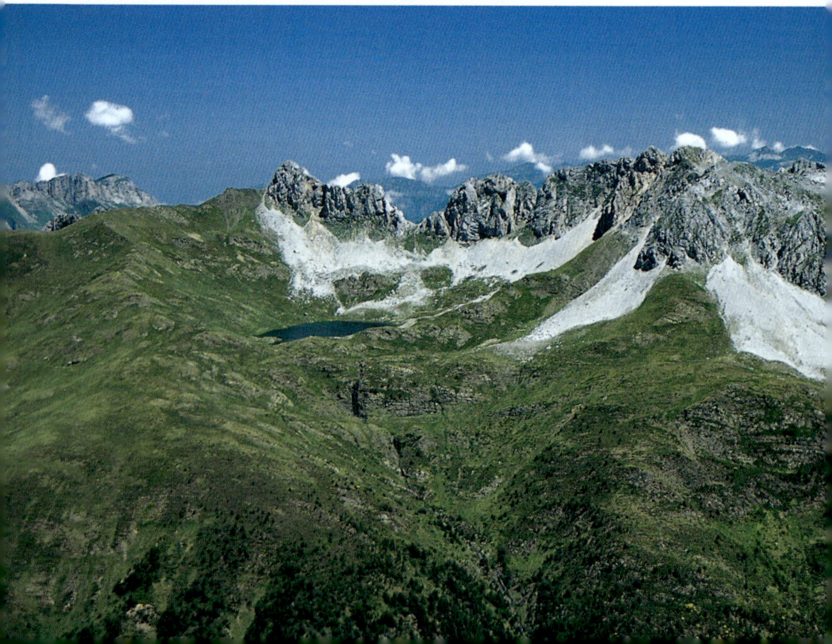

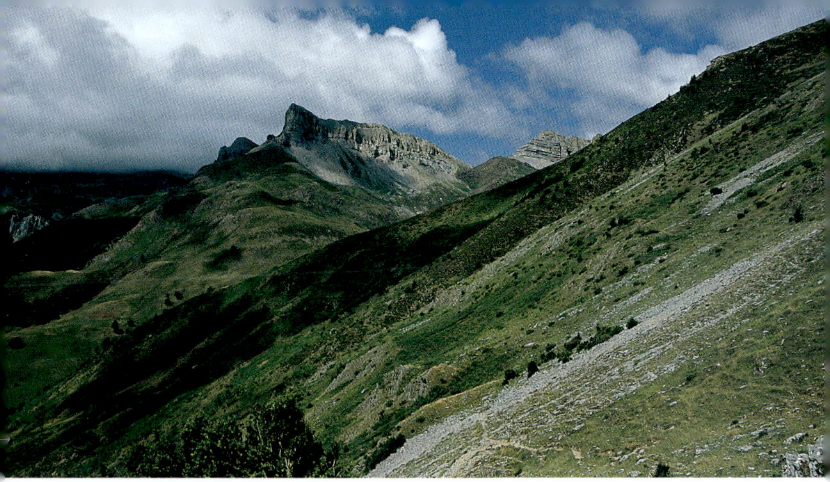

Rückblick im Anstieg: Chipeta Alto (Tour 21).

Ab der **Puente de la Mina (1)** folgen wir dem in Tour 19 (Punta o Rincón) beschriebenen Weg bis zur beschilderten **Weggabelung (2)**, 1610 m. Hier schlagen wir links ein auf den markanten Pfad durch die Südabhänge des Mallo Cristian. Der Weg umrundet einen Hanghöcker, kommt nach kurzem flachen Lauf zu einem Geröllhang, der leicht ansteigend gequert wird und zieht dann wieder durch Grashänge. Nach Südwesten blickend präsentiert sich der eigenwillig geformte Felsbug der Chipeta Alto (siehe Tour 21), dahinter die bekannten Lenito-Gipfel (siehe Tour 23)und Peña Forca sowie die lang gestreckte Sierra de Alano (siehe Tour 25). Nach einer längeren Strecke kommt der aus dem See abfließende Barranco del Ibón in Sicht und unser Weg ersteigt den Rand der Seemulde. Vor uns liegt der **Ibón de Acherito (3)**, 1870 m, eingefasst von einem kleinen Bergkessel. Ufernah lässt sich der See gut umrunden.

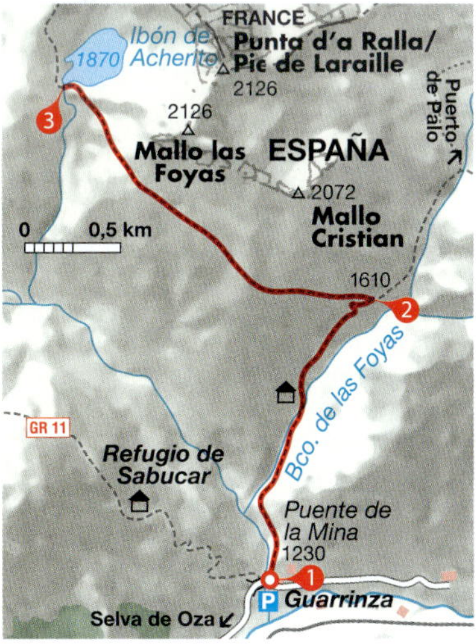

TOP **21**

Chipeta Alto, 2175 m

6.15 Std.

Kein richtiger Gipfel, mehr eine Bergschanze

Die Chipeta Alto ist einer jener Berge, die man auf den ersten Blick besteigen möchte. Wie ein felsgewordener Schiffsbug schiebt sie sich nach vorne und dominiert mit ihrer auffälligen Gestalt auch die umliegenden höheren Gipfel. Recht besehen ist sie nicht einmal ein Gipfel, sondern nur der höchste Punkt einer grasigen flachen Abdachung, auf der sich vor einer grandiosen Bergkulisse wunderbar herumschlendern lässt.

Talort: Hecho, 820 m.
Ausgangspunkt: Siehe Tour 19.
Höhenunterschied: 945 m.
Anforderungen: Verschiedentlich kräftige Steigungsabschnitte ohne technische Probleme.
Markierung: GR-11 bis Collado de Petraficha.
Einkehr: Bar in Selva de Oza (nur im Sommer), Hecho.

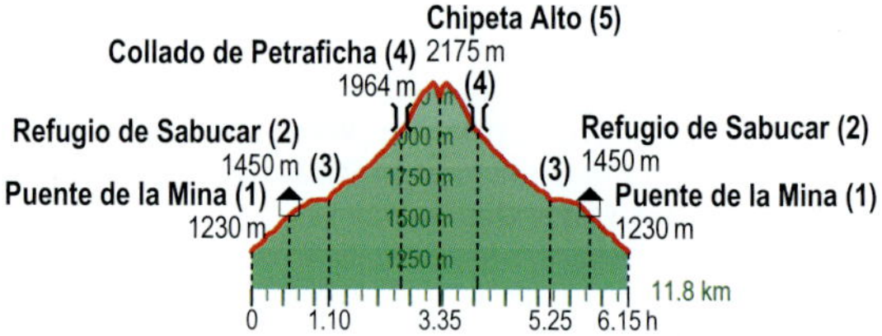

Vor der **Puente de la Mina (1)** geht links der GR nach »Taxera« ab, wir nehmen den stark erodierten Weg auf und kommen sogleich zu einer Viehabsperrung, wo wir nicht den Wegspuren geradeaus folgen, sondern nach links in Richtung der auskragenden Spitze der Chipeta abgehen. Schlecht markierte Grasspuren führen in Farnhänge, die wir auf weiten Kehren ansteigen. Wir erreichen freie Grashänge, folgen den zwischendrin mit Steinmännchen markierten Spuren vorbei an einer Messstange und oberhalb des **Refugio de Sabucar (2)**,1450 m. Der Weg wird nun klarer und ist besser markiert, er steigt zügig durch Grashänge an und hält zielstrebig taleinwärts; vor uns präsentiert sich die eindrucksvolle Gipfelkulisse, die das Tal des Barranco de Acherito einschließt. Alsbald schieben sich das Massiv der Petraficha mit ihrem roten Sockel und die lange Felsfront der Chipeta ins Blickfeld. Wir stoßen auf eine **Wegverzweigung (3)**, 1550 m, wo wir gemäß der Markierung links abbiegen und hangaufwärts steigen. Dann schlängelt sich unser Weg durch grasigen, mit Felsbrocken belegten Boden in Richtung der anderen Talseite und beginnt erneut anzusteigen.

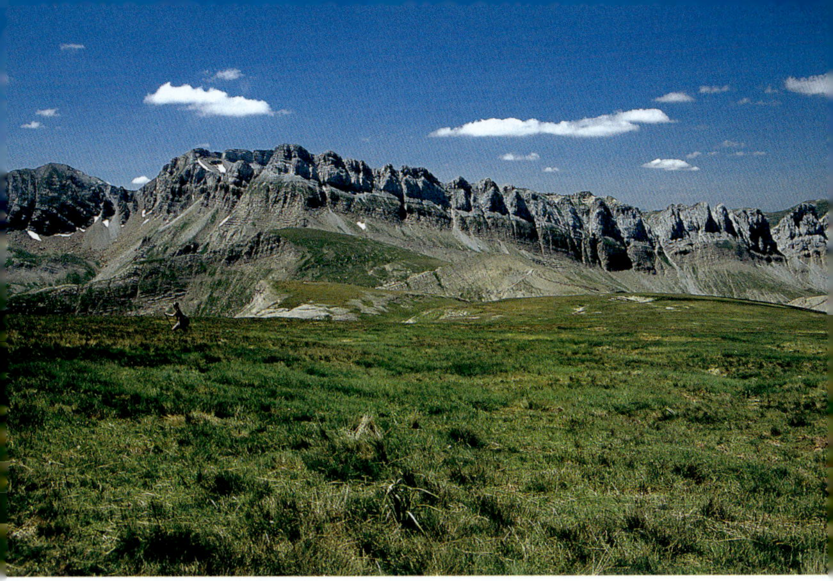

Im Süden der Chipeta Alto reihen sich die Gipfel der Sierra de Alano auf.

Nachdem wir den tief eingegrabenen Taleinschnitt gequert haben, hält unser Weg unterhalb eines rotbraun gefärbten Hangvorsprungs und windet sich dann rechtsseitig davon mit kräftiger Steigung hinauf zum **Collado de Petraficha (4)**, 1964 m. Im Südwesten des Passes erstreckt sich die graue Kalksteinfront der Sierra de Alano mit ihren zahlreichen Felskronen. Wir verlassen den ins Valle de Ansó absteigenden GR und folgen einem in Südrichtung durch schuttigen Hang ansteigenden Pfad. Sobald wir Grasgelände erreichen, wenden wir uns halb links und halten auf die Abbruchkante der Chipeta zu, wo ein fantastischer Aussichtspfad an den steil eingeschnittenen Buchten entlang zur **Chipeta Alto (5)**, 2175 m, führt.

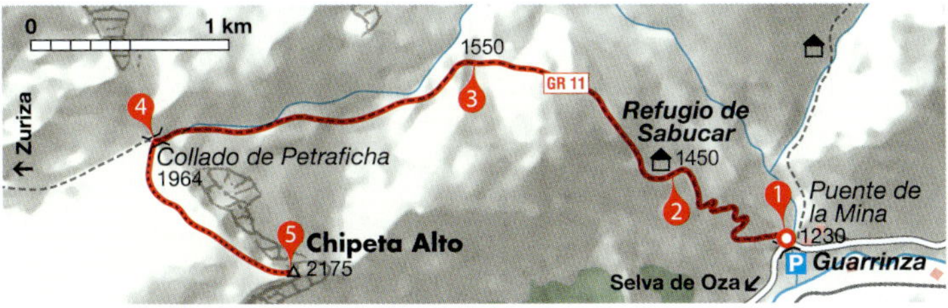

22 Estribiella, 2046 m

5.00 Std.

Rundherum imposante Berglandschaften: an der Nahtstelle zwischen Valle de Hecho und Valle de Ansó

Die Estribiella ist das südlich gelegene Gegenstück zur Chipeta Alto. Beide »Gipfelpunkte« markieren den nach Westen flach abfallenden Bergstock, der nach Osten zum Río Aragón hin rasant abfällt. Steht man auf dem Aussichtspunkt, ist der Kontrast zwischen den sanften Grashängen und den steil aufschießenden Kalktürmen der Sierra de Alano frappierend. Schattige Wälder und blumenübersäte Talwiesen begleiten den Aufstieg entlang dem Barranco de Estribiella und am Ziel wird der Blick von einer immens vielfältigen Bergwelt gefesselt.

Talort: Hecho, 820 m.
Ausgangspunkt: Selva de Oza, 1120 m. Von Hecho nach Selva de Oza bis zur Puente de Oza; Parkmöglichkeiten vor der Brücke.
Höhenunterschied: 926 m.
Anforderungen: Mehrfach recht kräftige Steigungen; etwas Orientierungssinn.
Markierung: Steinmännchen, teilweise verblasste GR-Markierungen.
Einkehr: Bar in Selva de Oza (nur im Sommer), Hecho.

In **Selva de Oza (1)** orientieren wir uns zur steinernen Forsthütte am Waldrand mit dem Wegschild »Peña Forca/Estribiella« . Wir steigen auf dem Forstweg an, nach wenigen Minuten gehen wir bei einer Gabelung (Steinmännchen) rechts weiter durch hübschen Mischwald. Schmaler und steinig

Estribiella: Blick nach Westen zum Valle de Ansó.

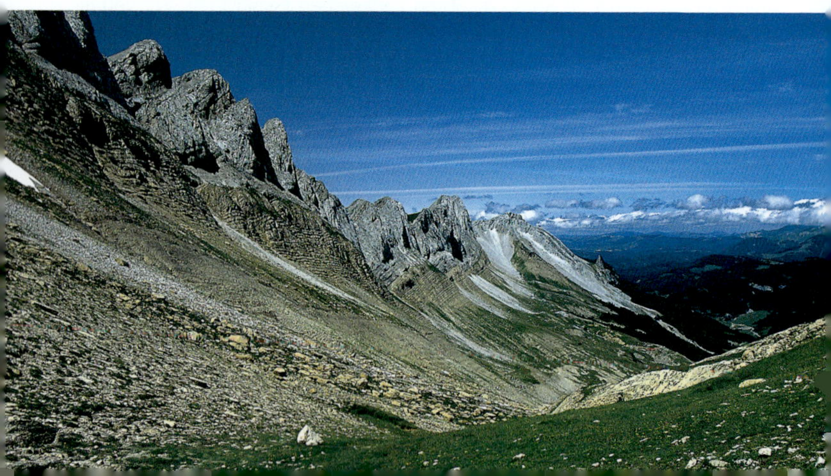

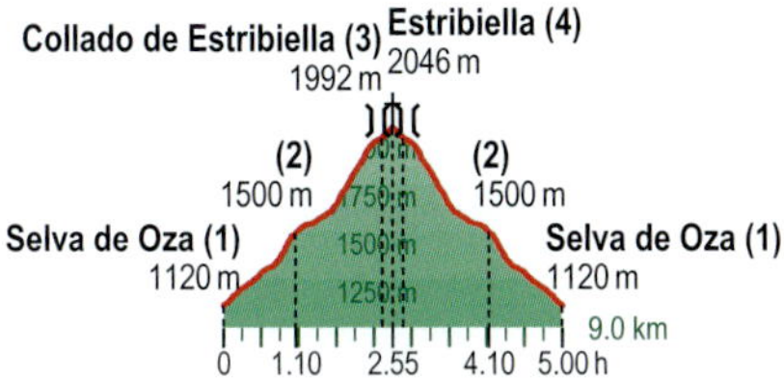

geworden, geht unser Weg dann in einen windungsreichen kräftigen Anstieg über, mit dem wir einen Steilabfall des Barranco de Estribiella überwinden. Wir kommen an einem Lawinenwarnschild vorbei, der Wald lichtet sich, und der Weg nähert sich kurz einem schön geschnittenen Wasserfall, dreht wieder ab und passiert ein zweites Lawinenwarnschild. Danach erreichen wir das grasige **Hochtal des Barranco de Estribiella (2)**, 1500 m. In dem hübschen langen Tal mit üppigen Blumenwiesen baut sich links das Massiv mit den Lenito-Gipfeln auf. Gemächlich zieht unser Weg an der Seite des in kleinen Stufen ablaufenden Bachs taleinwärts. Am Talende sehen wir rechter Hand des Schluchteinschnitts einen zeltartigen Felsbau mit mehreren Spitzchen; daneben eine Felskuppe, die zu beiden Seiten Scharten bildet. Sie sind die Zugänge zum Collado de Estribiella.

Am Talende angekommen haben wir die Wahl: Zur rechten Scharte steigt der alte GR hoch, wobei die Markierungen teilweise schwer zu verfolgen sind. Er holt im Talhang rechts relativ weit aus und begibt sich dann in den schrofigen, weiter oben auch schuttigen Schartenhang. Dort ist eine geringfügige Kraxelei erforderlich, die durch einige Eisenstifte abgesichert ist. Die linke Scharte geht man praktisch in direkter Linie an, wobei unsystematisch aufgestellte Steinmännchen und hin und wieder Pfadansätze helfen. Oben angekommen zeichnet sich der Sattel der Estribiella im Westen deutlich ab. Zum Anstieg nehmen wir den gut sichtbaren Weg im Talhang rechts auf. Er hält, nun einigermaßen gut weiß-rot markiert, in die rechte Seite des felsigen Sattelaufschwungs und kommt auf den **Collado de Estribiella (3)**, 1992 m. Hier verlassen wir den nach Zuriza im Valle de Ansó hinunterführenden GR und steigen rechts auf Grashängen in Nordost-Richtung hinauf zur **Estribiella (4)**, 2046 m.

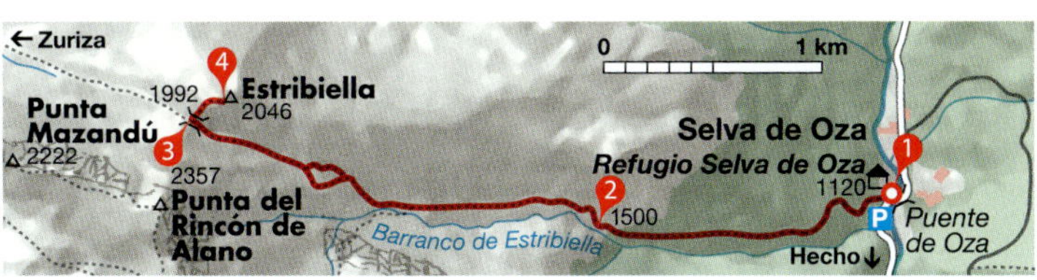

23 Lenito, 2339 m

6.30 Std.

Auf klassischer Anstiegsroute zu einem grandiosen Aussichtspunkt

Lenito oder Peña Forca – einer der beiden herausragenden Gipfel in der Sierra de Alano gehört zum Pflichtprogramm beim Wandern im Valle de Hecho. Zum einen natürlich wegen der fantastischen, weit herumreichenden Blicke, zum anderen wegen der vielfältigen und gegensätzlichen Landschaftsszenen, die sich entlang dem Weg präsentieren. Beide Gipfel machen es einem nicht leicht, die Tour verlangt gute Kondition und Bergerfahrung.

Talort: Hecho, 820 m.
Ausgangspunkt: Siehe Tour 22.
Höhenunterschied: 1219 m.
Anforderungen: Lange Tour mit sehr großer Höhendistanz; teils kräftige Steigungen. Querung von chaotischem Felsgelände und sehr steiler Anstieg im Geröllhang zur Achar de Lenito. Achtung: hier kann bis in den Sommer Schnee liegen!
Markierung: Teilweise Steinmännchen.
Einkehr: Bar in Selva de Oza (nur im Sommer), Hecho.
Variante: **Peña Forca**, 2390 m. Der westliche Nachbargipfel wird ebenfalls von der Achar de Lenito angegangen. Am Pass nimmt man den nach Nordwest gerichteten Pfad, der durch die Südhänge auf den Nachbargipfel Achar de Forca zuhält und den kleinen Sattel zur Peña Forca traversiert. Dann halblinks zu der zum Gipfel zulaufenden Felsmauer, deren Zugang durch eine Steinmarkierung angezeigt wird. Hier mit leichter Kraxelei wenige Meter hinauf und direkt zum Gipfel mit geodätischem Zeichen. Aufstieg ab Achar de Lenito: 45 Minuten.

In **Selva de Oza (1)** folgen wir zunächst dem in Tour 22 beschriebenen Wegverlauf bis zum **Hochtal des Barranco de Estribiella (2)** und dort durch die blumengeschmückten Wiesen taleinwärts. Sobald wir auf unserem Weg auf das Niveau des Talbachs kommen, wo sich mehrere steinige Bacharme vereinen, queren wir zur **anderen Seite (3)**, 1600 m, und steigen dort im Hang auf einem anfangs nur schwer auszumachenden, aber durch Steinmännchen markierten Pfad weiter taleinwärts an. Weiter oben im schrofigen Hang wird der Pfad klarer, er hält in Richtung des kleinen grünen Sattels links des engen Schluchteinschnitts und über-

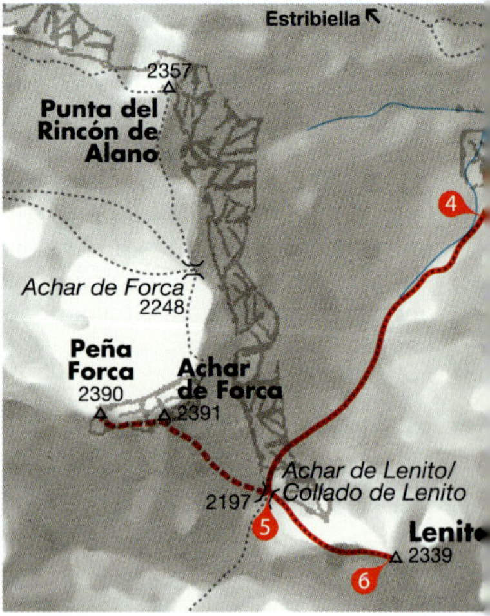

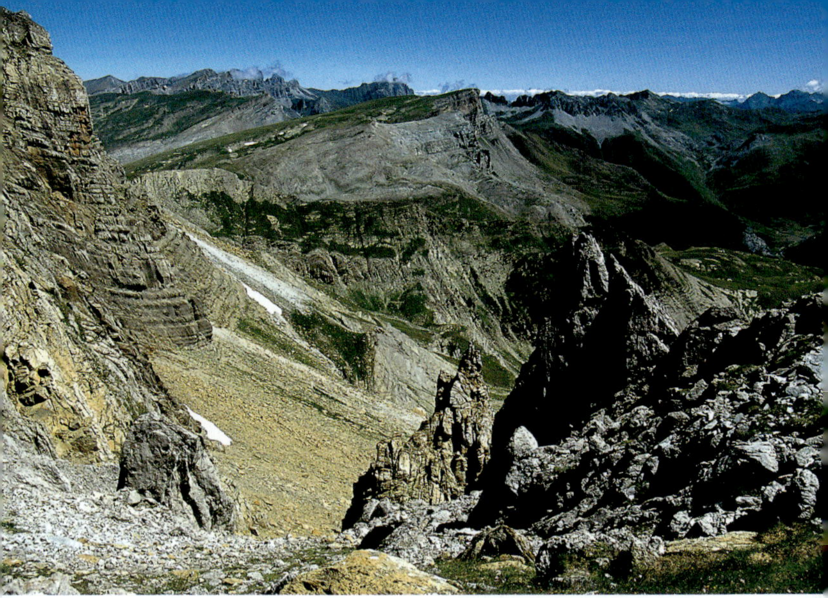

Nach steilem Aufstieg steht man auf dem Pass zwischen Peña Forca und Lenito.

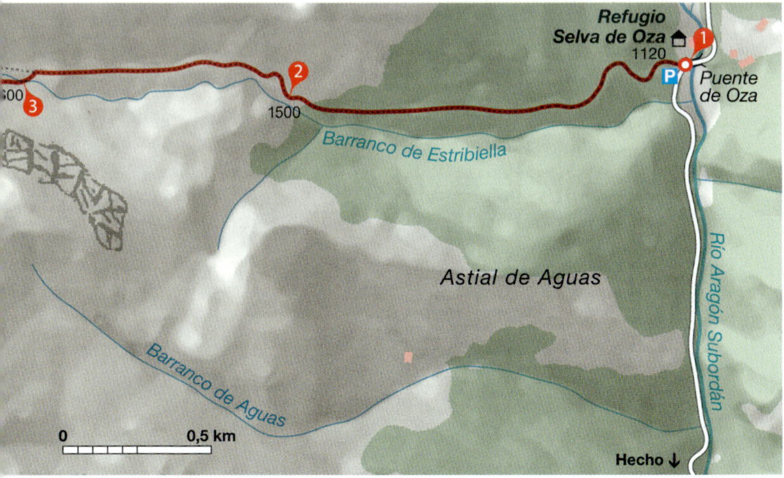

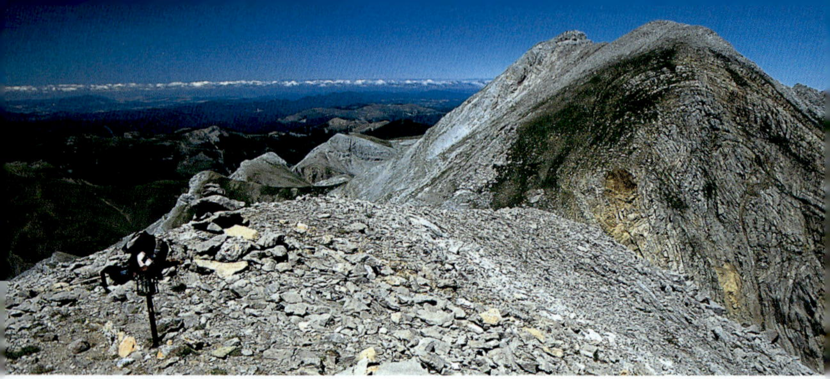

Der Gipfel des Lenito: gegenüber Achar de Forca, dahinter die Peña Forca.

steigt diesen. Dahinter kommen wir in ein nach Südwest verlaufendes **Tal (4)**, 1780 m, dessen Boden großflächig von Felsbrocken belegt ist. An seinem Ende sind zwei auffällige steile Geröllschütten zu sehen, von denen die rechte mit braunem Gestein belegt ist: Durch sie erfolgt der Aufstieg zum Pass des Lenito.

Wir bleiben zunächst im Talboden mehr an der linken Seite und steigen anfangs durch felsbelegtes Terrain an, dann weicht unser Weg dem beginnenden Blockchaos links in den Grashang aus. Anschließend schwenkt er nach rechts und begibt sich in das verwirrende Felsgelände, durch das gut postierte Steinmännchen hinüber zum Fuß des Geröllhangs leiten. Dieser wird am linken Rand von einem nach oben ziehenden Felsgrat begrenzt. Sobald wir bei unserem Anstieg im steilen Hang auf Höhe dieses Felsgrats sind, begeben wir uns am besten an seinen Rand, wo verfestigtes Gestein den weiteren Aufstieg erleichtert. Ein klar gespurter Pfad zieht rechts des Felsgrats sehr steil nach oben und mündet auf der **Achar de Lenito (5)**, 2197 m, dem Sattel zwischen Lenito und Peña Forca. Dort folgen wir einer nach Osten laufenden Spur und steigen im Westhang des Lenito hinauf zum Gipfelgrat und weiter zu dem Steinmännchen, das den sanften Gipfel des **Lenito (6)**, 2339 m, krönt.

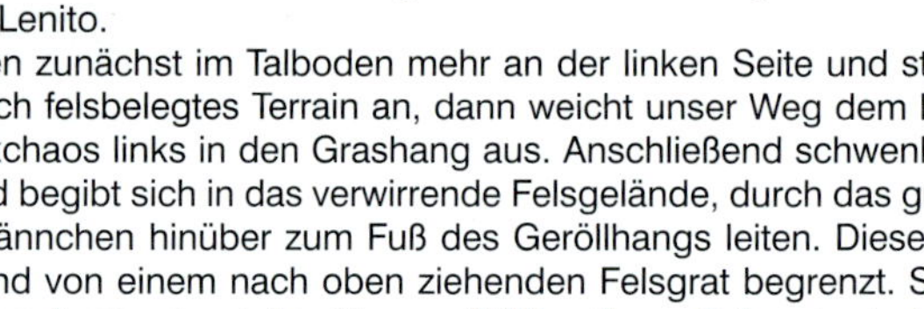

3.30 Std.

Via Romana und Senda de los Ganchos

24

Auf Höhenwegen über dem »Höllenschlund«

Boca del Infierno: der »Höllenschlund« – eine passende Bezeichnung für die extrem enge und tiefe Schlucht, die der Río Aragón Subordán in die steilen Massive von Agüerri und Lenito eingesägt hat. Schon die Römer suchten bei ihren Vorstößen über die Pyrenäen auch im Hecho-Tal gangbare Passagen und legten in den westseitigen Schluchtwänden einen komfortablen Weg an. Die Via Romana lässt sich mit dem gegenüber verlaufenden Senda de los Ganchos zu einer hübschen Rundtour kombinieren.

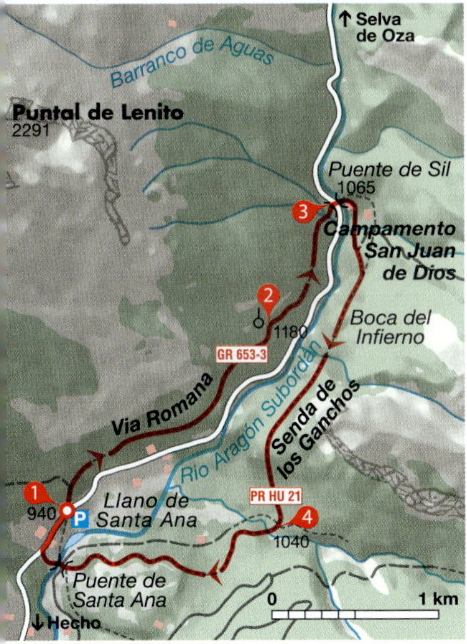

Talort: Hecho, 820 m.
Ausgangspunkt: Llano de Santa Ana, 940 m. Von Hecho in Richtung Selva de Oza; ca. 400 m hinter der rechts abzweigenden Piste zum Refugio de Gabardito ist rechts an der Straße eine Ausbuchtung zum Parken.
Höhenunterschied: Mit Gegenanstiegen ca. 450 m.
Anforderungen: Leichte Rundtour; auf dem Senda de los Ganchos auch kräftigere Steigungen.
Markierung: GR-653.3 entlang der Via Romana; PR-HU 21 (weiß-gelb) auf dem »Senda de los Ganchos«.
Einkehr: Siresa, Hecho.
Tipp: Versierten Canyoning-Liebhabern sei die emotional spannende Schluchtpassage empfohlen, die an manchen Stellen von der Straße durch den Engpass einzusehen ist. Aber Vorsicht: Die Schlucht führt reichlich Wasser!

Gegenüber dem Parkplatz am **Llano de Santa Ana (1)** beginnt bei dem Wegweiser »Via Romana« unsere Rundtour. Wir laufen kurz in der angezeigten Richtung auf dem Forstweg und biegen dann rechts bei einer Beschilderung auf den markierten GR ab. Der bequem steigende Weg erlaubt einen guten Blick über die Flussniederung und das Hecho-Tal, bevor er langsam in die Schlucht einbiegt, wo auf beiden Seiten die schön geformten Felsmassive hochstreben. Bei einem alten, verfallenden **Wachturm (2)**, 1180 m, erreichen wir den

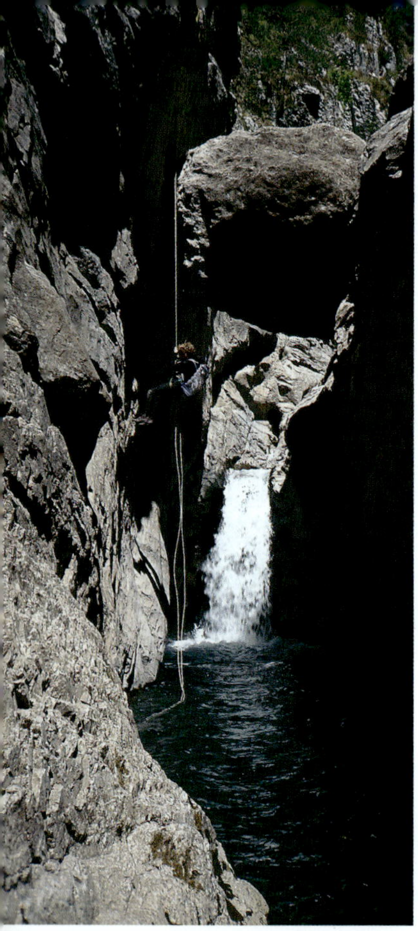

Tief unten im »Höllenschlund« ...

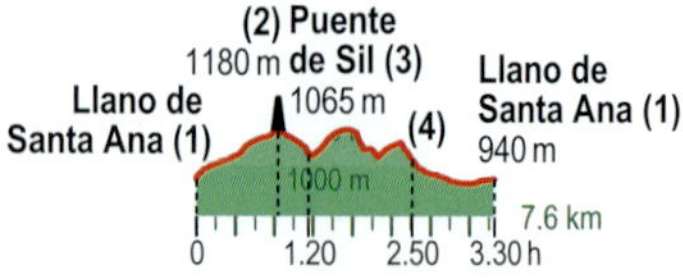

höchsten Punkt der Via Romana, dahinter senkt sie sich wieder ab und mündet beim Refugio Forestal an der Straße, wo die **Puente de Sil (3)**, 1065 m, den Schluchtbach überspannt.

Wir wechseln auf dem Metallbrückchen zur anderen Seite und wenden uns sogleich rechts durch die Wiese zum Ende des aus großen Blöcken geschichteten Steinwalls. Hier zeigt ein Wegschild den »Senda de los Ganchos/Costatiza« an, der uns sogleich in den Wald führt. Wir queren einen Forstweg und gewinnen auf dem schattigen Weglein im kräftigen Anstieg rasch an Höhe.

Unterwegs lugt gegenüber der Wachturm hervor. Im Wechsel von Auf und Ab beginnt sich unser Weg wieder langsam abzusenken, zwischendurch ist bei einer kurzen ausgesetzten Stelle ein wenig Vorsicht geboten. Bei der Querung einer etwas verschütteten Seitenschlucht bleiben wir auf gleicher Weghöhe, danach folgt noch einmal ein kräftiges Steigungsstück, bevor unser Weg ins Tal des Barranco de Agüerri einbiegt und dort schnell absteigt. Nachdem er aus dem Wald kommt, kreuzt er dessen Bachbett und stößt auf einen **Fahrweg (4)**, 1040 m, mit dem Wegweiser »Puente de Santa Ana«. Wir folgen der angezeigten Richtung bis zur Asphaltpiste, gehen dort rechts weiter und über die Brücke bis zur Straße, wo wir rechts zum Parkplatz beim **Llano de Santa Ana (1)** zurückkehren.

... und hoch darüber: Blick von der Via Romana auf das Agüerri-Massiv.

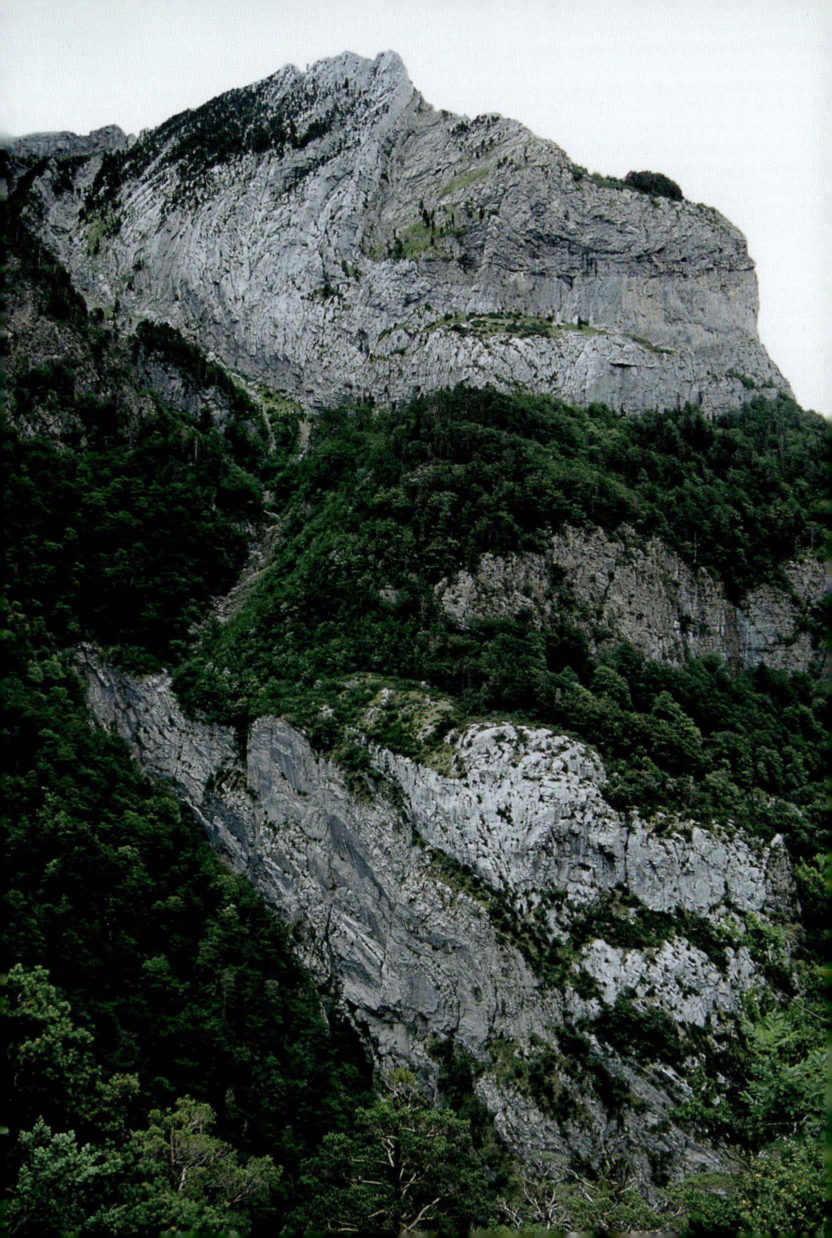

Valle de Ansó

Auf langer Strecke nähern sich die Felswände des Valle de Ansó einander so stark, dass ein einziger Wehrturm jahrhundertelang die Ortschaft Ansó am Ausgang des Tals gegen drohende Einfälle aus den Provinzen Béarn und Navarra zu schützen vermochte. Von der wirkungsvollen Verteidigungsanlage, die später auch der Kontrolle des Handels und Schmuggels diente, ist durch den Bau der engen Talstraße zwischen Ansó und Zuriza nichts mehr übrig geblieben. Heute präsentiert sich Ansó als wohltuend ursprünglich gebliebener Ort ohne touristisches Gepräge, und mit seinen ansehnlichen Häusern, den Fenster- und Türrahmen aus kunstvoll behauenem Naturstein, den gezierten Holzbalkonen, Fensterläden und Portalen, den großen Dächern mit den typisch flachen Dachziegeln und aragonesischen Kaminen zählt es zu den sehenswertesten Orten in den Pyrenäen.

Kunstvolles Handwerk prägt die Taldörfer.

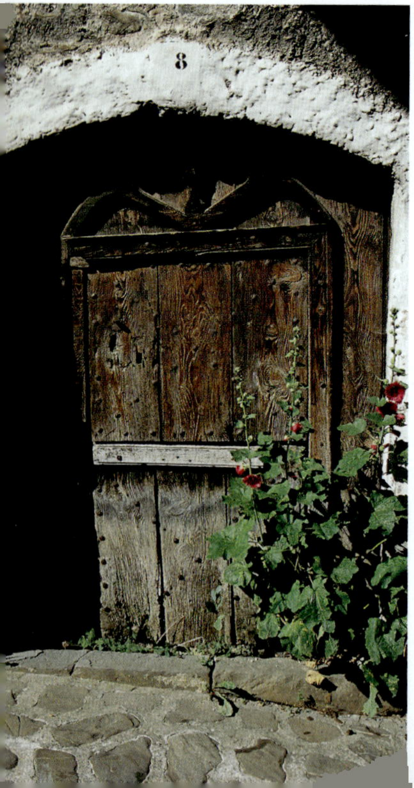

Erst nach 14 Kilometern durch das Tal des Río Veral, dessen fortwährende Einschnürung außer ein paar »bordas« am Flussrand keine Ansiedlungen erlaubt, treten die steilen Hänge und Felsen zurück und machen bei Zuriza einer Talniederung Platz. Hier teilt sich das Schluchtsträßchen und der Zweig nach links führt über die Provinzgrenze zu Navarra hinüber ins Valle de Belagua. Fast auf Höhe des Grenzpasses beginnt auch der Anstieg auf die Peña Ezcaurri oder Peña Ezkaurre, deren zweifache Schreibweise davon zeugt, dass der Berg, dessen Gipfel von der Provinzgrenze geteilt wird, sowohl von Aragón wie auch von Navarra in Beschlag genommen wird. Wie dem auch sei, das großflächige Kalkmassiv ist mit seiner charakteristischen Karstoberfläche eine eindrucksvolle Erscheinung und die Aussicht auf die großen Gipfel des Grenzgebirges zu Frankreich ist von erster Güte. Bei Zuriza befindet sich

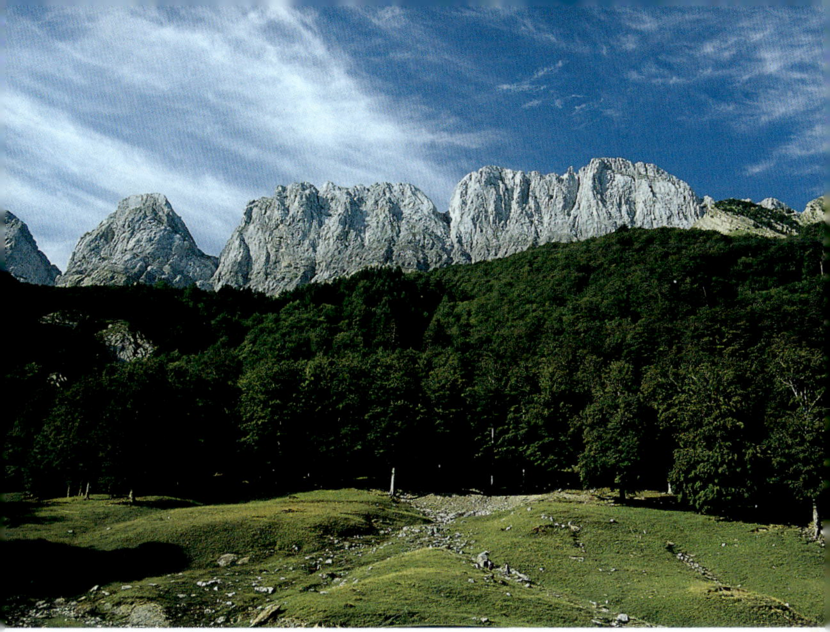

Die Kalksteinfront der Sierra de Alano erstreckt sich im Osten des Valle de Ansó.

auch der einzige Campingplatz im Tal, ihm ist ein Refugio angeschlossen. Von hier richtet sich eine Piste nach Osten entlang dem Barranco de Petraficha, sie lässt sich bis Tacheras befahren, wo sich zwei Wanderwege aufspalten. Der eine – GR 11 – erschließt die steilen Abbruchfronten zwischen Chipeta Alto und Petraficha, der andere orientiert sich stets am Fuß der grandiosen Kalksteinfront von Alano zum Collado de Estribiella, dem Übergang nach Selva de Oza im Valle de Hecho. Von diesem Weg zweigt auch der einzige Zugang durch die fantastische Achar -Bresche auf den Rücken der Sierra de Alano ab, der sich überraschend als kilometerlange Karstwanne mit grünen Senken, mäandernden Rinnsalen und einer eindrucksvollen Karstlandschaft präsentiert. Von Zuriza nordwärts gelangt man auf teilasphaltierter Piste zum Refugio de Linza am Talende. Die ganzjährig bewirtschaftete Hütte ist im Winter ein Stützpunkt für Skilanglauf, im Sommer ein viel frequentierter Ausgangspunkt für die klassischen Wanderrouten zur Mesa de los Tres Reyes (Table des Trois Rois), Petrechema (Pic d'Ansabère), Mallo Acherito und Chinebral de Gamueta; sämtlich Gipfel mit schönsten und abwechslungsreichen Berglandschaften auf dem Weg und fulminanten Aussichten am Ziel.

25 Punta de l'Achar, 2075 m, und Achar de Forca, 2248 m

7.30 Std.

Grandiose Tagestour durch die Sierra de Alano

Von unten bietet die Sierra de Alano das Bild einer durch zahlreiche Scharten gezeichneten vertikalen Felsfront, die von einer langen Zinnenreihe gekrönt wird. Auf den ersten Blick kaum zugänglich, doch eine Scharte ermöglicht den ungefährlichen Aufstieg aufs Dach des Gebirgsstocks. Was für ein Kontrast! Im Rücken der schroffen Felsmauern breitet sich ein sanft hügeliges Grüntal aus, das nach Osten zu langsam ansteigt und dort von der bekannten Peña Forca überragt wird. Die Durchwanderung dieser faszinierend schönen Landschaft ist ein stiller und einmaliger Genuss und die Besteigung der zuerst unerreichbar scheinenden Punta de l'Achar krönt eine insgesamt sehr herausfordernde Tour.

Talort: Ansó, 870 m.
Ausgangspunkt: Tacheras, 1290 m. Von Ansó nach Zuriza, beim dortigen Camping auf der nach Osten laufenden Piste (ausgeschildert »Tacheras«) ca. 2,4 km bis zu einem Viehpferch. Hier Parkmöglichkeiten.
Höhenunterschied: Mit Gegenanstiegen ca. 1200 m.

Anforderungen: Schwierige und sehr lange Tagestour mit starken Konditionsanforderungen; teilweise unübersichtliches Karstgelände, in dem lediglich Steinmännchen uns den Weg weisen. Kurze Kletterpartien (I–II) zur Punta de l'Achar.
Markierung: Steinmännchen.
Einkehr: Camping Zuriza, Ansó.

In **Tacheras (1)** gehen wir in der Haarnadelkurve von der Piste ab und queren den Talbach, um links des Zuflussbächleins den dort laufenden Pfad aufzunehmen, der mit Holzpfosten markiert wird. Er kreuzt schon bald die Piste und tangiert sie zweimal an engen Kurven, schneidet dann eine Kurve und mündet bei einem großen **Stall (2)**, 1455 m, auf der Piste. Dieser folgen wir rechts bis zu einem zweiten Stall, 50 m dahinter gehen wir in der engen Linkskurve bei Steinmännchen rechts ab. Der Pfad steigt durch Grashänge an, passiert eine einzeln stehende Buche und stößt auf einen von rechts zu-

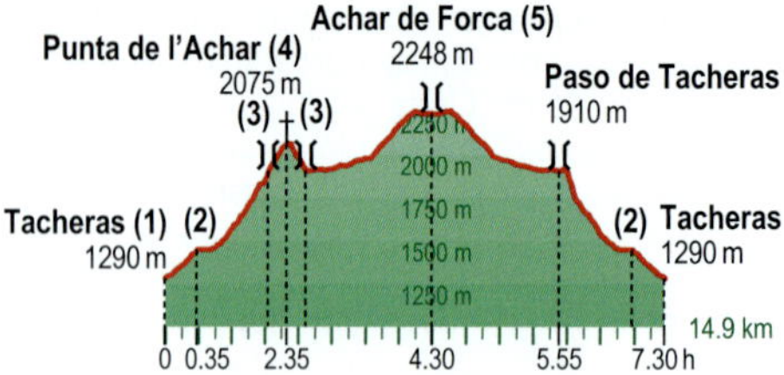

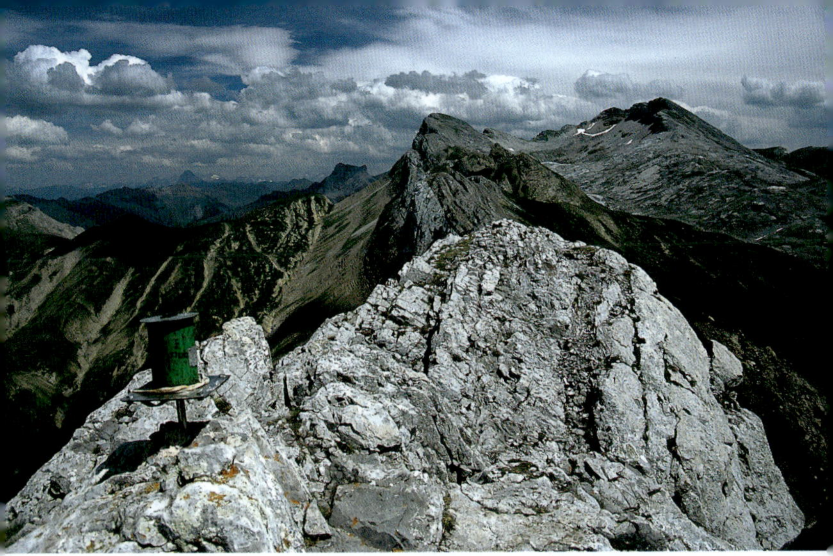

Auf der Punta de l'Achar: wenig Platz, aber eine großräumige Aussicht!

laufenden Pfad. Links (Steinmännchen) weiter auf dem nun steinigen Pfad. In bequemen Kehren geht es in dem mit Felsbrocken belegten Hang am Fuß der Punta de l'Achar aufwärts. Unser Weg fädelt sich in die rechte Seite der Scharte ein, um dann zur linken Seite zu wechseln, wo er sich am Fuß der Steilwände hochwindet, dann einen enormen Felsblock rechts umläuft und am **Paso de Tacheras (3)**, 1910 m, ankommt. Von hier dem Graspfad folgend etwa 50 m weiter zu einem auffälligen Felsblock mit flachen Seiten, wo sich die Punta de l'Achar als grüner Steilrücken zeigt. Als Referenz für den Aufstieg dient der ockerfarbene auskragende Fels am Rand des grasigen Rückens. Ohne Probleme steigen wir zu diesem auf und folgen dort den Steinmarkierungen, die über die splittrigen Felsstufen leiten. Dann auf dem Pfad durch schrofige Abhänge an den Fuß des felsigen Gipfels, wo wir in direkter Linie (nicht rechts auf das Band!) ein paar Meter zu einem schmalen Grat anklettern. Dort noch kurz links und wir stehen mit grandioser Sicht auf der **Punta de l'Achar (4)**, 2075 m.
Wieder zurück folgen wir dem Graspfad, der sich sogleich teilt. Wir nehmen den halb links abbiegenden Pfad mit Ostrichtung durch die Grashügel, links begleitet von den eingekerbten Kreterändern, rechts von der tiefen Talsenke. Nach längerem Weg beginnt ein weitläufiges Karstgelände, das sich zunehmend zu chaotischem Terrain ausprägt. Hier gilt es unbedingt den Steinmarkierungen zu folgen, die geschickt die Gräben und Einstürze umgehen.

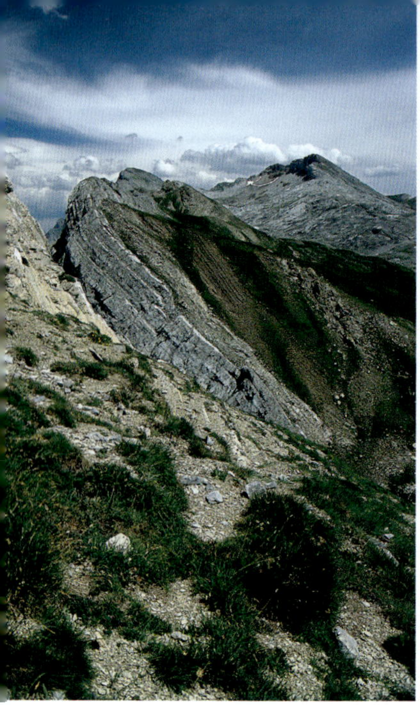

Vergleichsweise sanfte Südabschwünge der Sierra de Alano.

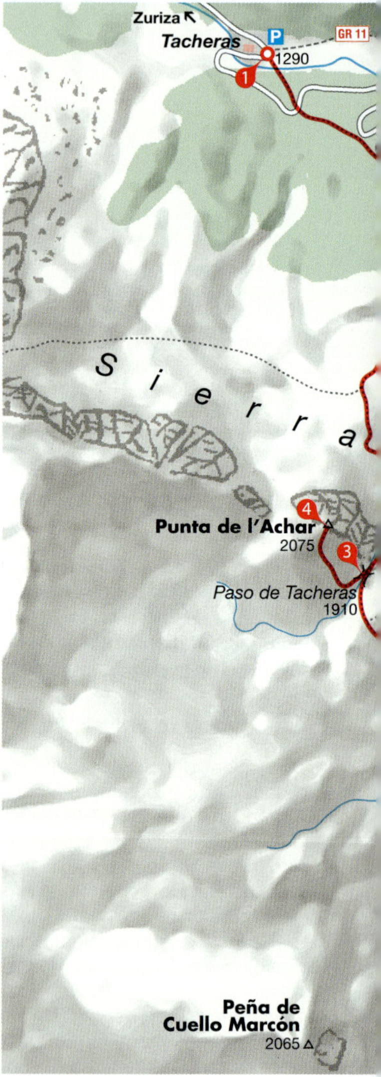

Tendenziell hält sich der »Weg« mehr in Talnähe und gabelt sich dann bei einer Steinmarkierung: Rechts führt der Pfad in den Talboden, von wo aus der breite und gut erkennbare Pass mehr oder weniger direkt angegangen werden kann; nach links quert man im Talhang in einer ansteigenden Diagonale. Im Aufschwung zum Sattel wird der Karstfels wieder lockerer und wir erreichen die **Achar de Forca (5)**, 2248 m, auf der uns eine blendende Aussicht erwartet.

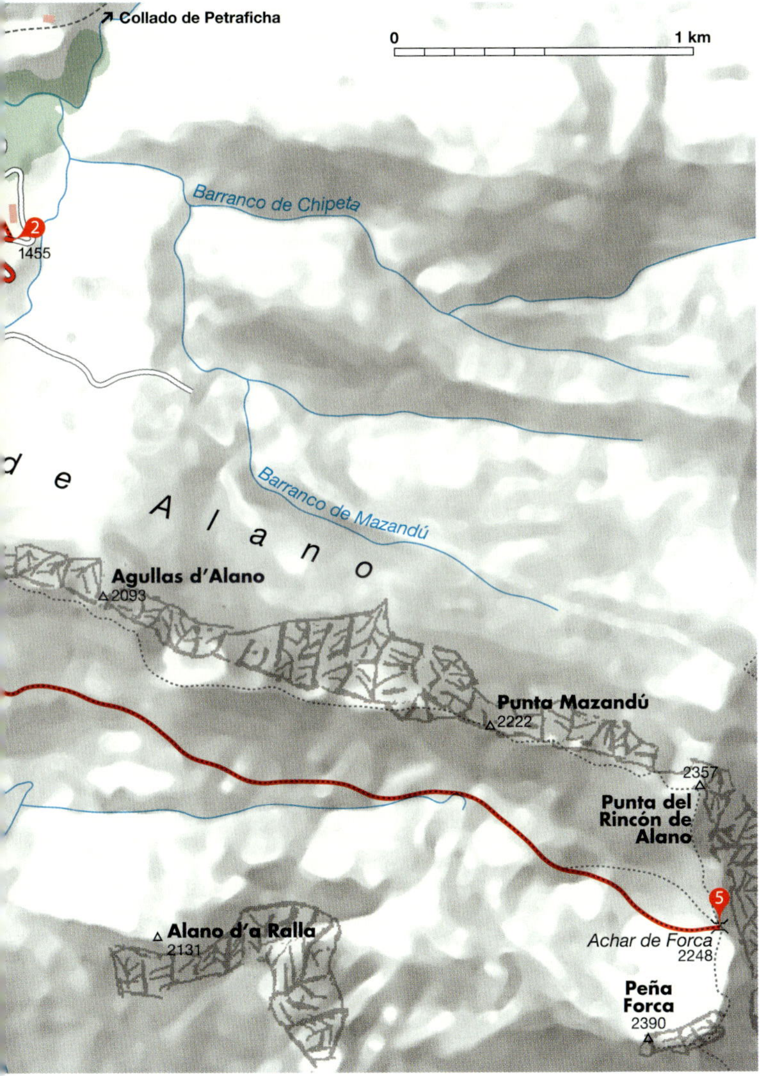

Collado de Petraficha
0
1 km
2
1455
Barranco de Chipeta
Barranco de Mazandú
d e A l a n o
Agullas d'Alano
2093
Punta Mazandú
2222
2357
Punta del Rincón de Alano
5
Achar de Forca
2248
Alano d'a Ralla
2131
Peña Forca
2390

TOP **26**

Petrechema (Pic d'Ansabère), 2371 m

6.15 Std.

Auf Hinterwegen zu den bekannten Felsnadeln

Berühmt wegen der großartigen Felsnadeln, die vom Gipfel zum Greifen nahe sind, ist dieser Berg für Wanderer ein klassisches Ziel. Natürlich lockt auch das überragende Panorama, das man von dem unvermutet harmlosen Gipfel in alle Richtungen genießt. Während gemeinhin für den Aufstieg der gutmütige Westgrat der Petrechema bevorzugt wird, wandern wir durch ein einsames schönes Tal auf den südlich des Gipfels liegenden Pass und steigen von dort in der steilen Südflanke an. Für den Rückweg wählen wir die entschärfte Normalroute und genießen so eine allumfassende Landschaftsschau.

Talort: Ansó, 870 m.
Ausgangspunkt: Refugio de Linza, 1350 m. Von Ansó nach Zuriza, dort vorbei am Camping und ca. 5 km auf Asphaltpiste bis zum Ende.
Höhenunterschied: 1021 m.
Anforderungen: Lange Tour mit großer Höhendistanz; Anstieg ab Collado zur Petrechema sehr steil.
Markierung: Steinmännchen.
Einkehr: Refugio de Linza, Camping Zuriza.
Hinweis: Anstieg von französischer Seite siehe Tour 48.

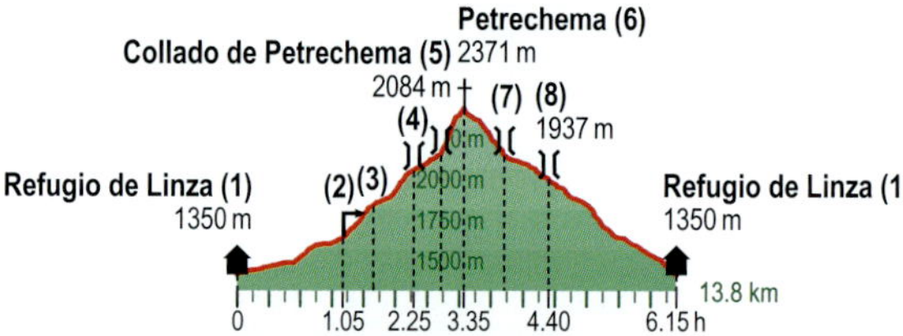

Beim **Refugio de Linza (1)** folgen wir beim Parkplatz dem Schild »Sendero de Gamueta«. Am Ende des gepflasterten Naturlehrpfades geht es über eine Brücke, dann auf breitem Weg durch lichten Wald. Nach einer zweiten Brücke queren wir einen Bach und stoßen bald auf eine Forstpiste, auf dieser geradeaus weiter. Sie endet auf einer offenen Wiese, links jenseits des Baches steigt ein Pfad steil an. Wir bleiben jedoch auf der rechten Bachseite und – Steinmännchen! – biegen nach rechts ansteigend in den Wald. Gut 20 Minuten später verlässt unser Weg den Wald und zieht durch Grasgelände. Bei einer **Verzweigung (2)**, 1575 m, folgen wir dem mit Steinmännchen angezeigten Weg nach rechts und wechseln zur anderen Talseite, die von einem breiten Geröllhang eingenommen wird. Durch Grashänge steigen wir

Fantastischer Fels am Collado de Petrechema.

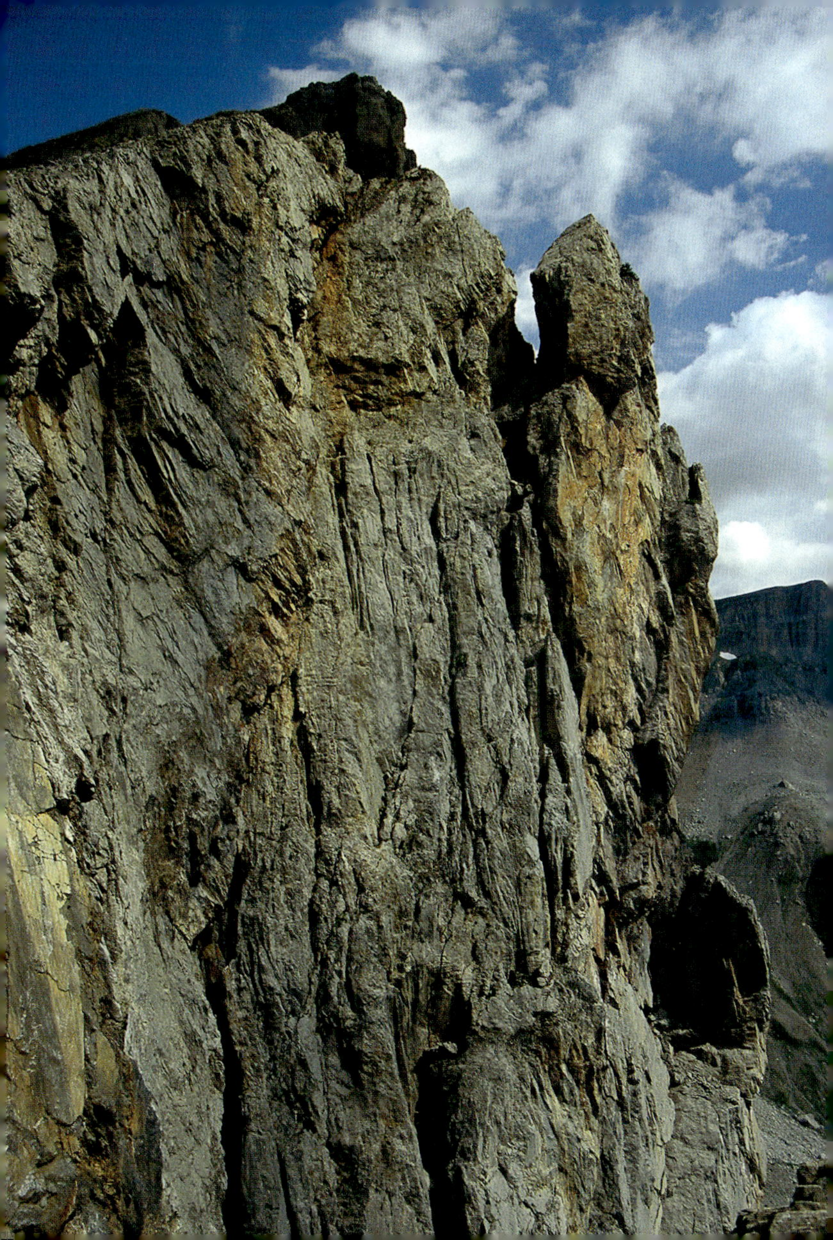

zügig auf die Felswände zu und laufen dann in einer ansteigenden Traverse über dem Geröllhang auf gut festgetretenem Weg zu dem steilen Talabschluss. Bei der folgenden, durch Steinmännchen markierten, **Weggabelung (3)**, 1775 m, wandern wir geradeaus (rechts steigt der Weg zum Mallo Acherito) zum Rand einer großen Einsenkung, den **Foyas del Ingeniero**, 1775 m. Unser Weg bleibt in der rechten Hangseite und steigt dann kräftiger an, führt durch Blockgelände (Steinmarkierungen beachten!) und mit Geröll belegte Felshänge, um schließlich an die andere Talseite zu wechseln. Hier geht es im Talboden am Fuß des Geröllhangs zu einem kleinen **Zwischensattel (4)**, 1990 m, hinauf, wo sich erneut eine Senke auftut. Wir bleiben links im Talhang durch Karstgelände – links der lange Rücken der Petrechema, rechts der Mallo Acherito – und erreichen im direkten Anstieg den **Collado de Petrechema (5)**, 2084 m, mit Blick auf die prächtigen Felsnadeln. Auf dem Pass wenden wir uns scharf nach links und folgen dem Trampelpfad (Steinmännchen) in die Südflanke der Petrechema. Nach kurzem Anstieg teilt er sich: Wir bleiben links – rechts ließe sich ein Abstecher zum Vorgipfel, dem Pequeño Pico de Ansabere, 2254 m, machen – auf dem tief ausgetretenen Pfad, der sich steil hinaufwindet. Auf dem Kammrücken angekommen ein paar Schritte nach rechts, und wir stehen auf der **Petrechema (6)**, 2371 m.
Für den Rückweg wenden wir uns nach Westen und folgen dem lang gezogenen, absenkenden Rücken. Der deutliche Kreteweg macht einen Schwenk nach links und kommt zu einem **Sattel (7)**, 2081 m, auf dem er erneut westwärts dreht und durch die Nordhänge eines Hügelzugs abwärts läuft. Unter uns breitet sich eine große Karstmulde, die Hoya de la Solana, aus. Der Weg mündet auf einem zweiten **Sattel (8)**, 1937 m, wo er mit dem Anstiegsweg zur Mesa de los Tres Reyes zusammentrifft. Wir steigen links hinunter zum **Refugio de Linza (1)**, wie in Tour 27 beim Anstieg zur Mesa de los Tres Reyes beschrieben.

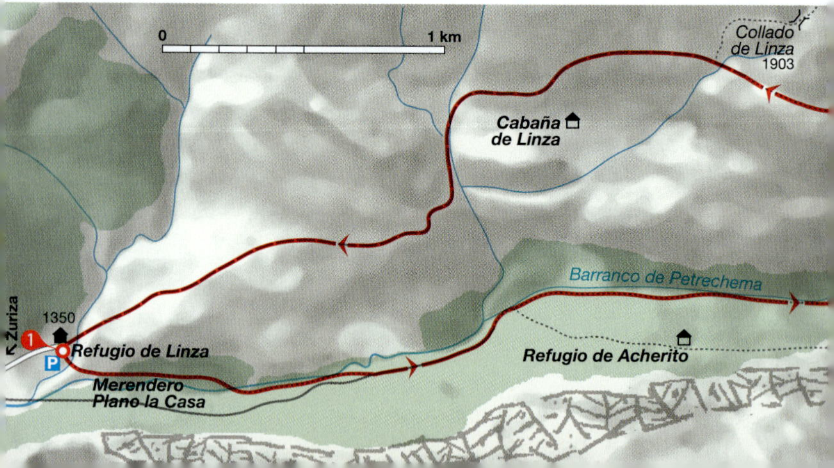

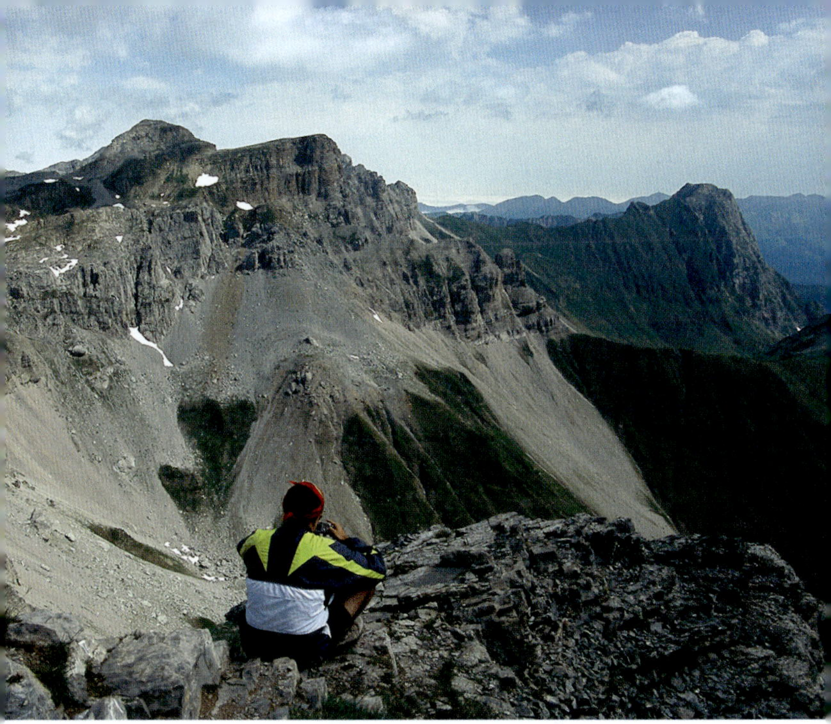

Gipfelziel. Links die Mesa de los Tres Reyes (Tour 27).

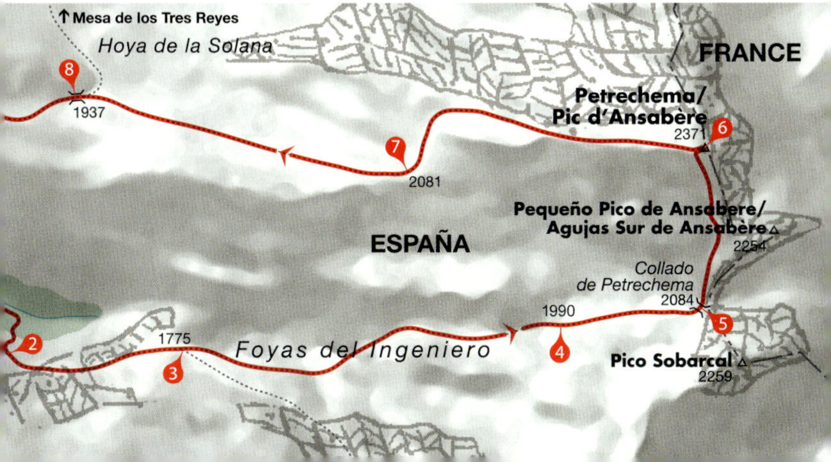

27 Mesa de los Tres Reyes (Table des Trois Rois), 2448 m

7.30 Std.

Auf den spanisch-französischen »Königsberg«

Drei Provinzen – Aragón, Béarn und Navarra – teilen sich diesen Berg, der durch eine Geschichtslegende bekannt geworden ist: Ehedem sollen sich die drei Könige der Provinzen auf den Gipfel aufgemacht haben, um gewissermaßen auf neutralem Gebiet ihre Grenzstreitigkeiten zu verhandeln. Daher der Name »Tafel der drei Könige«. Heutzutage ist der klobige Berg ein klassisches Ziel für erprobte Wanderer, dessen anspruchsvoller Anstieg mit viel landschaftlicher Abwechslung und einer superben Aussicht belohnt wird.

Talort: Ansó, 870 m.
Ausgangspunkt: Siehe Tour 26.
Höhenunterschied: Ca. 1180 m.
Anforderungen: Sehr lange Tour bei starkem Höhenunterschied. Teilstrecke durch Karstgebiet. Sehr steiler Gipfelanstieg.
Markierung: Steinmännchen; Schilder.
Einkehr: Refugio de Linza, Camping Zuriza.

Am **Refugio de Linza (1)** gehen wir in direkter Verlängerung der Piste auf dem Betonbrückchen über ein Rinnsal und steigen dann auf stark erodierten Wegen die Grashänge an. Bei einer kleinen Senke queren wir einen Bach und lassen den links abzweigenden schmalen Pfad beiseite. Alsbald wendet sich unser Weg nach Osten und steigt in den abschüssigen Hängen durch abwechselnd schuttiges, schrofiges und felsiges Terrain kräftig an. Wir las-

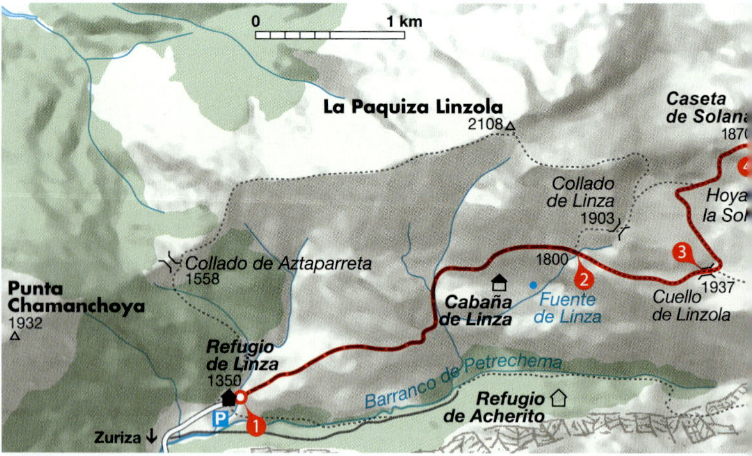

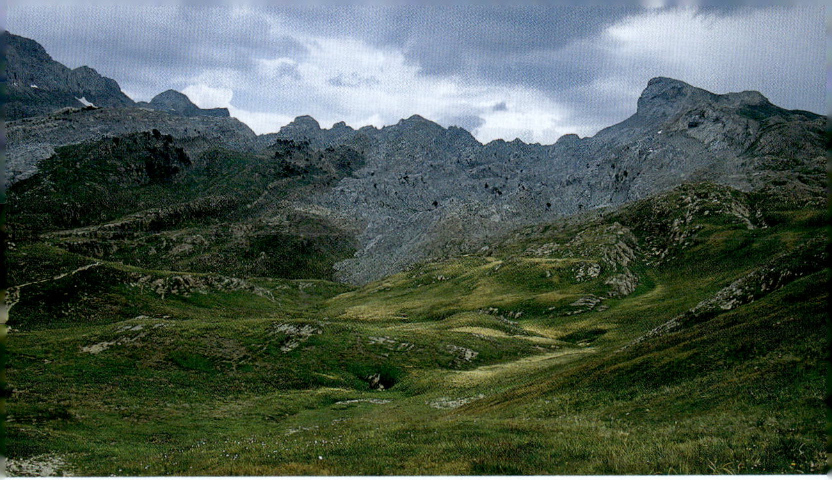

Landschaftsschau an der Hoya de la Solana: links Budoguía und Mesa de los Tres Reyes, rechts Petrechema.

sen die rechts unten liegende Cabaña de Linza (Schäferhütte) hinter uns und erreichen wieder grasiges Gelände, in dem der Weg abflacht. Den kurz vor einem Barranco links abzweigenden **Pfad (2)**, 1800 m, zum Collado de Linza lassen wir beiseite und kreuzen das Bachbett, steigen in einer Felsrinne an und steuern dann auf einen breiten Grassattel zu, hinter dem sich die **Hoya de la Solana**, eine weite Karstmulde, erstreckt. Auf dem **Cuello de Linzola (3)**, 1937 m, teilt sich der Weg. Rechts verläuft er zur Petrechema (siehe Tour 26), gerade weiter zu unserem Ziel. Kurz danach macht unser Weg eine deutliche Biegung nach links und läuft am linken Rand über der Senke in einem leicht absteigenden weiten Bogen zu einem Metallhüttchen, der **Caseta de Solana (4)**, 1870 m. Der kurz vorher links abgehende Pfad bleibt unbeachtet, ebenso der gleich darauf rechts zu der Hütte führende Pfad.

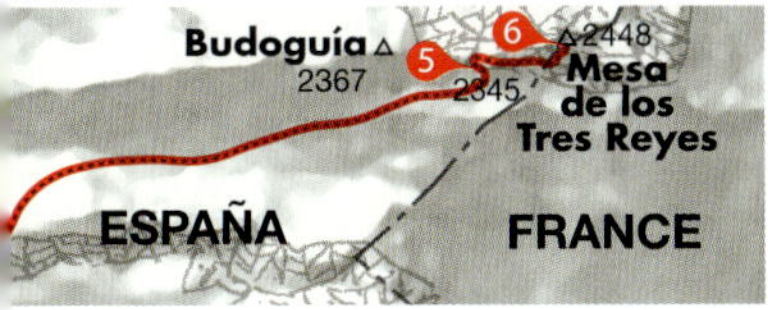

Auf unserem Weg steigen wir nun zum Fuß einer lang gezogenen felsigen Höhe, folgen dort den Steinmarkierungen quer durch den Fels und erreichen ein dahinter verlaufendes Karsttal, das entlang den deutlichen Steinmännchen gequert wird. Dann hinab in das Tälchen, das sich am Fuß der Südabhänge des Budoguía erstreckt. Der lang gezogene Bergkamm ist der westliche Nachbar der Mesa de los Tres Reyes und wird durch einen kleinen

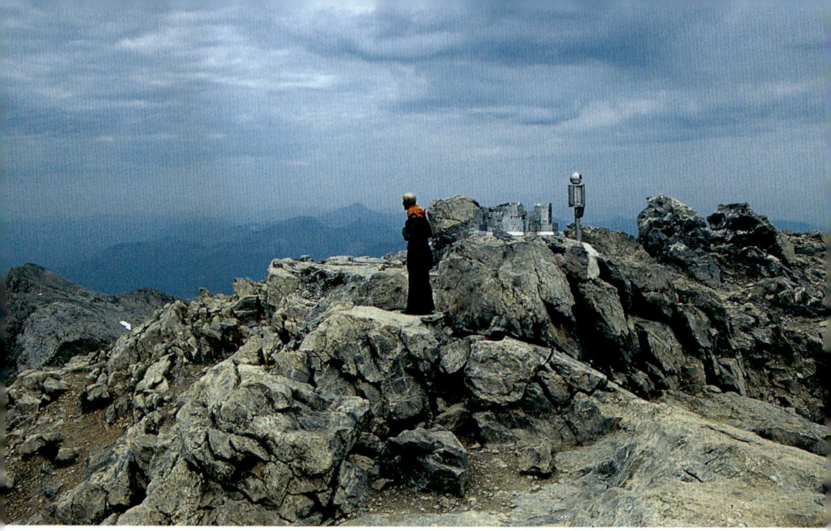

Mesa de los Tres Reyes mit ausgefallenem »Gipfelzeichen«: San Francisco Javier und die Nachbildung des Castillo de Javier, in dem der Heilige geboren wurde.

Sattel von dieser getrennt. Auf dem markanten Weg im Talboden laufen wir nun nach Osten, dann setzt eine kräftige Steigung durch steiniges Gelände, Felschaos (Steinmännchen beachten!) und Schrofenhänge an, nach der wir mit einem Linksschwenk den Sattel erreichen. Auf diesem wieder in Ostrichtung, sogleich stoßen wir auf eine **Wegverzweigung (5)**, 2345 m, mit Steinmännchen. Den direkt in die Westflanke unseres Berges führenden schmalen Pfad nach links lassen wir liegen und folgen dem breiteren Weg geradeaus durch die Südabhänge bis zu Steinmännchen, wo wir links in die sehr steilen Abbrüche ein- und auf ausgetretenen Bahnen hochsteigen. Falls diese Stelle verpasst wird, kommt man wenig später zum »Wegende«, wo man ebenfalls nach links hinauf zur **Mesa de los Tres Reyes (6)**, 2448 m, gelangt.

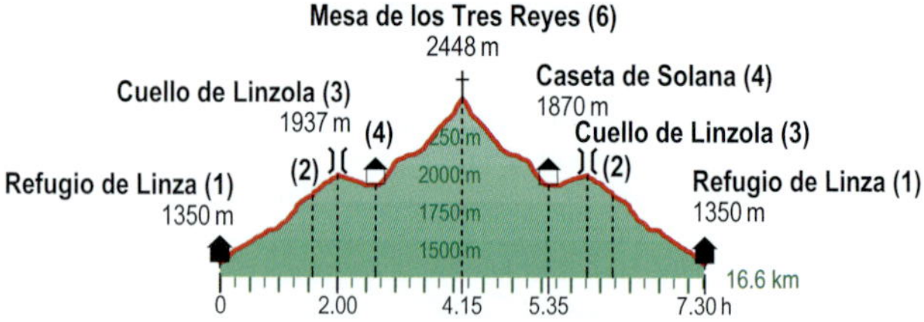

4.15 Std.

Peña Ezcaurri, 2045 m **28**

Beliebter Grenzberg zwischen Aragón und Navarra

Peña Ezcaurri oder Peña Ezkaurre? Auf Grund seiner Grenzlage führt der massige Berg eine sprachliche Doppelexistenz. Für Wanderer aus Navarra gehört er ins Pflichtprogramm, weil er der einzige 2000er der Provinz ist, abgesehen von dem eher charakterlosen Pico d'Ori. Entsprechend rege ist der Zulauf auf den Berg, der nach dem steilen Anstieg seiner Nordflanke mit einem flachen Karstdach überrascht. Von oben gewinnt man einen breiten Eindruck vom Landschaftskontrast der Bergwelten beider Provinzen.

Talort: Ansó, 870 m.
Ausgangspunkt: Parkplatz unterhalb des Collado Arguibiela, 1290 m. Von Ansó nach Zuriza, vor dem Campingplatz links ab Richtung »Isaba« bis 50 m vor den Collado Arguibiela. Eine kleine Ausbuchtung links der Straße bietet eine Parkmöglichkeit; ansonsten direkt auf dem Sattel parken.
Höhenunterschied: 750 m.
Anforderungen: Geröllige Steilstrecke im Anstieg der Nordflanke, hier Vorsicht.
Markierung: GR-11.
Einkehr: Camping Zuriza, Ansó.

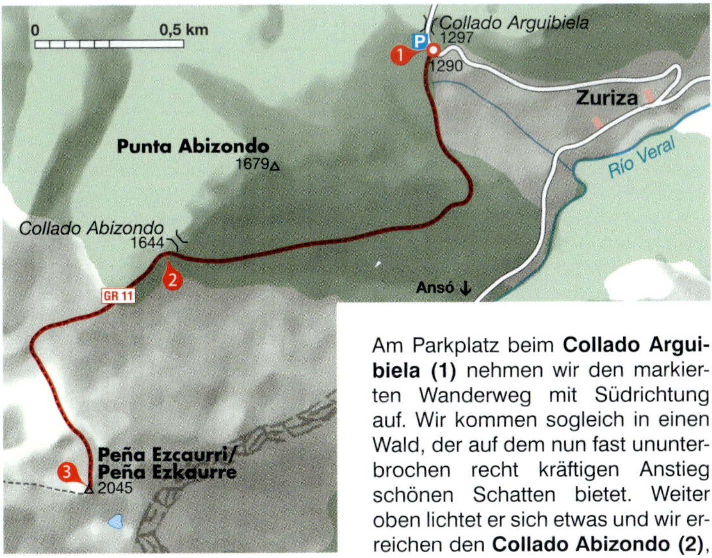

Am Parkplatz beim **Collado Arguibiela (1)** nehmen wir den markierten Wanderweg mit Südrichtung auf. Wir kommen sogleich in einen Wald, der auf dem nun fast ununterbrochen recht kräftigen Anstieg schönen Schatten bietet. Weiter oben lichtet er sich etwas und wir erreichen den **Collado Abizondo (2)**,

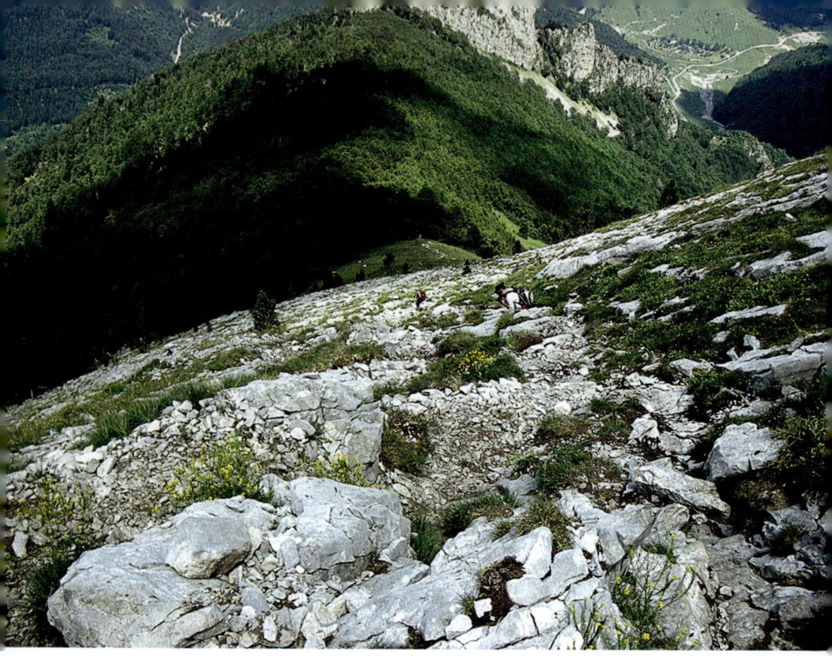

Oben: Steiler Abstieg zum Collado.
Rechts: Peña Ezcaurri: Ein ausladender Karstrücken bildet den Gipfel.

1644 m, wo der Weg links abbiegt und auf dem Sattelrücken weiter ansteigt. Anschließend tritt er aus dem Wald aus und fädelt sich in den Nordabhang der Peña Ezcaurri ein. In einer großen Diagonale steigen wir nun auf gut ausgetretenem Weg durch die sehr abschüssige Bergflanke hinauf zum flachen Karstrücken. Dort wechselt der Weg in Richtung Süden und zieht gut markiert und nun mit schwächerer Steigung durch eine charakteristische Karstlandschaft zum plattförmigen »Gipfel« der **Peña Ezcaurri (3)**, 2045 m.

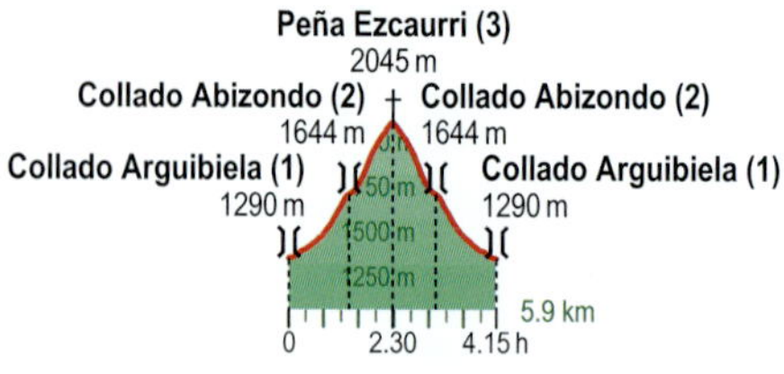

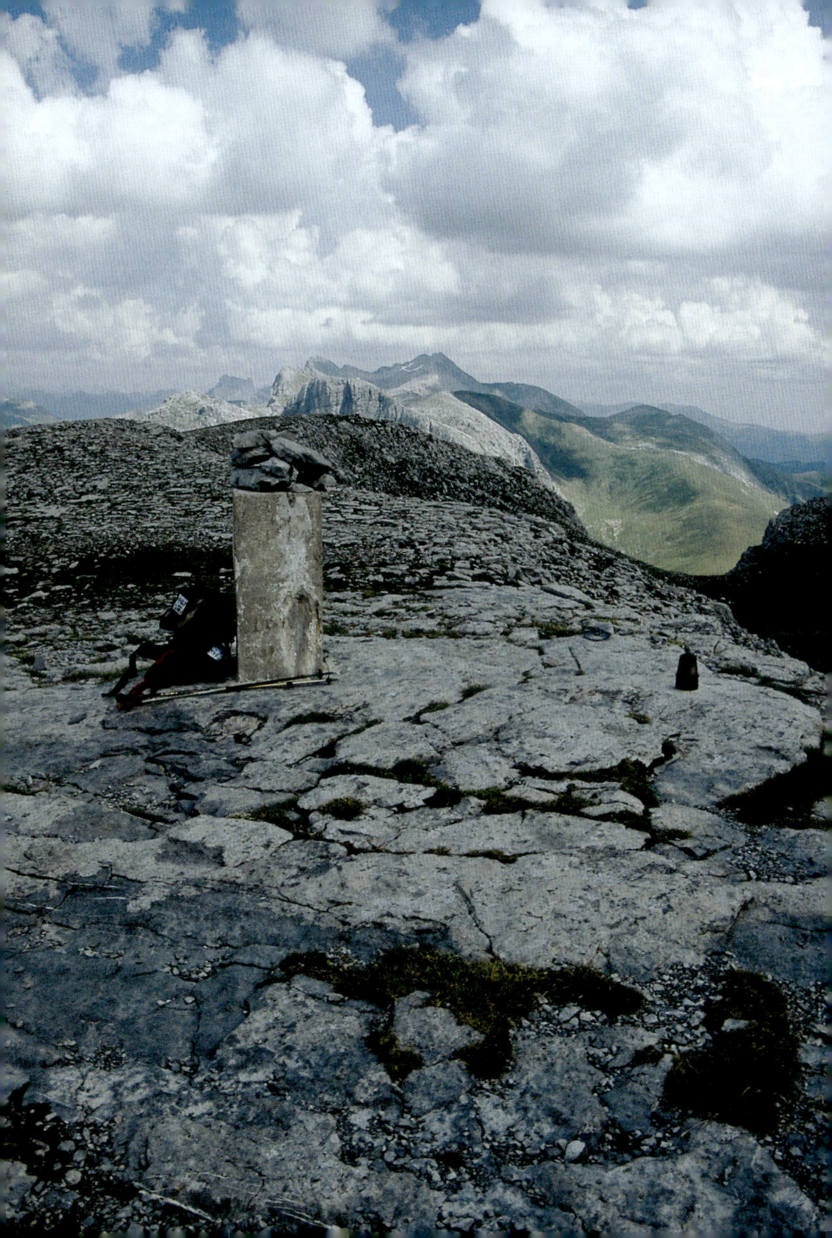

Vallée d'Ossau

Ein unbekannter Flecken ist das Vallée d'Ossau sicher nicht. Laruns, Eaux-Bonnes oder Les Eaux-Chaudes waren schon früh bekannte Örtchen, die von den ersten Touristen, darunter viele Engländer, bei der anbrechenden Erkundung der Pyrenäen als Zwischenstation angelaufen wurden. Oder sie wurden, wie es die Namen schon andeuten, zur Kur in den Heilbädern besucht. Ein berühmter Gast, Eugène Delacroix, sah sich anlässlich eines Aufenthalts in Eaux-Bonnes beim Anblick der Bergumgebung zu dem Eingeständnis genötigt, dass sich Naturschönheiten wie diese in der Malerei kaum auf angemessene Weise wiedergeben lassen. Mit ihm schwärmen bis heute die zahllosen Wanderer, die sich jeden Sommer zum unbestrittenen Protagonisten des Tales aufmachen – dem Pic du Midi d'Ossau. Der weithin sichtbare, mit seiner gespaltenen Gipfelsilhouette unverwechselbare Berg südlich von Gabas erhebt sich ohne große Konkurrenz durch andere Gipfel zwischen dem Vallon de Magnabaigt und dem der Gave de Bious. Auch wenn dem Wanderer das Erlebnis der Gipfelbesteigung durch die kurzen Kaminpassagen bis zum III. Klettergrad verwehrt ist, die immens eindrucksvolle Landschaft vulkanischen Ursprungs erschließt sich auch für den, der am Boden bleibt und den vielen zahmeren Routen folgt, die sich nach allen

Einsames Nebental: Sesques-Gebirge.

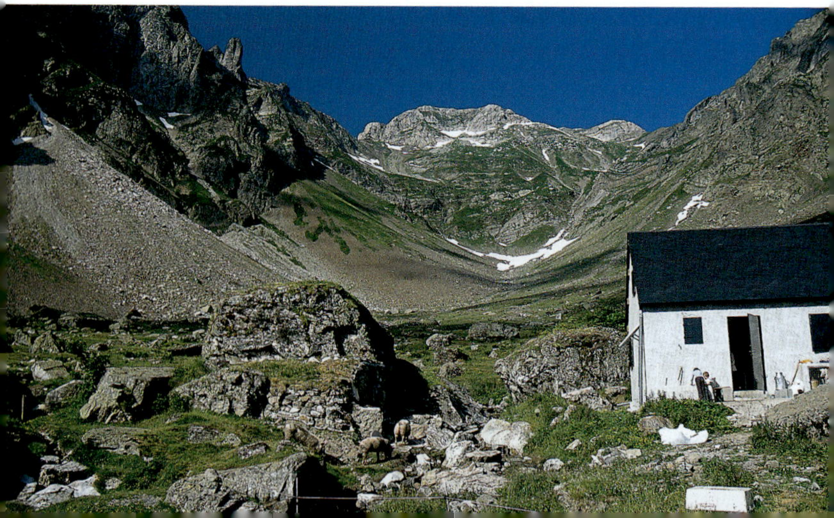

Richtungen leicht zu Mehrtagestouren verlängern ließen. Längst zu Klassikern avanciert sind die Routen um den Pic du Midi d'Ossau: die eine, recht anstrengend, eine landschaftliche Komplettrunde um den Berg; die andere eine Verbindung der reizenden Bergseen im westlichen Hochtal der Gave de Bious mit seinen Bächen, saftigen Weiden und den Käsereien der Schäfer. Erstaunlicherweise wird der Pic de Peyreget, den man als kleineren Bruder des Pic du Midi bezeichen könnte, als Wanderziel kaum wahrgenommen. Dabei bietet er einen vorzüglichen Blick sowohl auf den großen Nachbarn im Norden wie auf die hübschen Hochweiden im Süden, die sich zu den Grenzbergen des Cirque d'Anéou aufschwingen.
Östlich der Gave de Brousset, die im Cirque d'Anéou ihren Ausgang nimmt und weit unten im Lac de Fabrèges gestaut wird, bauen sich die hochalpinen Regionen um das Balaïtous-Massiv auf. Zu Füßen des die 3000er-Marke knapp verfehlenden Pic Palas sammeln sich mehrere reizende Seen um das Refuge d'Arrémoulit, Zielpunkt für einen landschaftlich erstklassigen und ruhigen Aufstieg aus dem Tal. Der ein paar hundert Meter tiefer liegende Lac d'Artouste ist Anlaufpunkt für den »train touristique«, der von der Bergstation Artouste-Fabrèges in waghalsiger Führung durch die steilen Bergwände zu dem Stausee zockelt. Eindrucksvolle Ausblicke während der Fahrt sind sicher, aber angesichts der langen Fahrzeit und Warteschlangen sind Wandermöglichkeiten sehr eingeschränkt – die meisten begnügen sich mit einem Spaziergang entlang des Seeufers.
Zwischen Gabas und Laruns, touristischer Drehpunkt des Vallée d'Ossau, finden im verengten Tal des Gave d'Ossau nur wenig Ansiedlungen Platz. Einzig das Thermalörtchen Les Eaux-Chaudes und sein kleiner Ableger Goust zwängen sich zwischen die steilen Berghänge, die von etlichen engen Seitentälern durchbrochen werden. Die bekanntesten sind die wilden Gorges du Bitet mit stets tosendem Wasser und das lange Tal des Soussouéou. Im Umfeld davon locken schöne Wanderziele, wie der in einem kleinen Bergkessel eingelagerte Lac d'Isabe oder das gegenüber liegende Cézy-Massiv. Der bekannte Weitwanderweg GR 10 tangiert die Südflanken des Pic de Cézy und wechselt dann durch einsame Gefilde hinüber zum Lac d'Anglas, wo einmal Eisen aus dem Berg geholt wurde. Der beliebte See im oberen Tal des Ruisseau Valentin liegt versteckt an der Rückseite der Berge des Wintersportorts Gourette, der vom Pic de Ger dominiert wird. Aus der Nähe lässt sich der formschöne Berg gar nicht so richtig wahrhaben, und die zahlreichen Skianlagen hinterlassen einen zwiespältigen Eindruck, ganz anders präsentiert sich die Bergszenerie aber von einem der pittoresken Dörfer wie Béost, Bagès oder Aas in der Umgebung von Laruns. Nette Spaziergänge auf lokalen Wanderwegen verbinden die Ansiedlungen, und wer sich auf die enge und recht steile Fahrpiste zum lauschigen Weiler Listo in der Montagne Verte traut, bekommt die Bergwelt um den Pic de Ger sicher von einer der schönsten Seiten zu Gesicht.

29 Les cercles de pierre

2.45 Std.

Höhenrunde über dem Vallée d'Ossau

Das Gelände um die Ch[lle] de Houndas ist mit seinen Wiesen, den schattigen Bäumen und dem frischen Bächlein ein beliebtes Ausflugsziel, das an Wochenenden gerne zum Picknicken aufgesucht wird. Von hier bietet sich eine nette Wanderung am Fuß der Crête de Lazerque an, die mit schönen Talblicken und Bergansichten von Gourette nicht geizt. Auf dem Weg reizt ein kurzer Abstecher zu den mysteriösen Cromlechs, in einem Kreis liegende Steinblöcke aus prähistorischer Zeit.

Talort: Bielle, 450 m.
Ausgangspunkt: Ch[lle] de Houndas, 790 m. Von Bielle auf der D 294 in Richtung Col de Marie Blanque bis zur Kapelle rechts der Straße. Hier Parkmöglichkeit.

Höhenunterschied: 410 m.
Anforderungen: Leichte Rundwanderung mit kräftigen An- und Abstiegen.
Markierung: Holzpfosten (gelb-rot); Wegschilder.
Einkehr: Bielle, Laruns.

Von der **Chapelle de Houndas (1)** ausgehend laufen wir 200 m die Passstraße hoch bis zu der rechts abgehenden Forstpiste mit dem Wegweiser »Les cercles de pierre«. Wir folgen ihr durch dichte Farnhänge bis zum Wanderschild »Tour de la Vallée d'Ossau« und biegen hier links ab. Alsbald wird eine neuerliche Wegteilung erreicht, an der wir noch ca. 200 m weiter geradeaus laufen bis zu den auf einem reizvollen Aussichtsbalkon angeordneten **Cromlechs de lous Couraus (2)**, 903 m. Dann die Strecke wieder zurück bis zur letzten Weggabelung, an der wir nun links gemäß dem Schild »Les cerc-

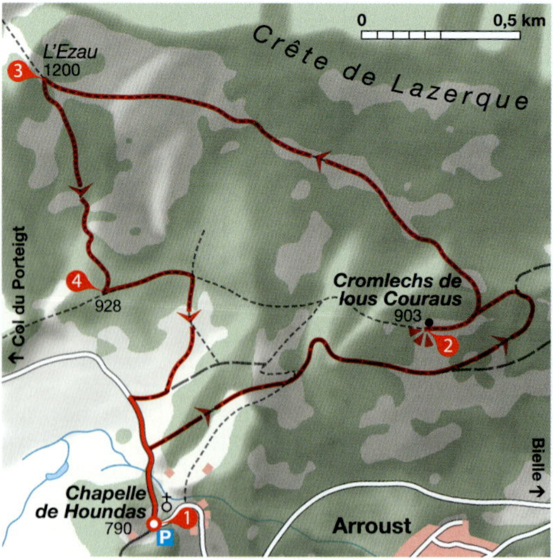

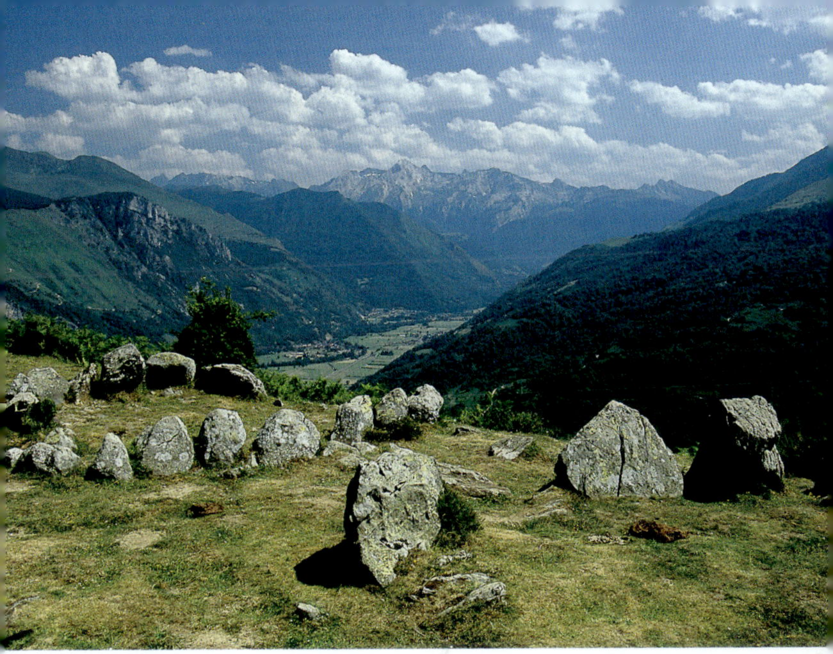

Cromlechs de lous Couraus.

les de pierre« abbiegen. Ein anhaltend kräftiger Anstieg durch die Abhänge der Crête de Lazerque mit schönen Blicken übers Ossau-Tal und die Berge um Laruns bringt uns hinauf zu dem kleinen Plateau von **L'Ezau (3)**, 1200 m, wo wir den Rückweg antreten.
Die angezeigte Richtung »Les cercles de pierre/retour« ist ein wenig irreführend: Wir laufen nicht auf die bewaldete Kuppe zu, sondern biegen in spitzem Winkel links ab und folgen der breiten Wegbahn durch Farn. Sogleich wird an einem Baum eine gelbe Markierung sichtbar, der nun unverkennbare Weg hält kräftig abwärts und stößt auf einen **beschilderten Weg (4)**, 928 m, dem wir links folgen. Gleich danach geht es bei einem neuerlichen Wanderschild rechts absteigend zu einer Wegverzweigung, an der wir rechts weiter laufen und rasch zur Passstraße kommen. Auf dieser links zurück zur **Chapelle de Houndas (1)**.

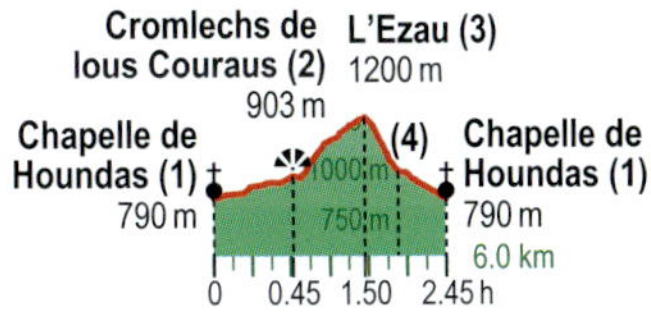

30 Lac d'Anglas, 2068 m

4.15 Std.

Ein verborgener See im Rücken des Cirque de Gourette

Auf den ersten Blick schaut das Skigelände von Gourette nicht besonders einladend zum Wandern aus. Doch die Lifte und Pisten sind nach wenigen Minuten aus dem Blickfeld und das hübsche Tal des Valentin, der hier seinen Ursprung hat, zieht die Aufmerksamkeit auf sich. Am Ziel lädt der reizvoll gelegene Lac d'Anglas mit seinem klaren Wasser und den flachen Wiesenufern zum Verweilen ein. Im 19. Jh. wurde um den See Eisenerz abgebaut, aufgelassene Stollen und das rötliche Gestein zeugen davon.

Talort: Gourette, 1346 m.
Ausgangspunkt: Parkplatz nahe der »Aire de Camping car«, 1350 m. In Gourette der Beschilderung »Aire de Camping car« folgen, vorbei am Hauptplatz und vor dem Parkareal für Campingwagen links die Straße hoch bis zum Ende mit Parkplatz.
Höhenunterschied: 718 m.
Anforderungen: Technisch unkomplizierte Tour auf gutem Wanderweg; im letzten Drittel recht kräftige Steigungen.
Markierung: GR-10.
Einkehr: Gourette, Eaux-Bonnes.

Lac d'Anglas: beliebtes Etappenziel für Weitwanderer.

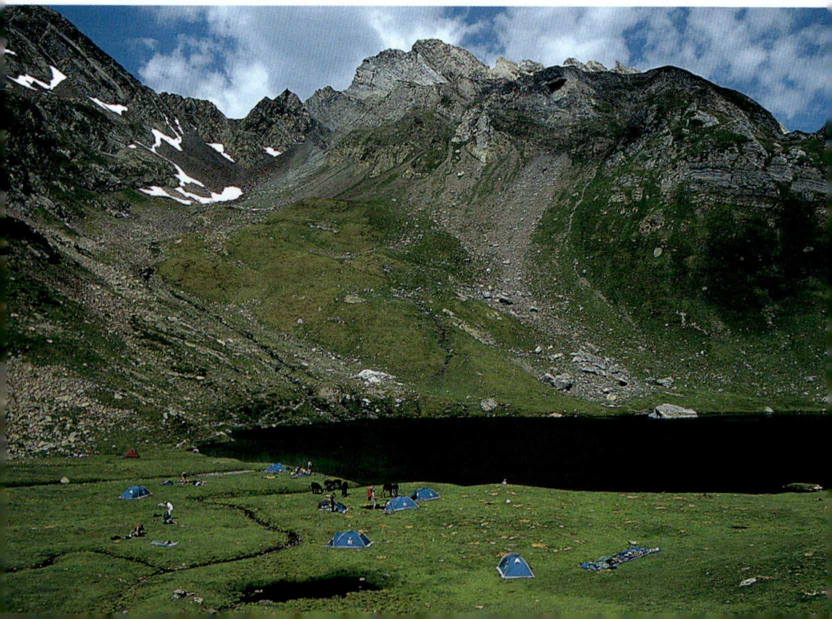

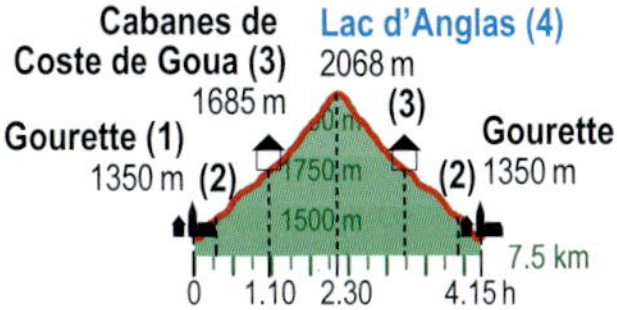

Am Parkplatz in **Gourette (1)** laufen wir zu dem nahen Tennisplatz, wo der beschilderte GR-Weg zum »Lac d'Anglas« beginnt. Nach kurzer Wegstrecke im Wald queren wir den Talbach le Valentin auf einem **Metallbrückchen (2)**, 1450 m, bei der sogleich folgenden Weggabelung halten wir uns links.

Weiter ansteigend zunächst durch Wald erreicht der Weg offene Hänge und passiert oberhalb die Cabanes du Plaa de Batch Ruines. Mal mehr, mal weniger kräftig steigend verläuft er nun taleinwärts und zieht an den gegenüberliegenden **Cabanes de Coste de Goua (3)**, 1685 m, vorbei.

Für kurze Zeit wandern wir auf einem breiteren Fahrweg, gehen aber von diesem rasch wieder rechts ab und steigen nun in den Talhang ein, in dem Wegkehren hochziehen.

Mit kräftig steigenden Windungen geht es auf die hübsche Kaskade zu, an der das Wasser aus dem See abstürzt. An dieser entlang zieht sich der Weg hinauf zu dem Grasplateau mit dem **Lac d'Anglas (4)**, 2068 m.

An den flachen Ufern des Sees finden sich hübsche Rastplätzchen und Mutige können ein erfrischendes Bad nehmen.

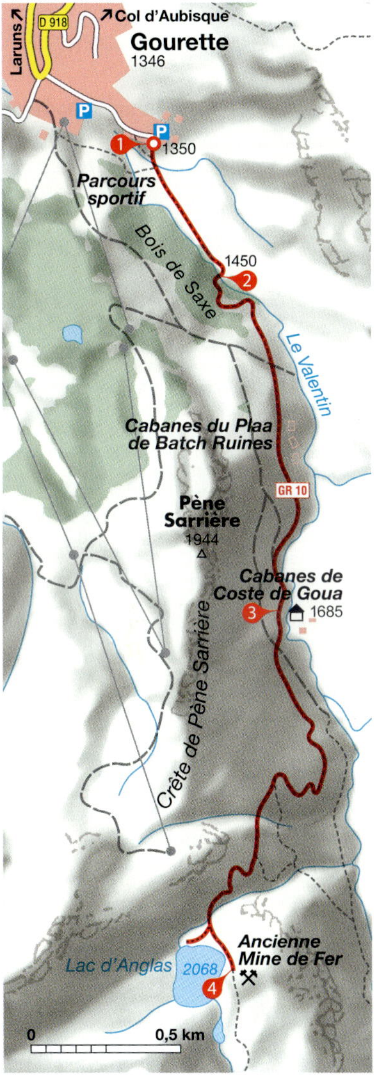

31 Seenrunde beim Pic du Midi d'Ossau

6.00 Std.

Reizende Bergseen im Schatten der berühmten Spitze

Sie ist und bleibt eine der schönsten Touren des Vallée d'Ossau – vom großen Stausee steigen wir hinauf zu den glitzernden Lacs d'Ayous mit dem großartigen Pic du Midi d'Ossau vis-à-vis. Der Rückweg führt am verschwiegenen Lac Bersau vorbei und steigt dann hinunter zur Gave de Bious, die sich durch das breite Tal mit seinen hübschen Weiden schlängelt.

Talort: Laruns, 510 m.
Ausgangspunkt: Parkplatz am Lac de Bious-Artigues, 1422 m. Von Laruns auf der D 934 nach Gabas, dort weiter auf der D 231. Eine frühe Anfahrt empfiehlt sich, da der Parkplatz direkt am Stausee rasch belegt ist. Ggf. muss man die Parkplätze unterhalb des Stausees auf 1300 m nehmen; von dort auf der Straße oder mit Abkürzungskehren hinauf zum See.
Höhenunterschied: 680 m.
Anforderungen: Unschwierige Tour, angenehme Steigungen. Gut ausgebaute Wanderwege.
Markierung: Teils GR-10; Steinmarkierungen.
Einkehr: Bar am Lac de Bious-Artigues (nur im Hochsommer), Refuge d'Ayous, Gabas.
Kombinationsmöglichkeit: Mit Tour 32. Kurz nach der Brücke über den Gave de Bious zweigt vom Talweg nach rechts ein Fahrweg zur C^{ne} de Cap de Pount ab. Man läuft an der Schäferhütte vorne vorbei und schwenkt dann in den grasigen Talhang rechts ein. Steinmännchen führen auf einen markanten Pfad, der sehr kräftig den Hang ansteigt. Einen links wegführenden Pfad lässt man beiseite und hält geradewegs den Hang hinauf. Vorbei an der rechts liegenden C^{ne} de Peyreget trifft man auf den Weg aus Tour 31. Eine sehr lange und anspruchsvolle Rundtour. Gesamtzeit: 9–10 Std.

Am **Parkplatz (1)** beim **Lac de Bious-Artigues** nehmen wir den Fahrweg auf. Nach der Pont d'Ayous passieren wir ein Viehgatter und kommen in das ausgedehnte Weideplateau, wo wir auf eine **Weggabelung (2)**, 1545 m, treffen. Links ist »Pombie par Peyreget« angezeigt, wir nehmen aber den GR-10 nach rechts und steigen durch schattigen Mischwald stetig an. Nachdem sich der Wald gelichtet hat, zieht unser Weg durch grasige Hänge, während sich auf der anderen Talseite der Pic du Midi d'Ossau eindrucksvoll abhebt. Wir kommen am ersten der Lacs d'Ayous, dem links des Wegs liegenden

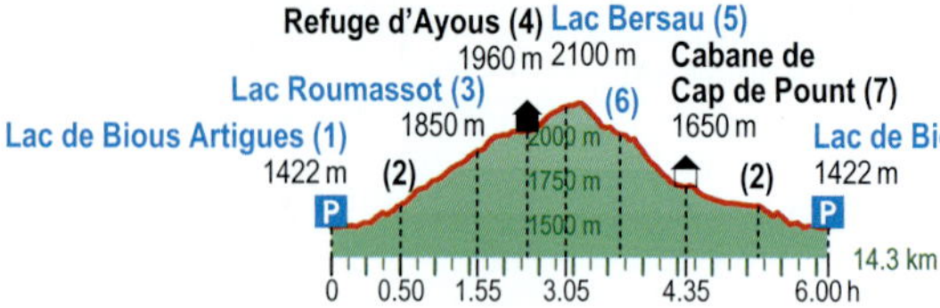

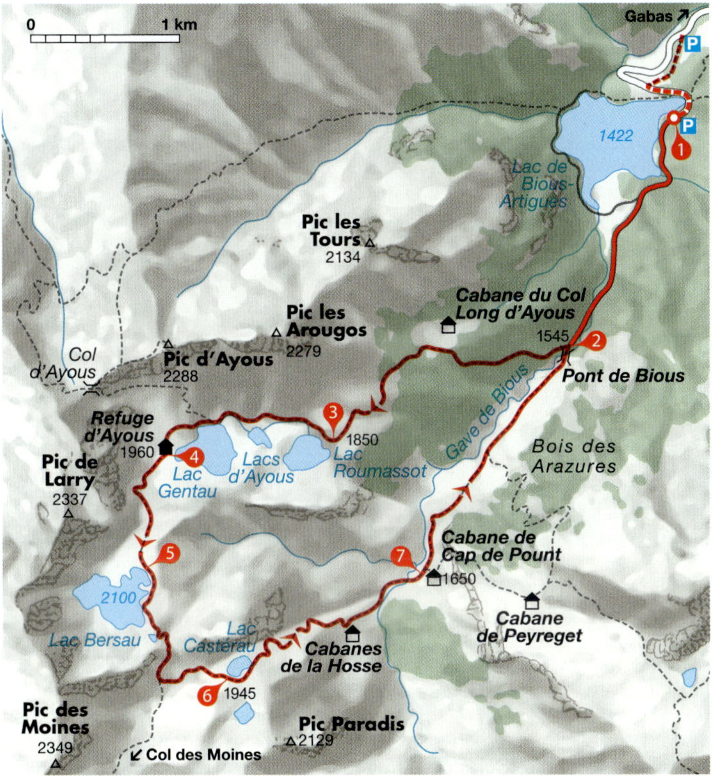

Lac Roumassot (3), 1850 m, und einer Cabane vorbei und steigen dann an der rechten Seite des Wasserfalls zu einer kleinen Hochfläche mit dem winzigen Lac du Miey auf. Zur nächsten Talstufe mit dem Lac Gentau und der darüber gebauten Schutzhütte ist der Anstieg nur gering. Kurz vor der Hütte gabelt sich der Weg: geradeaus ersteigt der GR den in Sichtweite liegenden Col d'Ayous, wir gehen links ab und erreichen das nahe **Refuge d'Ayous (4)**, 1960 m.

Ab der Berghütte setzt sich unser Weg nach Süden fort und nimmt die nächste Talstufe in Angriff. Durch einen mit Felsbrocken belegten Hang steigen wir in bequemen Kehren hoch, queren den Abflussbach und bleiben nun an dessen linker Seite. Vorbei an etlichen Tümpeln, die wie Perlen auf-

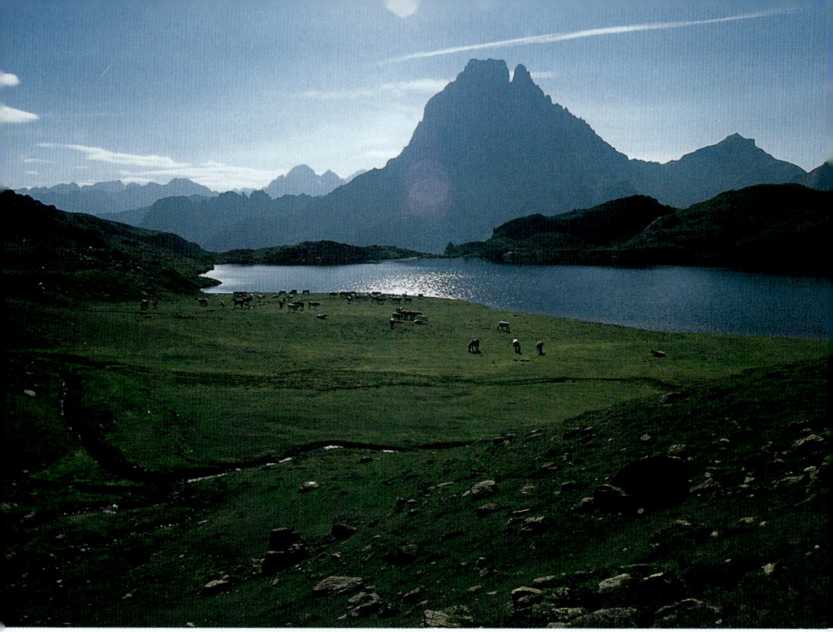

Stets präsent: Pic du Midi d'Ossau.

gereiht liegen, erreichen wir den stillen **Lac Bersau (5)**, 2100 m, über dessen Uferhängen die steile Kuppe des Pic des Moines hervorlugt. Unser Weg läuft links am See vorbei, an seinem Ende beginnt unser Abstieg ins Tal (einen schmalen Pfad nach rechts lassen wir beiseite) und weiter unten kommt alsbald der Lac Castérau in Sicht. Auf halber Abstiegshöhe zum See spaltet sich der Weg erneut: Geradeaus führt er hinüber zum »Col des Moines« (siehe Tour 5), wir halten uns links und kommen kurz vor dem See an einem Erdeinbruch vorbei, in dem der Bach verschwindet, dann umlaufen wir den **Lac Castérau (6)**, 1945 m, rechts und steigen auf schlängelndem Weg hinunter ins Tal.
Vorbei an den Cabanes de la Hosse überqueren wir auf einer Brücke den Gave de Bious und bleiben nun auf dem breiten Talweg an der rechten Seite des Bachs. Rechts des Wegs liegt die **Cabane de Cap de Pount (7)**, 1650 m, am Fuß abschüssiger Hänge. Wir passieren sie in einiger Entfernung und spazieren nun auf dem Talweg durch die hübschen Weideflächen rechts des mäandernden Bachs talauswärts. Zum Schluss wechseln wir über den Pont de Bious zur anderen Bachseite und schließen dort an unseren Anstiegsweg an; rechts zurück zum **Parkplatz (1)** am **Lac de Bious-Artigues**.

7.15 Std.

Tour du Pic du Midi d'Ossau

32 TOP

Das Wahrzeichen des Vallée d'Ossau von allen Seiten

Wer kennt sie nicht – die charakteristische Silhouette des Pic du Midi d'Ossau mit dem gespaltenen Gipfel. Dass der emblematische Berg auch andere faszinierende Anblicke bietet, zeigt sich auf dieser Rundwanderung. Und ebenso vielseitig ist die umgebende Landschaft, für deren Genuss man sich ausreichend Zeit lassen sollte. Das schön gelegene Refuge de Pombie lädt auf halber Strecke zu einer gemütlichen Mittagsrast ein.

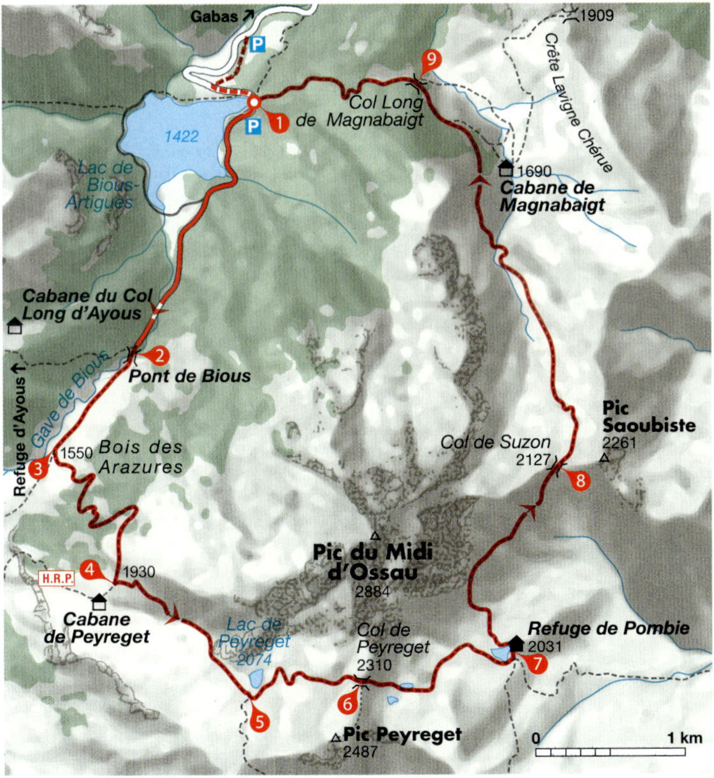

Talort: Laruns, 510 m.
Ausgangspunkt: Siehe Tour 31.
Höhenunterschied: 900 m.
Anforderungen: Ausgiebige Tagestour, kräftige Steigetappen. Trittsicherheit für die Durchquerung von Felsblockterrain nötig.

Markierung: Teils GR-10; H.R.P.; Steinmännchen.
Einkehr: Bar am Lac de Bious-Artigues (nur im Hochsommer), Refuge de Pombie, Gabas.
Kombinationsmöglichkeit: Mit Tour 31 und 34.

Vom **Parkplatz (1)** beim **Lac de Bious-Artigues** laufen wir wie in Tour 31 bis zur **Weggabelung (2)**, 1545 m. Hier links und auf der Pont de Bious zur anderen Seite der Gave de Bious. Weiter auf flachem Weg entlang des Talbachs. Etwa 800 m nach der Brücke gehen wir vom Talweg **links (3)**, 1550 m, auf einen deutlichen Weg ab, der durch die anfangs sanften Talhänge in die steileren Waldhänge von Arazures steigt. Dort führen kräftig steigende Kehren, gefolgt von einer längeren Hanggeraden ins Weidegebiet von Peyreget, wo wir auf den von der Cabane de Cap de Pount heraufkommenden **H.R.P. (4)**, 1930 m, stoßen. Weiter ansteigend kommt unser Weg an einen Felsbrockenhang am Fuß des Pic du Midi d'Ossau, umläuft diesen und erreicht den von Grasflächen umgebenen kleinen **Lac de Peyreget (5)**, 2075 m. An seiner Südspitze gabelt sich der Weg, wir bleiben links und durchsteigen nun entlang den Steinmännchen eine enorme Felsblockhalde. An ihrem Ende ziehen noch einige Wegkehren den grasigen Steilhang hinauf, dann stehen wir auf dem **Col de Peyreget (6)**, 2310 m; von dort wäre ein Anstieg zum Pic Peyreget möglich (siehe Tour 34). Wir setzen auf dem stark abfallenden Schlängelweg fort, kommen an zwei kleineren Seen vorbei, halten uns bei einer Wegverzweigung links und steigen hinab zum Lac de Pombie, der am Fuß der gigantischen Geröllflanke des Pic du Midi d'Ossau liegt. An der Ostseite des Sees liegt das **Refuge de Pombie (7)**, 2031 m.
Ab der Hütte folgen wir der ausgeschilderten Richtung »Col de Suzon« nach Norden und durchqueren zuerst auf einigermaßen begradigtem Weg die großen Geröllblocklagen am Fuß des Pic du Midi, danach steigt ein bequemer Ziehweg durch den Hang hinauf zum **Col de Suzon (8)**, 2127 m. Der kleine Pass ist Ausgangspunkt für den Normalanstieg zum großen Gipfel. Wir folgen nun dem wieder abwärts gerichteten Weg durch das Vallon de

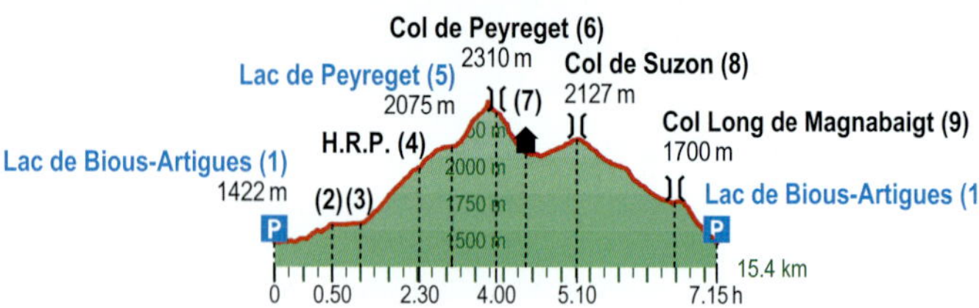

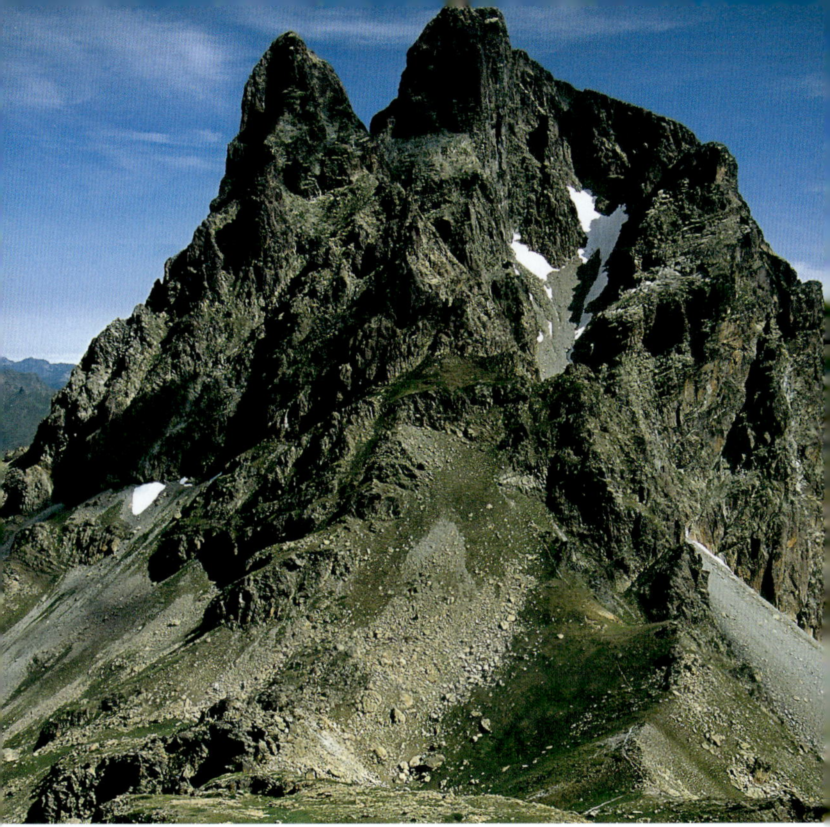

Pic du Midi d'Ossau: Anblick der Südfront.

Magnabaigt. Er senkt sich zunächst zum Talboden ab und verzweigt sich kurz vor dem Talbach. Der Pfad nach rechts führt hinunter in das noch einmal stark abfallende Tal mit der Cabane de Magnabaigt, wir laufen aber geradeaus weiter und queren den Talbach. Unser Weg setzt sich nun in der linken Talseite fort und verlässt dann mit einem Richtungsschwenk das Vallon de Magnabaigt, um über den **Col Long de Magnabaigt (9)**, 1700 m, ins Haupttal zu wechseln. Wir stoßen kurz auf einen breiten Forstweg, verlassen ihn sogleich nach rechts und laufen dann durch Mischwald abwärts. Zum Schluss kreuzen wir ein paar Mal einen alten Forstweg und kommen direkt beim Parkplatz am **Lac de Bious-Artigues (1)** heraus.

33 Pic Lavigne, 2018 m

4.30 Std.

Scharfe Spitze mit famoser Aussicht

Ohne ausgereifte Kletterübung scheint der Pic Lavigne auf den flüchtigen Blick hin kaum zu meistern, doch am Sattel der schmalen Spitze ändert sich das Bild. Ein gut geführter Pfad bewältigt den recht steilen Aufschwung zum Gipfel und nur die letzten Meter im Fels erfordern ein wenig Kletterei. Dann genießt man eine privilegierte Sicht in die Bergwelt des Vallée d'Ossau mit dem Pic du Midi d'Ossau im Zentrum.

Talort: Laruns, 510 m.
Ausgangspunkt: Siehe Tour 31.
Höhenunterschied: 596 m.
Anforderungen: Sehr steiler, teils ausgesetzter Anstieg im Gipfelaufschwung; oben kurze Kletterpartie (I–II). Vorsicht, im oberen Teil ist der feinkörnige Untergrund rutschig!
Markierung: Teilweise Steinmännchen.
Einkehr: Bar am Lac de Bious-Artigues (nur im Hochsommer), Gabas.

Wir beginnen unsere Tour an der Einfahrt zum **Parkplatz (1)** am **Lac de Bious-Artigues** links beim Schild »Col de Suzon/Pombie par Magnabaigt«. Der Waldweg steigt in bequemen Kehren an, wobei er mehrmals einen steinigen Forstweg kreuzt. Auf einer grasigen Abflachung erreichen wir den **Col Long de Magnabaigt (2)**, 1700 m, über den wir entlang dem Wald ins gleichnamige Tal wechseln. Ein erster kleiner Abweg nach links bleibt unbeachtet, bei der folgenden Weggabelung (Schild »Fromage de chèvre et brebis«) laufen wir auf dem links abzweigenden Weg hinunter zum Talbach, queren ihn und gehen bachaufwärts zur nahen **Cabane de Magnabaigt (3)**, 1690 m. In den Hängen der Crête Lavigne-Chérue (von der Schäferhütte in Blickrichtung Osten) sind mehrere Querwege zu sehen, darunter einer, der über eine kleine felsige Hangausbuchtung läuft. Wir steigen die sanften Talhänge weglos hinauf zu diesem Weg und folgen ihm nach links. Er hält, mitunter kräftig ansteigend, nach Norden und nähert sich einer doppelhöckerigen Erhebung. An deren Fuß biegt unser Weg rechts ab hinauf zu einem winzigen Plateau, auf dem wir den Pic Lavigne und seinen Sattel im Blick vor uns haben. Wir laufen zunächst noch ein wenig nach rechts weiter, um den klar sichtba-

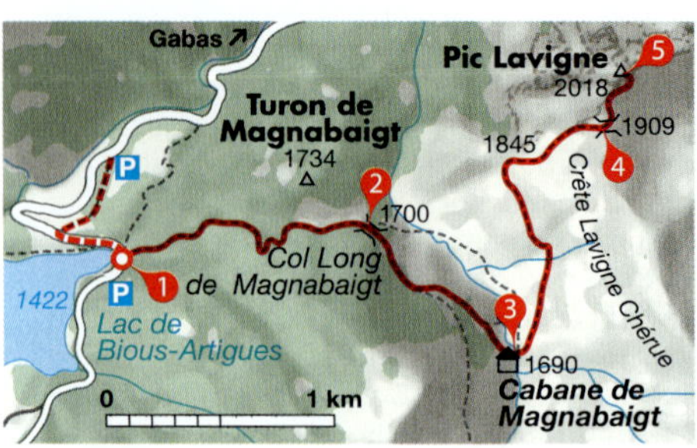

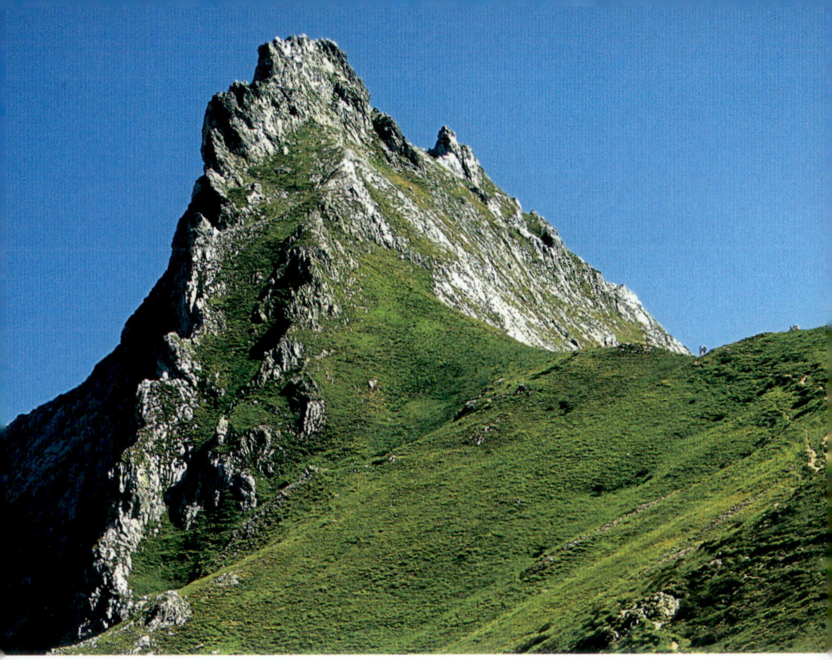

Pic Lavigne: bizarres Ziel.

ren Queranstieg hinauf zum Sattel möglichst tief zu erreichen. Auf dem **Col de Lavigne (4)**, 1909 m, folgen wir nach links der ausgetretenen Grasspur, die zu einem Felsband ansteigt und sich dann in dessen Rückseite begibt. Kurz darauf verlässt unser Pfad den Schutz des Felsbandes und steigt durch den stark abschüssigen Hang zum felsigen Gipfelaufbau, überwindet dort ein kurzes Steilstück (Vorsicht, rutschiger Quarzsand!) und endet auf dem mit Blöcken besetzten schmalen Felsgrat. Diesem folgen wir nach links, und nach einer kurzen luftigen Kletterei sind wir auf dem **Pic Lavigne (5)**, 2018 m.

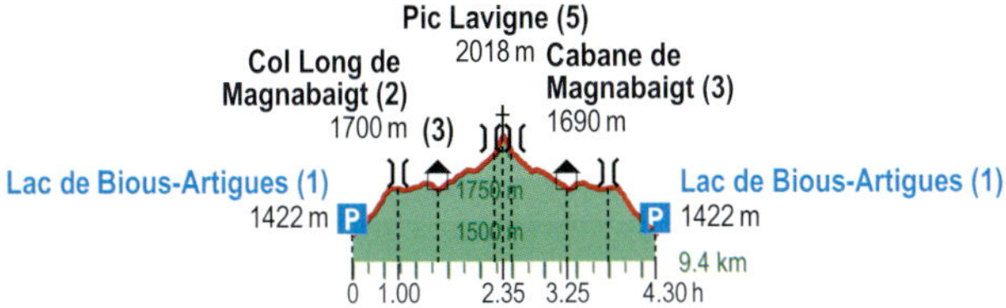

34 Pic Peyreget, 2487 m

6.00 Std.

Der kleine Bruder des Pic du Midi d'Ossau

Zweifelsohne stiehlt der berühmte Nachbar dem Pic Peyreget die Schau. So wird von dem Berg kaum Notiz genommen, dabei ist der unverstellte Blick von dem 400 m niedrigeren Gipfel erstklassig. Nicht nur auf die zum Greifen nahe Südfront des Pic du Midi d'Ossau und über den bezaubernden Cirque d'Anéou, bei guten Sichtbedingungen zeigen sich auch die weiter entfernten spanischen Berge, darunter so bekannte Ziele wie Castillo de Acher, Pico de Anayet und Balaïtous. Fast noch ein Geheimtipp!

Talort: Laruns, 510 m.
Ausgangspunkt: Parkplatz von Anéou, 1730 m. Von Laruns auf der D 934 nach Gabas und weiter Richtung Col du Pourtalet. Ca 1,3 km vor der Grenze (Col du Pourtalet) liegt am linken Straßenrand der Parkplatz von Anéou.

Höhenunterschied: 950 m.
Anforderungen: Technisch unschwierige Tour; Trittsicherheit für die Durchquerung von Felsblockterrain.
Markierung: H.R.P.; Steinmarkierungen.
Einkehr: Refuge de Pombie, Restaurant am Col du Pourtalet, Gabas.

Am **Parkplatz von Anéou (1)** nehmen wir den von der Straße abgehenden Fahrweg, der zu den Gebäuden des Viehzentrums führt. Wir passieren eine Betonbrücke und treffen gleich danach auf Wanderschilder. Wir folgen in Richtung »Col de Soum de Pombie«, unserem ersten Zwischenziel, gehen also rechts ab, sogleich über ein Brückchen und weiter auf dem breiten Weg durch Weidehänge. Nachdem wir an der **Cabane de Sénescau (2)**, 1812 m, vorbei sind, geht unser Weg in lang gezogene Kehren über, die zum **Col de Soum de Pombie (3)**, 2110 m, hochziehen. In nördlicher Wegverlängerung ist das Refuge de Pombie zu sehen, wir drehen jedoch – Achtung! – nach links ab

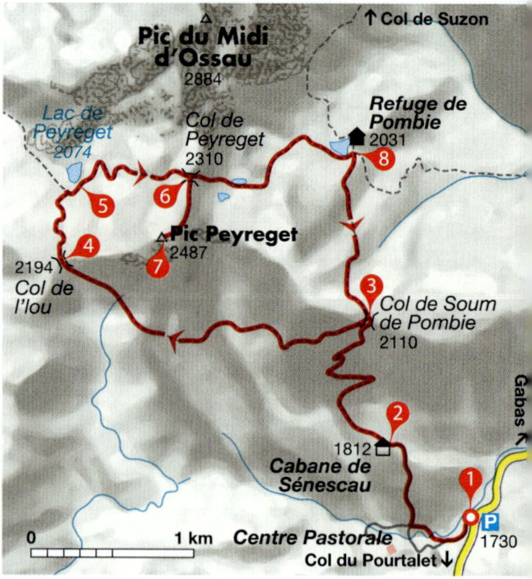

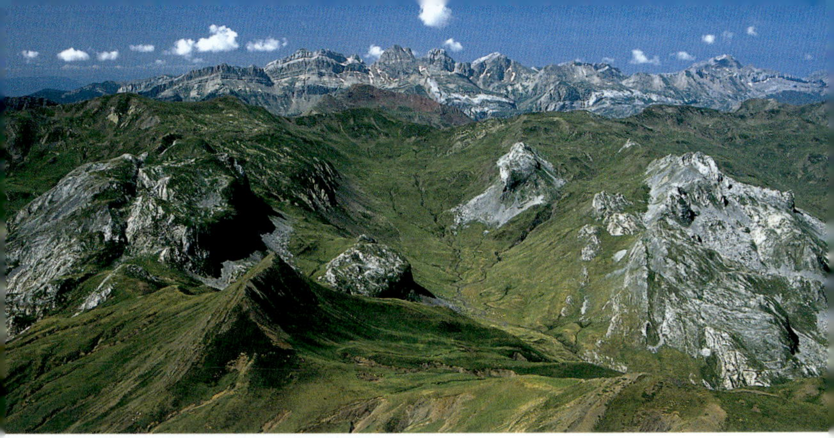

Pic Peyreget: Gipfelblick auf die spanische Bergkette von Candanchú.

auf einen schmaleren Weg, der durch die südlichen Abhänge des Pic de Peyreget hält. Der bequeme Panoramaweg führt ohne großes Gefälle hinüber zum **Col de l'Iou (4)**, 2194 m. Von hier senkt er sich rasch hinab zum **Lac de Peyreget (5),** 2075 m, wo er sich gabelt. Wir steigen nach rechts durch Grashänge an, laufen an einem Tümpel vorbei und kommen danach in große Blockverschüttungen. Den Steinmännchen bzw. gelben Markierungen folgend durchqueren wir die Erosionsablagerungen und steigen im Anschluss daran recht kräftig den grasigen Sattelhang hinauf zum **Col de Peyreget (6)**, 2310 m. Auf der Passanhöhe gehen wir rechts ab auf einen markierten Pfad, der auf den schrofigen Nordhang des Pic Peyreget zusteuert. Anfangs flach, dann stärker ansteigend erreichen wir den felsigen Gipfelabschluss des **Pic Peyreget (7)**, 2487 m. Zurück am Pass steigen wir nun auf steinigem Schlängelweg ab, vorbei an zwei kleinen Seen. Dann durch Grasabhänge und vorbei am Lac de Pombie zum herrlich gelegenen **Refuge de Pombie (8)**, 2031 m. Ab der Hütte orientieren wir uns auf dem nach Süden gerichteten Weg, der bequem zum nahen Col de Soum de Pombie aufsteigt, und von dort auf bekanntem Weg zurück zum **Parkplatz von Anéou (1)**.

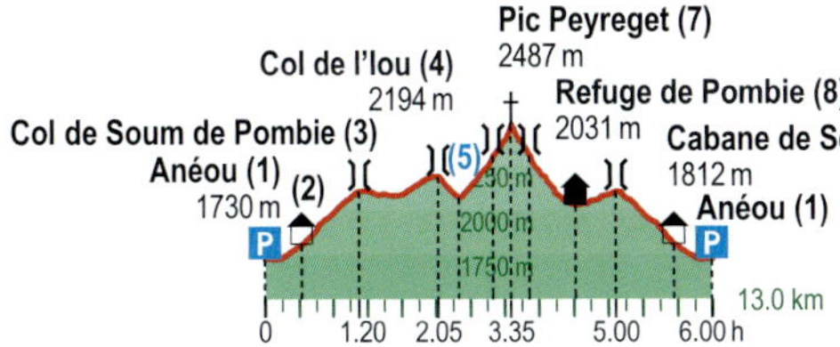

TOP **35**

Große Rundtour um Arrémoulit

8.00 Std.

In die Bergregionen um den Pic Palas

Man kann es sich leicht machen und mit dem »Train Touristique« von der Bergstation Fabrèges-Artouste zum Lac d'Artouste fahren, um die vom Pic Palas dominierte Gebirgsregion in Augenschein zu nehmen. Man kann aber auch auf einer landschaftlich vielfältigen, spannenden und recht herausfordernden Wandertour das Gebiet um die Lacs d'Arrémoulit ausführlich erkunden. Wer konditionell noch nicht ausgelastet ist, kann einen Abstecher hinauf zum Col de Palas mit Blick auf die benachbarten Lagos de Arriel und den mächtigen Balaïtous-Stock anhängen.

Talort: Laruns, 510 m.
Ausgangspunkt: Parkplatz Soques, 1390 m. Von Laruns auf der D 934 nach Gabas und weiter Richtung Col du Pourtalet bis ca. 6,4 km vor dem Grenzpass.
Höhenunterschied: Ca. 1360 m.
Anforderungen: Langwierige und anspruchsvolle Tour mit sehr großer Höhendistanz. Achtung: Die »Passage d'Orteig« ist eine ausgesetzte Passage durch steil abfallendes Gelände mit kurzen Kletterstellen (I). Das schmale Felsband ist mit einem gut gesicherten Handlauf ausgerüstet. Achtung: Bei Schnee oder Nässe nicht begehbar! In diesem Fall muss man zum Refuge d'Arrémoulit (bis vorauss. Sommer 2025 geschlossen) auf dem beschriebenen Abstiegsweg aufsteigen.
Markierung: H.R.P., Steinmarkierungen, Wegschilder.
Einkehr: Refuge d'Arrémoulit (geschlossen bis vorauss. Sommer 2025), Col du Pourtalet, Gabas.
Variante: Col du Palas, 2517 m. Von der Hütte in Ostrichtung entlang der Steinmännchen über die Uferfelsen zum Fuß des mit Felsbrocken und Geröll bedeckten Passhangs. Der Pass selbst ist gut auszumachen. Teils auf deutlichem Pfad, teils weglos den Steinmarkierungen folgend, geht es kräftig hinauf zum Col du Palas. Die in einer tiefen Mulde liegenden spanischen Lacs d'Arriel werden im Osten vom Balaïtous-Massiv überragt. Südwestlich des Passes dominiert der Pic d'Arriel die Arrémoulit-Seen. Zeit für Hin- und Rückweg ca. 1.15 Std.

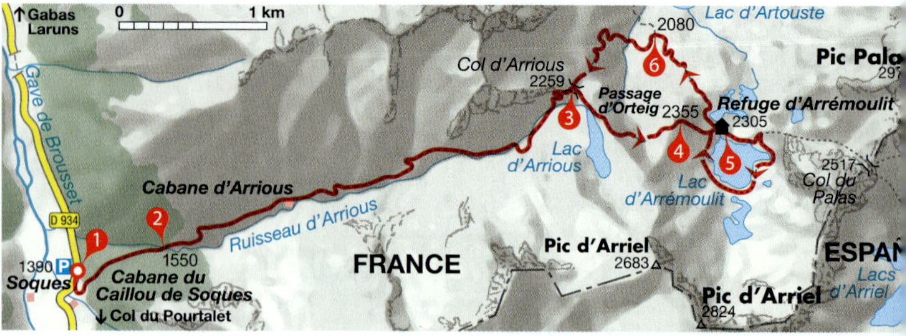

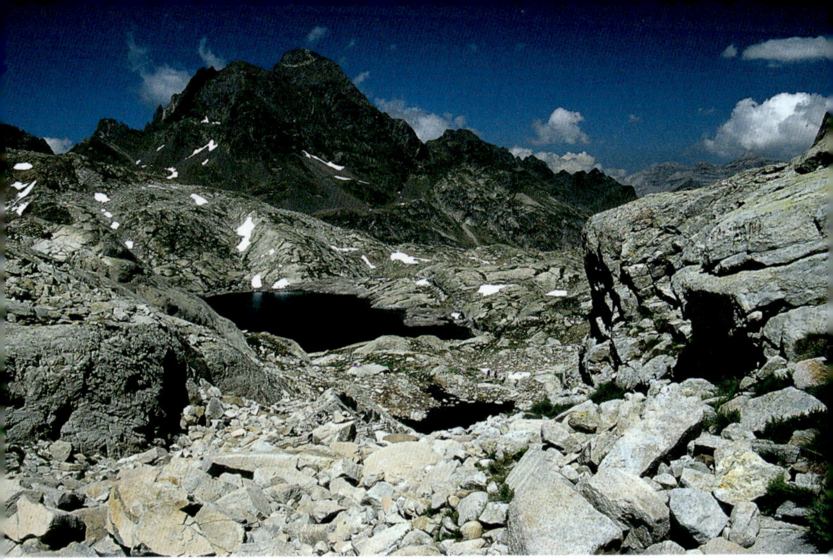

Lacs d'Arrémoulit, überragt vom Lurien.

Am **Parkplatz Soques (1)** ist unser Wanderweg mit »Arrémoulit/Col d'Arrious« ausgeschildert. Nach einem kurzen Hanganstieg betreten wir Wald und steigen dort in langen Kehren bis zum Talbach, dem R^{au} d'Arrious. Wir wechseln auf einem **Brückchen (2)**, 1550 m, ans andere Ufer und setzen nun taleinwärts durch offene, sanfte Hänge stets in der Nähe des Baches fort, während im Rückblick der Pic du Midi d'Ossau immer besser zum Vorschein kommt. Nach einem riesigen Felsblock begibt sich unser Weg in den Talhang und steigt zu einem kleinen Talabsatz an. Hier geht es auf felsigem Untergrund – Steinmarkierungen! – entlang dem Bach weiter, dann quert unser Weg den Bach und zieht in wenigen Kehren hangaufwärts zu einer nächsten Talabflachung. An ihrem Ende steigen ausladende Kehren hinauf zum **Col d'Arrious (3)**, 2259 m, wo sich der Weg gabelt: Der absteigende Weg geradeaus führt über den Lac d'Artouste zum Refuge d'Arrémoulit, ihn benutzen wir für unseren Rückweg. Wir gehen stattdessen rechts – Beschilderung »Arrémoulit/Passage délicat« – weiter, erst ansteigend, dann wieder ein wenig absteigend, zur Passage d'Orteig, die sich durch eine vertikal abstürzende Flanke des Pic du Lac d'Arrious zieht. Der stark ausgesetzte Pfad hält erst durch Grashänge, bevor er geschickt durch blanken Fels leicht ansteigt; ein solider Handlauf sichert diese Passage, auf der ein paar Klettergriffe nötig sind. Danach steigt der Pfad wieder durch Grashänge und erreicht im sicheren Felsgelände eine **Kuppe (4)**, 2355 m, wo die Berghütte an

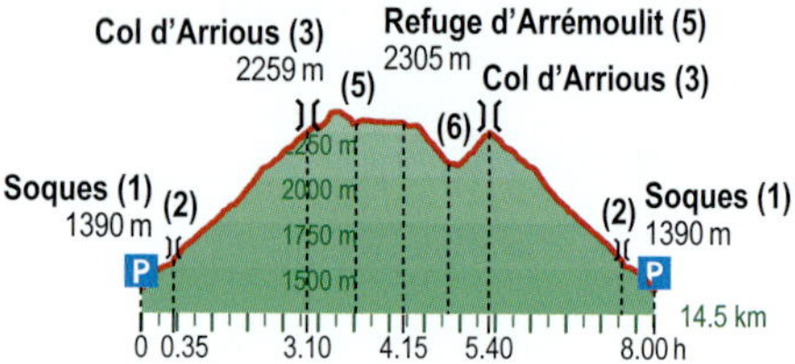

der Nordseite des Sees zu sehen ist. Durch Steinmännchen geleitet steigen wir nun hinunter zum **Refuge d'Arrémoulit (5)**, 2305 m.

Wir umrunden den großen Lac d'Arrémoulit weitgehend weglos und bleiben dabei je nach Wasserstand mehr oder weniger nahe am See. Die steileren Granitufer sind leicht zu umsteigen. Wieder beim Refuge angekommen, nehmen wir den bei der kleinen Staumauer abwärts führenden Weg. In bequemen Kehren geht es hinunter ins Tal eines dem Lac d'Artouste zufließenden Bachs. Vor diesem kommen wir zu einer **Wegverzweigung (6)**, 2080 m. Nach rechts geht es hinab zur Südwestspitze des Sees und an dessen Westufer zur Bergstation des »Train touristique«; wir zweigen links entsprechend dem Wegweiser ab und steigen nun in lang gezogenen Kehren hinauf zum **Col d'Arrious (3)**, 2259 m, wo wir wieder auf unseren Anstiegsweg treffen. Auf diesem zurück zum **Parkplatz Soques (1)**.

Auf Rundtour um den Lac d'Arrémoulit – gegenüber das Refuge.

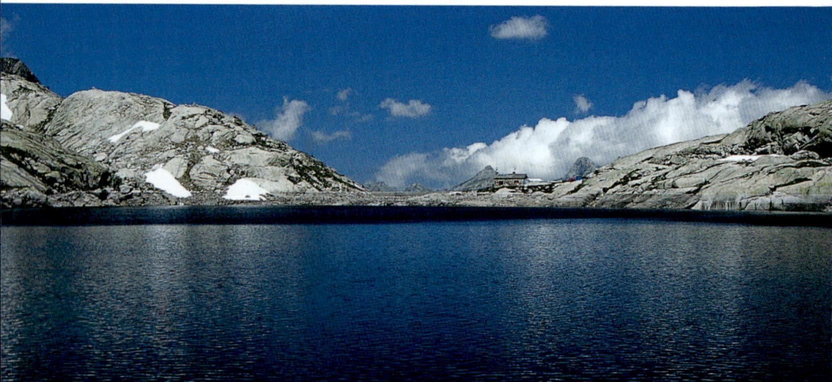

5.30 Std.

Lac d'Isabe, 1925 m

36 TOP

Durch ein Blumenmeer hinauf zu einem klaren Bergsee

In einer tiefen Gletschermulde und eingekesselt von steilen Randbergen liegt der Lac d'Isabe knapp 1000 m über dem tief eingeschnittenen Schluchttal der Bitet. Die Wanderung hinauf zum See ist eine bunte Abwechslung zwischen den wunderschönen Buchenwäldern, die das Schluchttal prägen und dem Blumenzauber, der den kräftigen Anstieg durch die nördlichen Hänge des Bergrunds begleitet.

Talort: Laruns, 510 m.
Ausgangspunkt: Brücke über die Gorges du Bitet, 950 m. Von Laruns auf der D 934 nach Les Eaux-Chaudes und weiter zum E-Werk von Miégebat, ca. 400 m dahinter geht rechts die beschilderte »Route Forestière du Bitet« ab. Auf dem sehr holprigen Forstweg ca. 1,6 km bis zum Durchfahrtsverbot bei der Brücke über die Gorges du Bitet. Alternativ parkt man an der D 934 kurz vor der Einfahrt zum Forstweg oder gleich zu Anfang des Forstwegs.
Höhenunterschied: 975 m.
Anforderungen: Technisch ohne Komplikationen, aber ziemlich starke Steigungsabschnitte im zweiten Tourenabschnitt.
Markierung: Vereinzelt Steinmännchen.
Einkehr: Les Eaux-Chaudes, Laruns.

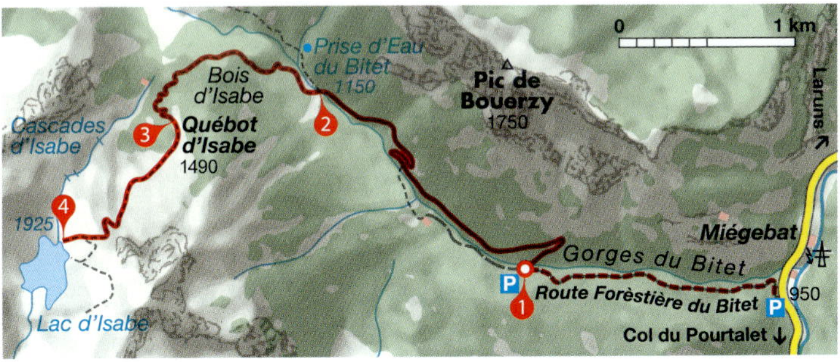

Wir wechseln auf der **Brücke über die Gorges du Bitet (1)** zur anderen Seite der Schlucht und folgen weiter dem Forstweg durch den Schatten spendenden Bois du Bitet. Er endet vor einer Wasserregulierung, der **Prise d'Eau du Bitet (2)**, 1150 m. Wir queren den Bach und nehmen den markanten Waldweg auf, der sogleich kräftig ansteigt und eine kurze Abflachung erreicht, wo zweitrangige Pfade nach rechts abgehen. Wir lassen sie beiseite und steigen auf unserem Weg weiter durch Wald stark an.
Sobald sich die Umgebung lichtet und das Gelände ein wenig abflacht – die Stelle wird **Québot d'Isabe (3)**, 1490 m, genannt – werden die großen Cas-

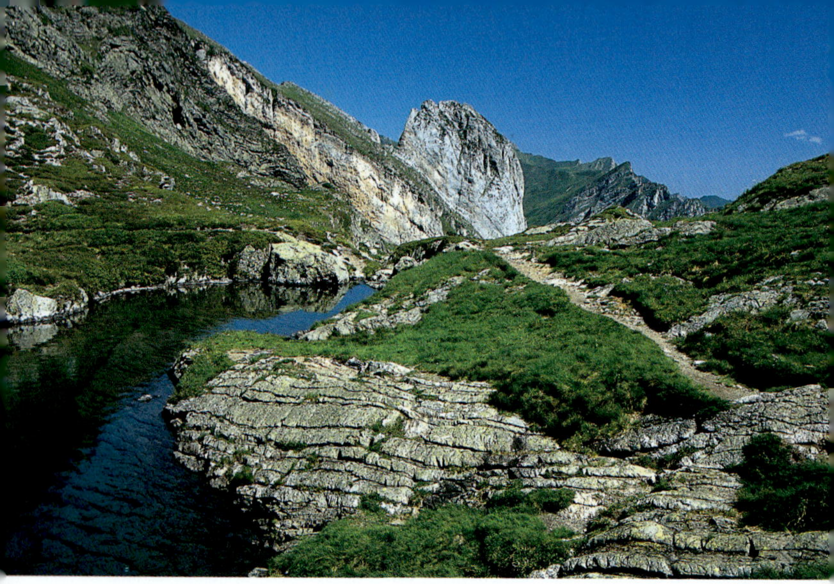

Abfluss des Lac d'Isabe.

cades d'Isabe rechter Hand sichtbar. Die langen, über die Steilhänge abstürzenden Wasserfälle bieten ein schönes Naturschauspiel, das im Frühsommer besonders wirkungsvoll ist. Vor uns baut sich eine hohe Talschwelle auf, die unser Weg nun in starken Steigungsetappen überwindet, anfangs durch prächtige Blumenhänge, weiter oben dann über Fels und Gras. Die zunehmend steiler abfallenden Hänge bewältigt unser Weg durch geschicktes Ausnutzen mehrerer Hangabsätze, auf denen sich Alpenrosen breit machen. Schon flach geworden zieht er schließlich durch welliges Gelände und erreicht am Abflussbach den **Lac d'Isabe (4)**, 1925 m.

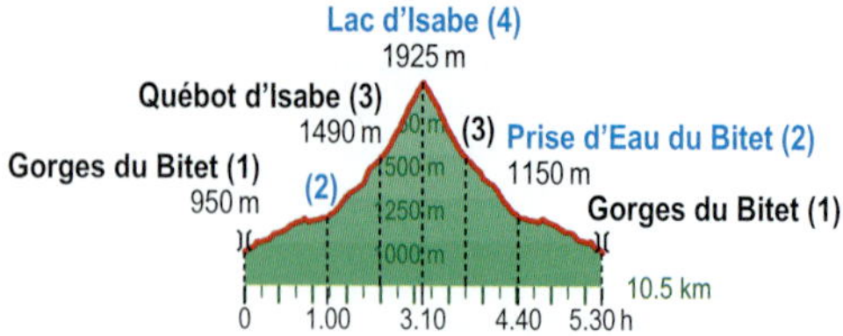

Cascades d'Isabe.

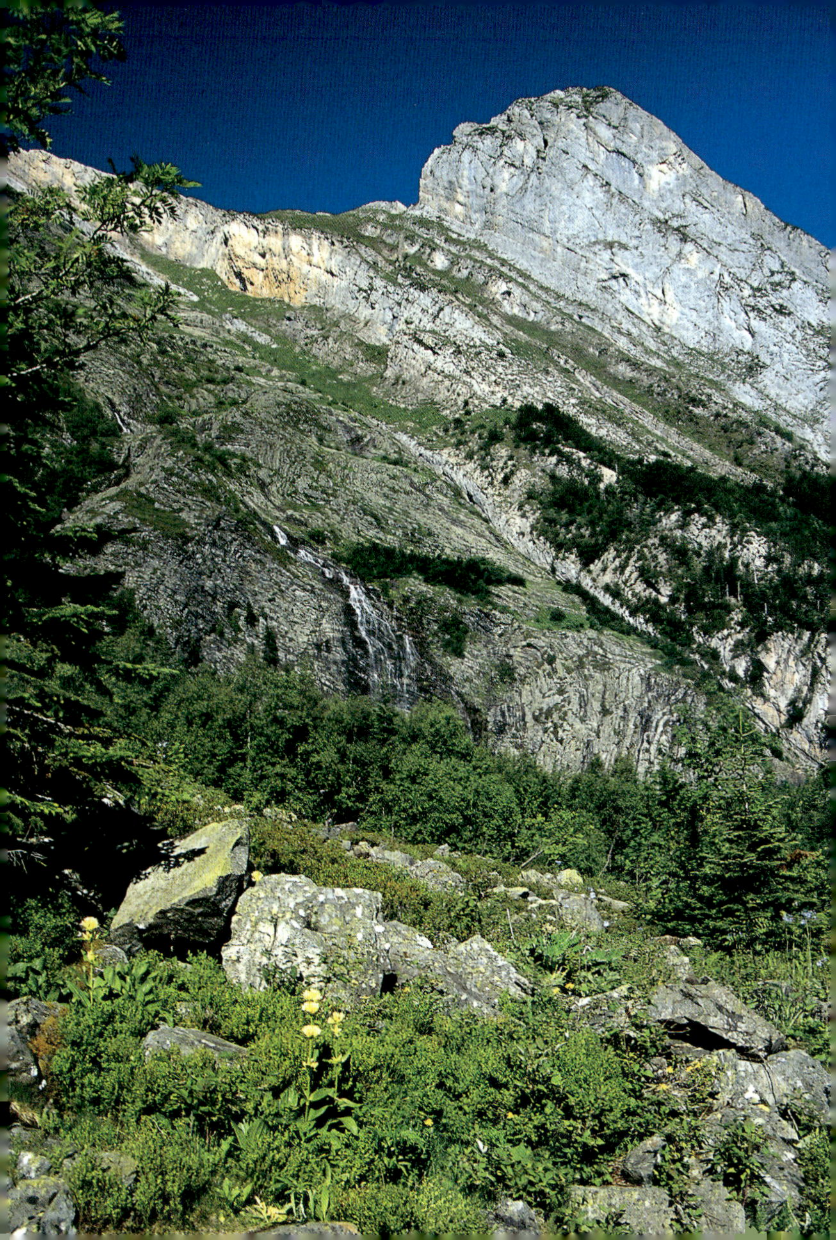

37 *Ins Tal der Soussouéou*

1.30 Std.

Kleine Schluchttour trockenen Fußes

Bis vor wenigen Jahren war der Gesimsweg durch die enge und tiefe Schlucht der Soussouéou weitgehend ungesichert und ein wenig aufregend. Heute ist er mit einem soliden Handlauf ausgerüstet und für jeden zugänglich, der den eindrucksvollen Bacheinschnitt aus der Höhe betrachten will.

Talort: Laruns, 510 m.
Ausgangspunkt: Parkplatz an der Pont du Goua, 950 m. Von Laruns auf der D 934 in Richtung Gabas. 4,2 km nach dem Ortsausgang von Les Eaux-Chaudes links auf beschilderter Forstpiste von der Straße ab bis zur Gabelung am Ende der »Route Forestière du Piet«. Hier links weiter zum Picknickareal mit Parkplatz. Bei dem Mäuerchen geht ein Weg ab, der sogleich an der Pont du Goua ist.
Höhenunterschied: 170 m.
Anforderungen: Im Prinzip eine leichte Tour, da der Höhenweg durch die Schlucht bestens mit einem Handlauf gesichert ist. Dennoch ist leicht Schwindelanfälligen von der Tour abzuraten.

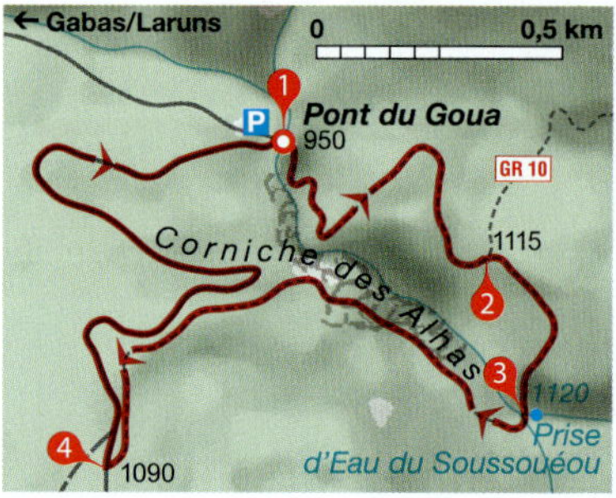

Markierung: GR-10.
Einkehr: Les Eaux-Chaudes, Laruns.

An der **Pont du Goua (1)** wechseln wir zur anderen Bachseite und folgen dem breiten steinigen Forstweg, der sogleich durch Wald recht kräftig ansteigt. Bei einer Gabelung folgen wir dem markanten, breiteren Weg bis zu einer **Wegkreuzung (2)**, 1115 m, mit Wegweisern. Links ist »Gourette« angezeigt, wir gehen geradeaus weiter gemäß dem Schild »Corniche des Alhas (Passage vertigineux)« und erreichen alsbald die Brücke unterhalb der **Prise d'Eau du Soussouéou (3)**, 1120 m. Wir queren zur anderen Seite und folgen nun dem Waldweg talauswärts, während sich die Schlucht zunehmend ausformt. Kurz darauf wird der Weg schmaler und die Corniche des Alhas beginnt. Der teils in den Fels gebrochene Gesimsweg verläuft ausgesetzt über steil abfallenden Waldhängen und Felsabbrüchen mit schönen Ausblicken. Wir kommen erneut in einen Wald und stoßen bald danach auf eine **Forstpiste (4)**, 1090 m, mit dem Wegschild »Pont du Goua«. Auf dieser rechts zurück zum Parkplatz an der **Pont du Goua (1)**.

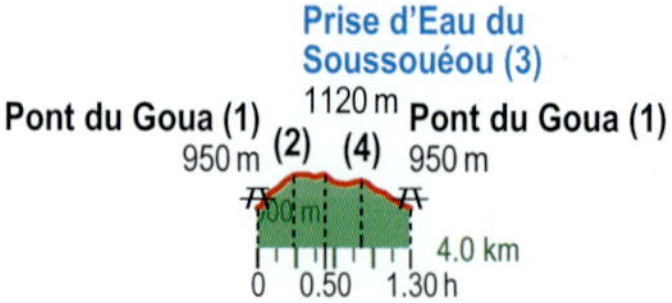

Der Gesimsweg durch die Schlucht.

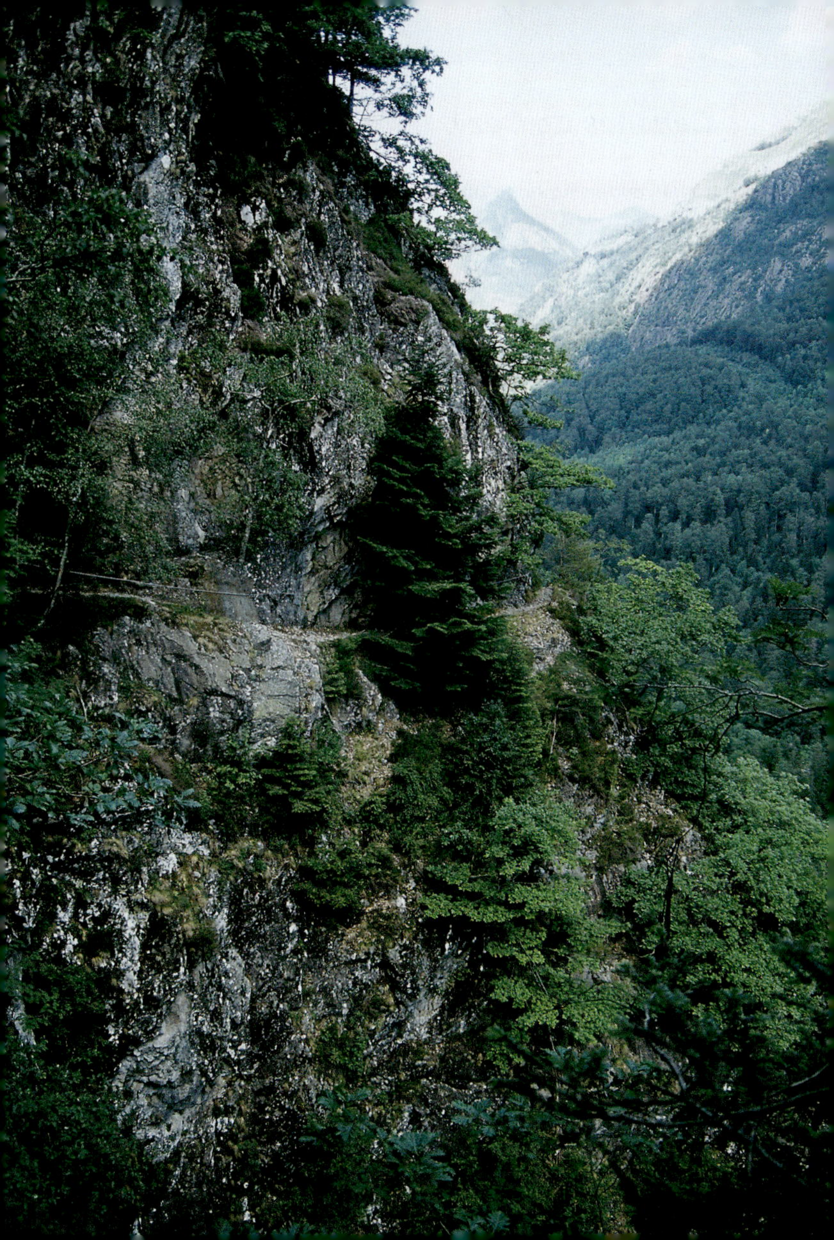

38 Cabanes de Cézy, 1640 m

4.15 Std.

Panoramawanderung hoch über dem Tal der Soussouéou

Der GR 10 zwischen Gabas und Gourette wartet mit mehreren schönen Wanderetappen auf. Eine davon ist der waldige Anstieg auf die steile Falaise de la Tume und der traumhafte Höhenweg über der Soussouéou-Schlucht. Wir laufen bis zu den Schäferhütten in einem hübschen Nebental am Fuß des Pic de Cézy.

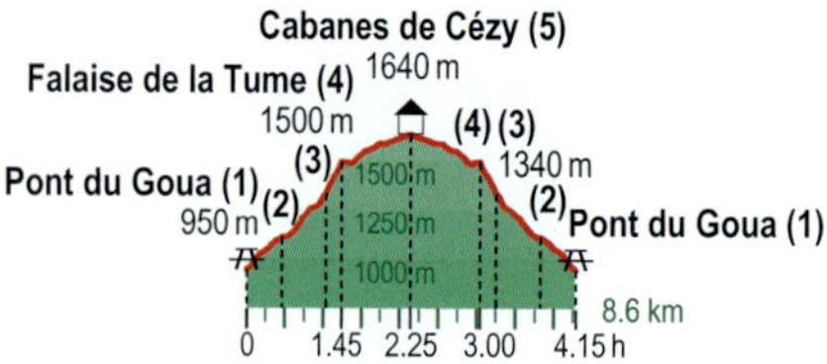

Talort: Laruns, 510 m.
Ausgangspunkt: Siehe Tour 37.
Höhenunterschied: 690 m.
Anforderungen: Recht starke Steigungen auf die Falaise de la Tume.
Markierung: GR-10.
Einkehr: Les Eaux-Chaudes, Laruns.

Ab der **Pont du Goua (1)** folgen wir Tour 37 bis zur **Wegkreuzung (2)**, 1115 m. Hier links weiter in Richtung »Gourette«. Der hübsche Waldweg geht alsbald in eine felsige und sehr kräftig ansteigende Kehrenfolge über. Schattiger Wald und bemooste Steine begleiten unseren Anstieg, der zwischendurch merklich abflacht, aber schon bald wieder in eine Steigetappe übergeht. Bei einer **Weggabelung (3)**, 1340 m, wandern wir nach links weiter – geradeaus verläuft die »Tour de la Haute Vallée d'Ossau« – und bewältigen auf steilen Windungen den Anstieg zum Fuß einer überwölbenden Felsfront der **Falaise de la Tume (4)**, 1500 m. Hier läuft unser Weg nun überwiegend flach entlang, um schließlich auf den Absatz über die Felswände zu steigen, wo uns eine fantastische Aussicht auf die östliche Hochgebirgsszenerie um das Balaïtous-Massiv erwartet.

Gemächlich zieht unser Weg nun auf dem breiter werdenden Absatz durch reizvollen Bewuchs dahin und biegt dann kurz in ein grünes Tälchen ein,

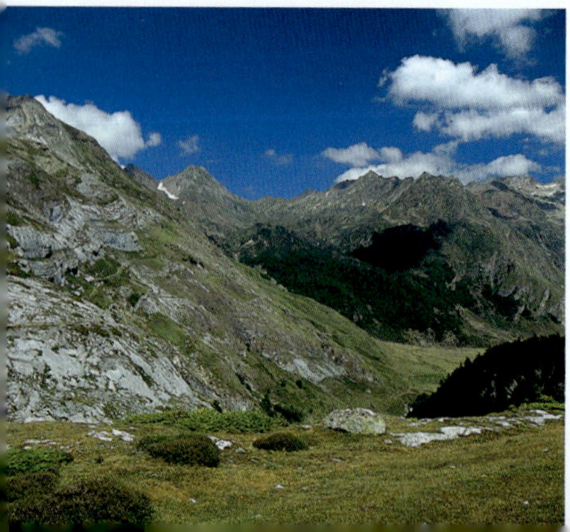

Im Hintergrund: Bergregion von Gourette.

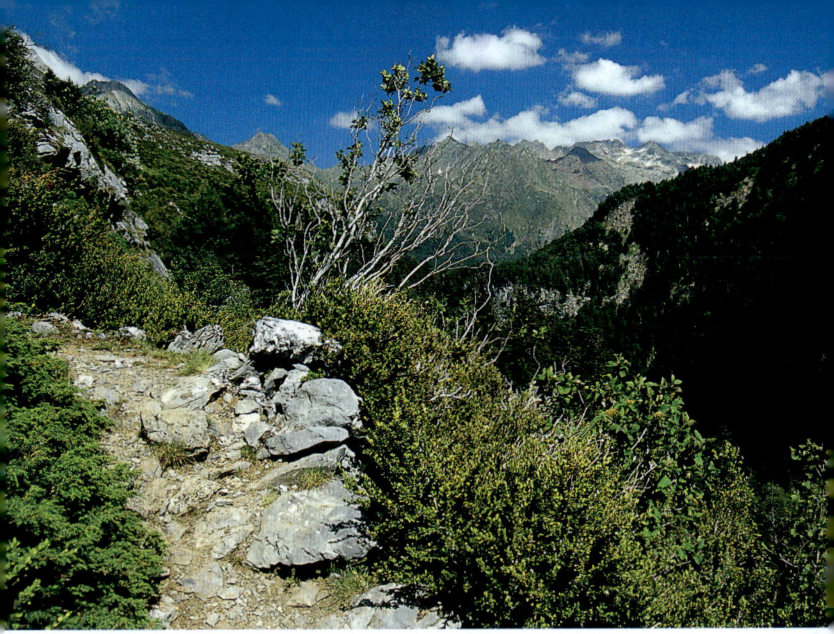

Einsamer Höhenweg über der Soussouéou-Schlucht.

wo man die vom Pic de Cézy überragten Schäferhütten bereits sieht. Hier verlassen wir den GR 10, der weiter hoch über dem Tal der Soussouéou dahinzieht, und laufen in der linken Talseite auf dem Graspfad zu den nahen **Cabanes de Cézy (5)**, 1640 m.

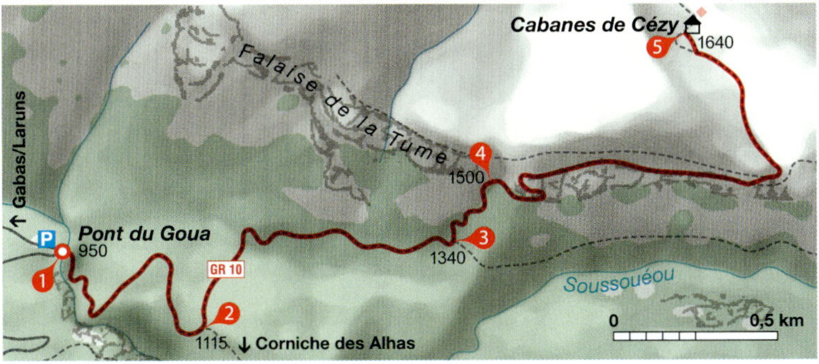

Vallée d'Aspe

Die landschaftlichen Reize des Vallée d'Aspe mit dem herausragenden Cirque de Lescun sind unter Wanderern sicher kein Geheimnis mehr. Dennoch ist die Bergregion im und um den westlichsten Zipfel des »Parc National des Pyrénées« selbst im Hochsommer angenehm ruhig, ja fast beschaulich geblieben. Das vor grandioser Kulisse liegende Bergdorf Lescun sowie die sehenswerten Örtchen im Tal wie Borce, Etsaut oder Cette-Eygun haben jede touristische Verunstaltung vermieden und einen ursprünglichen Charme bewahrt, der sich mehr in natürlicher Unauffälligkeit manifestiert als in touristischer Attraktion. Wer durch ihre engen Gassen und über die Dorfplätzchen schlendert oder den Wochenmarkt in Bedous besucht, wird die angenehme, unaufdringliche Atmosphäre verspüren.

Aus Richtung Oloron Ste.-Marie kommend rücken kurz hinter Accous die steilen Talhänge eng zusammen und bilden das Portal ins eigentliche Vallée d'Aspe. Auf lange Strecken wird es von extrem abschüssigen, von Felskragen gekrönten grünen Hängen eingezwängt und es ist immer wieder erstaunlich, wie bei solchen Hangneigungen noch landwirtschaftliche Bearbeitung möglich sein soll. Geradezu komfortabel erscheint da das ausgedehnte Hochplateau am Fuß des spitzzackigen Cirque de Lescun, der die zahlreichen Bäche des fruchtbaren Hochtals mit Wasser speist. Ein Gewirr an engsten Fahrwegen verbindet die zahlreichen Hütten und Kleinhöfe und ermöglicht dem Wanderer eine Vielzahl bequemer Ausgangspunkte für Touren in alle Richtungen. An erster Stelle zu nennen ist der Pic d'Ansabère mit seinen vom Gipfel abgespaltenen imposanten Felsnadeln, die wie Wachtürme zum Himmel streben, für Kletterer ein Traumziel. In nördlicher Luftlinie fast zum Greifen nah, aber doch auf ganz anderem Weg vom Refuge de Labérouat aus erreichbar, erhebt sich aus kuriosem Karstterrain der klotzige Pic d'Anie, ebenfalls ein Klassiker des Gebiets. Man kann den Gipfelsturm auch weglassen und sich mit dem Weg entlang den vertikalen Orgues de Camplong bis zur Schäferhütte vom Cap de la Baigt begnügen, wunderschöne Landschaftseindrücke sind gewiss. Im Westen von Lescun dominiert das breite Massiv des Billare den engeren Cirque de Lescun. Die imposante Gestalt lässt sich auf dem ausgeklügelten Wanderweg zum Lac de Lhurs aus ver-

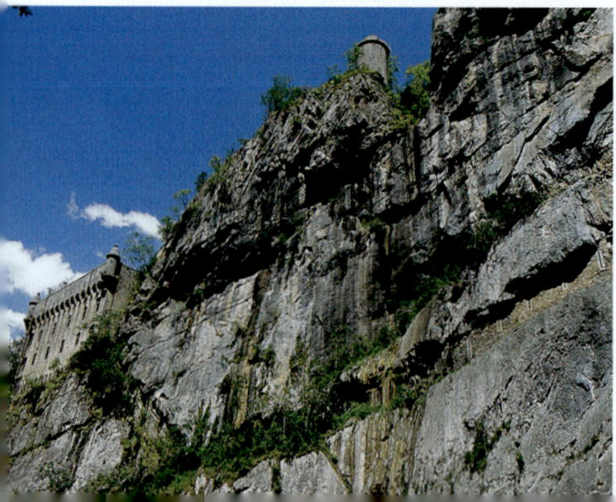

Alte Wachbastion: Fort du Portalet.

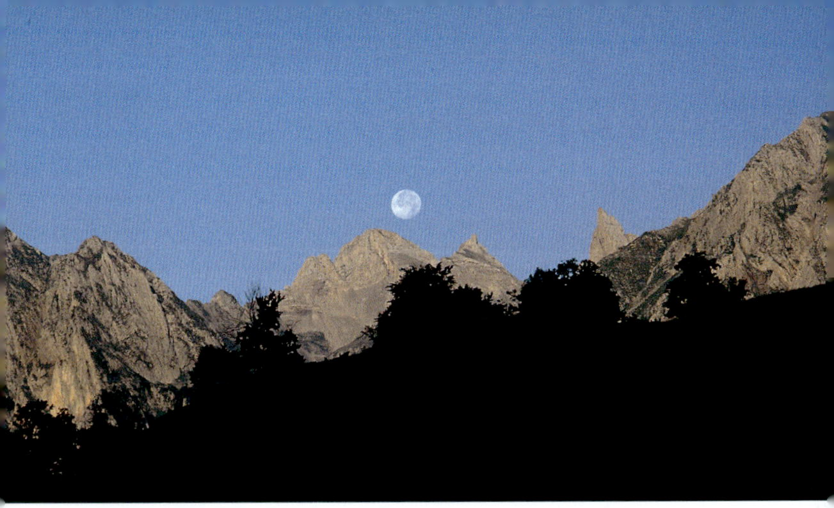

Die Spitzen von Lescun.

schiedener Ansicht in Augenschein nehmen. Der kleine See liegt in einer Mulde, hoch überragt vom legendären Table des Trois Rois, auf dem sich die Könige der Nachbarprovinzen Béarn, Navarra und Aragón getroffen haben sollen, um ihren territorialen Zwist zu verhandeln.
Das südlicher gelegene Vallée d'Aspe, schon zum Col du Somport hin, bietet den Zugang in die Bergwelt des »Parc National des Pyrénées«. Der Nationalpark verläuft als schmaler Gürtel entlang der Grenze zwischen dem Pic de Lariste im Westen und dem an der Nahtstelle zum Vallée d'Ossau gelegenen Pic des Moines im Osten. Hier prägt der rot gefärbte Fels die Szenerie, und zu den saftigen Grasweiden und Tümpeln am Fuß der Grenzberge wird das Vieh in der jährlichen »transhumance« durch die langen Nebentäler getrieben. Zur einzig bewirtschafteten Hütte weit und breit, dem Refuge d'Arlet am gleichnamigen See, führen diverse Tal- und Höhenwege, unter denen der H.R.P. von Espelunguère aus besonders aussichtsreich ist. Von dem beliebten Wanderziel lässt sich mit einer unaufwändigen Passbesteigung ein großartiger Blick auf die markanten Gebirgszüge der spanischen Seite und das wunderschöne Hochtal der Aguas Tuertas mit dem mäandernden Río Aragón Subordán erhaschen. Wie vielfältig in diesem Gebiet die Möglichkeiten zum wandernden Grenzwechsel sind, zeigt der Ibón de Estanés oder Lac d'Estaëns am Fuß der spanischen Sierra de Bernera. Der idyllisch gelegene See lädt mit bestens kombinierbaren Wanderwegen geradezu ein, sich ihm von den verschiedensten Seiten durch frappierende Landschaftskontraste zu nähern.

39 Trône du Roi, 1266 m

2.00 Std.

Auf den »Königsthron«

Der »Königsthron« im Vorfeld der alpinen Bergzüge des Vallée d'Aspe ist ein privilegierter Aussichtsposten. Allerdings macht es einem der Berg nicht gerade leicht, denn der Anstieg erfordert kräftige Fußarbeit. Wegen der Südexposition des Weges sind der frühe Morgen oder späte Abend zu empfehlen, dann ist auch die Sicht auf dem schmalen Grasrücken am besten.

Talort: Sarrance, 350 m.
Ausgangspunkt: Fahrweg Bosdapous, 860 m. Von Bedous auf der N 134 Richtung Sarrance, davor links auf die D 241 mit Richtung »Col d'Ichère« bis km 12 mit Schild »Bosdapous«; hier rechts weiter auf überwiegend asphaltierter Piste ca. 3,8 km bis zu einer größeren Ausbuchtung links bei einem Felsabbruch. Hier parken.
Höhenunterschied: 406 m.
Anforderungen: Fast durchwegs kräftige Steigung.
Markierung: Gelbe Balken (verblichen).
Einkehr: Sarrance.

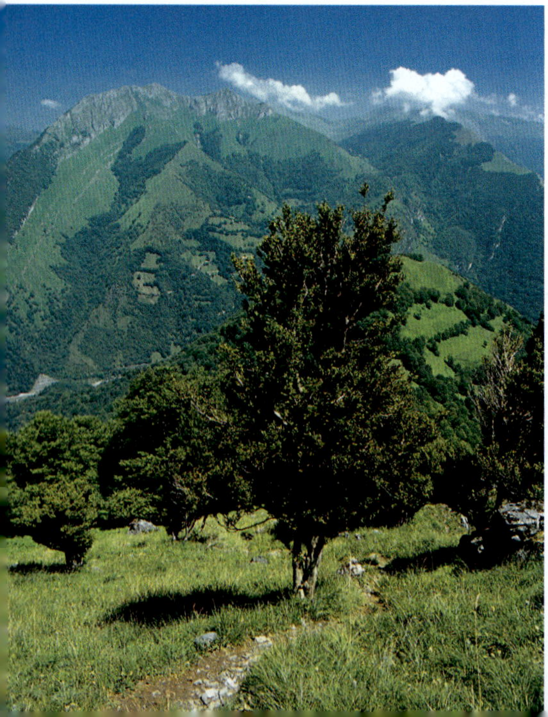

Ab dem **Parkplatz (1)** laufen wir auf dem Fahrweg 100 Meter weiter bis zu dem Wegweiser »Trône du Roi«. Hier links auf dem Waldpfad ab, der zwischen hohen Buchsbäumen und Buchen zügig ansteigt, um dann in die gelichtete Südflanke des Berges zu ziehen. Hier hält er die kräftige Steigung bei, kommt zwischendrin durch Wäldchen und erreicht dann einen abschüssigen, von einzelnen Buchsbäumen besetzten Grashang.

Ausgewachsene Buchsbäume zieren den Hang.

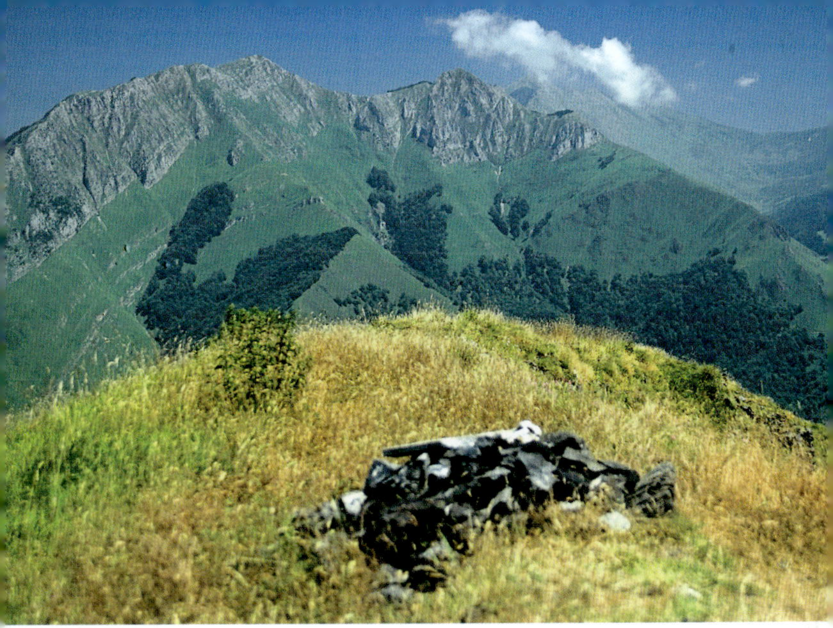

Trône du Roi: »königlicher« Aussichtspunkt.

Wir steigen an seinem linken Rand entlang aufwärts und nähern uns nach kurzer Zeit der Abbruchkante, wo die Steigung noch einmal kräftig zulegt, bevor wir den flachen und langen Grasrücken des **Trône du Roi (2)**, 1266 m, betreten. Der schmale »Gipfel« fällt zu beiden Seiten rapide ab, lässt aber ausreichend Platz für die unbeschwerte weite Ausschau, die von den Bergen des Cirque de Lescun bis zum spanischen Balaïtous-Gebiet hinüberreicht.

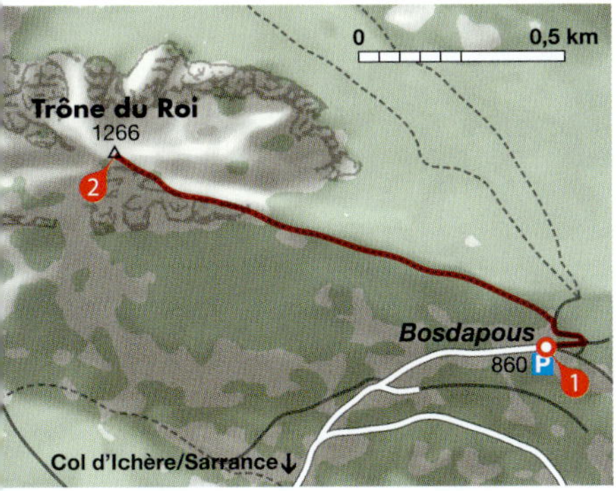

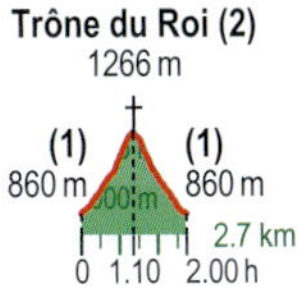

40 Plateau de la Gentiane

2.45 Std.

Zu den gelben Enzianwiesen des Vallée d'Aspe

Ein herrliches Panorama über das obere Aspe-Tal und auf die spanische Gipfelkette ist ständiger Begleiter auf dieser stillen Wanderung zu Wiesenhängen, die mit Gelbem Enzian übersät sind. Mit etwas Glück bekommt man auf dem schönen Höhenweg Gämsen und Geier zu Gesicht.

Talort: Urdos, 760 m.
Ausgangspunkt: Parkplatz beim Chalet Cadier an der N 134 zum Col du Somport, 1430 m.
Höhenunterschied: Ca. 440 m.
Anforderungen: Problemlose Wanderung, zum Teil an abschüssigen Grashängen entlang. Bei Regen und Schnee große Vorsicht!
Markierung: H.R.P.
Einkehr: Urdos, Etsaut, Astún auf spanischer Seite.

Vom Parkplatz beim **Chalet Cadier (1)** gehen wir zu dem Begrenzungsmäuerchen in der Straßenkurve, wo bei einem Wanderschild unser Weg beginnt. Er führt mit angenehmer Steigung durch die Westhänge des Pic d'Arnoussère und bietet großartige Ausblicke auf die Bergformationen beiderseits der Grenze.

Unterwegs: herrlicher Blick auf namhafte spanische Gipfel.

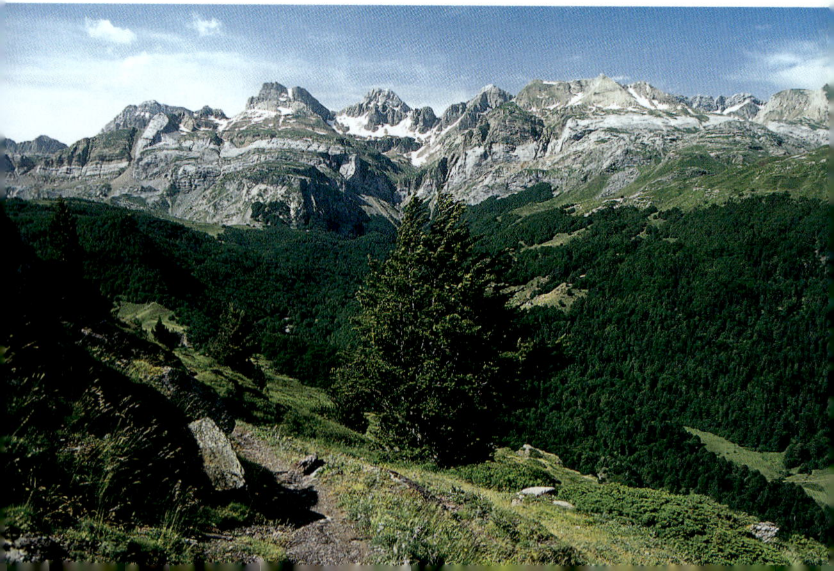

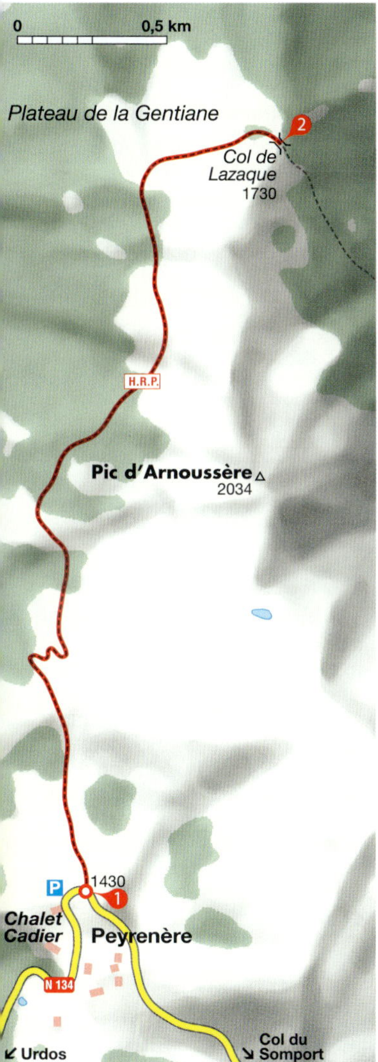

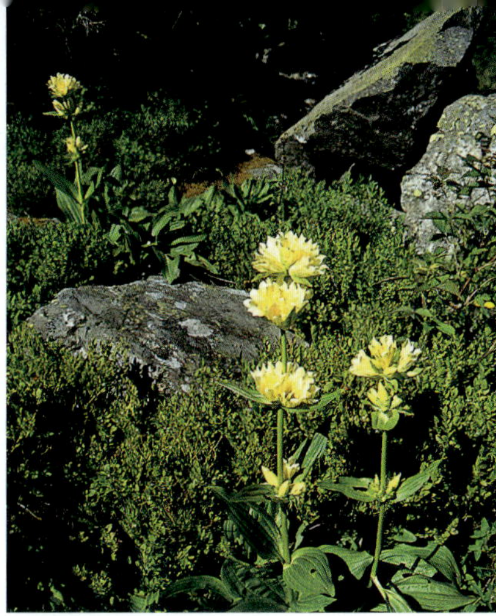

Gelber Enzian.

Zunächst durch offene Grashänge, die öfter steil abfallen, kommen wir nach einigen Wegkehren in Buchenwald. Später wechselt er zu Mischwald, in dem sich unser Weg leicht absenkt und langsam nach Osten schwenkt. Die Aussicht über das Aspe-Tal und dessen Bergzüge im Norden wird frei, wir wandern durch Alpenrosenhänge, während sich ein wenig tiefer das **Plateau de la Gentiane** präsentiert. Nach den hübschen Wiesen mit Gelbem Enzian erreichen wir den unscheinbaren **Col de Lazaque (2)**, 1730 m, ein nettes Rastplätzchen vor der Umkehr.

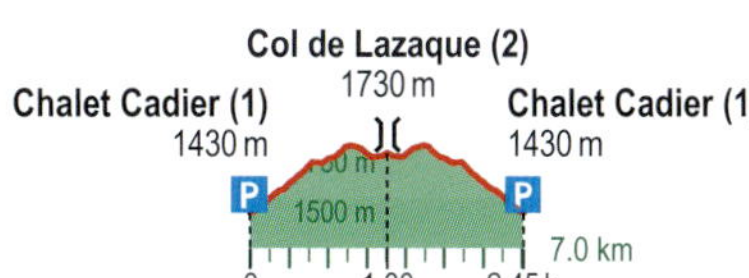

41 Chemin de la Mâture

4.45 Std.

Wo früher das Holz für die Königliche Marine abtransportiert wurde

Ein atemberaubender Weg durch vertikalen Fels hoch über dem Abgrund, hineingeschlagen ins blanke Kalkgestein von zahllosen Arbeitern im späten 18. Jahrhundert. Weil der französische König seine Kriegsmarine mit bestem Holz aus dem Vallée d'Aspe ausstatten wollte, musste dieser halsbrecherische Transportweg für die geschlagenen Bäume aus dem Bois du Pacq angelegt werden. Die damit verbundene Mühsal lässt sich heute nur noch erahnen.

Talort: Etsaut, 590 m.
Ausgangspunkt: Parkplatz an der Pont de Cebers, 637 m, bei km 105,5 der N 134 in Richtung Col du Somport. Das von der Brücke ausgehende Asphaltsträßchen lässt sich noch ca. 1 km befahren bis zur ersten Haarnadelkurve, wo der Wanderweg abgeht. Hier stehen allerdings nur sehr wenige Parkplätze zur Verfügung.
Höhenunterschied: 643 m.
Anforderungen: Der Chemin de la Mâture ist ein Felsweg über steilem Abgrund, der an keiner Stelle weniger als 1 m breit ist. Dennoch für leicht Schwindelanfällige nicht zu empfehlen.
Markierung: GR-10 im ersten Abschnitt; Steinmännchen.
Einkehr: Etsaut, Borce.
Hinweis: Besondere Vorsicht auf Steinschlag, da in den Wänden über dem Chemin de la Mâture geklettert wird. Keine Steine in die Schlucht werfen, dort wird Canyoning betrieben!

Von der **Pont de Cebers (1)** folgen wir dem Asphaltsträßchen bis zur engen Kurve, dort auf dem beschilderten Weg rechts ab zum Talausgang des tief eingeschnittenen Ruisseau Le Sescoué, wo gegenüber das klotzige Fort du Portalet thront. Die Festung bildete früher in dem engen und steilen Tal eine wirksame Kontrolle des Pass- und Talverkehrs zwischen Spanien und Frankreich. Wir folgen nun dem Chemin de la Mâture hoch über der Schlucht. Mit kontinuierlicher Steigung zieht er sich durch die vertikale Felswand und dreht von der Schlucht ab, nachdem wir schon gut an Höhe gewonnen haben. Wir durchsteigen dichte Farnhänge und erreichen die **Granges Perry (2)**, 1110 m, wo Trinkwasser angeboten wird. Danach wird der Weg flach und wir wandern durch einen schattigen Tunnel aus Buchen und Buchsbäumen. Die

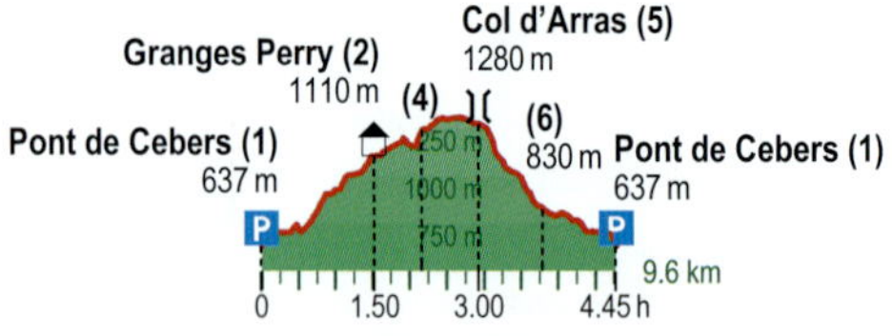

felsigen Talwände sind nun steilen Waldhängen gewichen, vor uns zeigen sich ab und zu die Grenzberge zum Vallée d'Ossau. Wir stoßen auf eine **Wegteilung (3)**, 1160 m, bei der es geradeaus in ca. 150 m zur »Pont des Trungas« geht. Bei der Brücke bietet sich eine hübsche Badegelegenheit. Unsere Wanderung setzen wir Richtung »Col d'Arras« links fort und treffen nach einem recht kräftigen Steigungsstück durch Wald erneut auf eine **Weggabelung (4)**, 1250 m, wo wir den GR 10 nach links verlassen und nun talauswärts laufen. Nach schattiger Strecke hält der Weg durch offene Hänge, aussichtsreich zieht er durch das hübsche Gelände hinüber zum kaum ausgeprägten **Col d'Arras (5)**, 1280 m. Links steigt ein Trampelpfad hinunter nach »Perry«, wir gehen geradeaus mit Richtung »Pont de Cebers« und folgen nun einem gelb markierten, bequem angelegten Weg durch schönen Wald. Er senkt sich in Serpentinen ab und zieht nach der Querung eines Bachs durch offenere Steilhänge. Wir lassen alle Seitenwege unbeachtet und stoßen schließlich auf einen **Schotterfahrweg (6)**, 830 m, der zu dem nahen Asphaltsträßchen führt, auf dem wir links zur **Pont de Cebers (1)** gelangen.

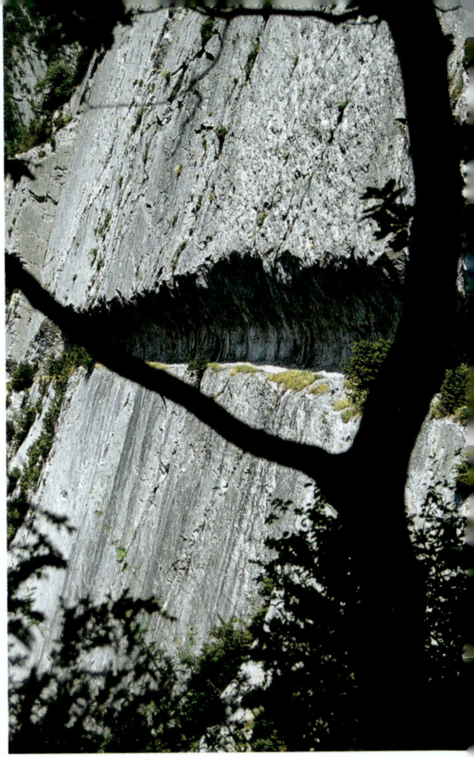

Atemberaubend: der Chemin de la Mâture.

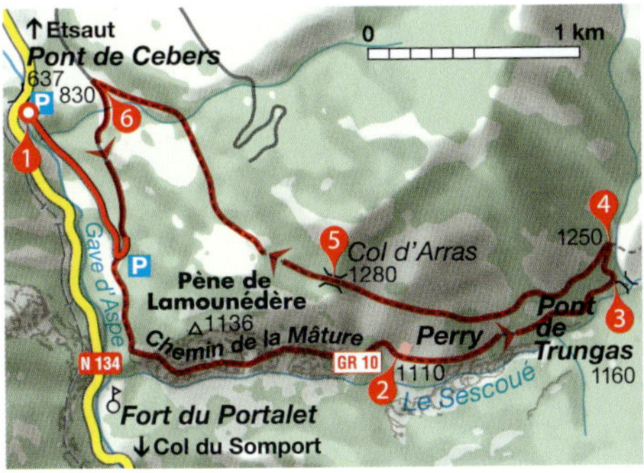

42 Pic Mardas, 2188 m, und Montagnon d'Iseye, 2173 m

7.00 Std.

Ausflug in abgelegene Gefilde

Im Vorfeld der Hauptkette erheben sich zwischen den beiden Tälern von Aspe und Ossau mehrere mittelhohe Gipfel, von denen der Pic Mardas und sein Nachbar, der Montagnon d'Iseye, sicher zu den attraktivsten zählt. An ihrem Fuß liegt ein kleiner herzförmiger See, eingebettet in eine reizende wellige Grassenke – für die meisten Wanderer der Zielpunkt. Wer noch Ausdauer hat, sollte sich den Anstieg zu einem der Nachbargipfel nicht entgehen lassen. Der Ausblick ist grandios und reicht bis zum Pic du Midi d'Ossau, dessen Spitzen über die Bergketten lugen.

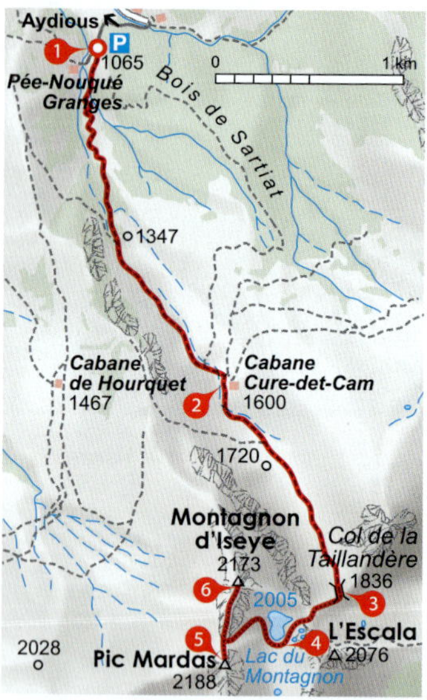

Talort: Aydius, 560 m.
Ausgangspunkt: Granges von Pée-Nouqué, 1065 m. In Bedous auf der D237 in Richtung Aydius. Nach ca. 4,3 km, 500 m vor Aydius, geht links ein scharf ansteigendes Asphaltsträßchen (Schild »Les Salars«) ab, dem man ca. 7 km folgt bis zu linkerhand liegenden Häuschen kurz vor einer scharfen Haarnadelkurve nach rechts. Hier über den Bach und ca. 400 m weiter bis zu Wiesenausbuchtungen links und rechts, noch vor der sogleich folgenden Rechtskurve. Hier parken. Hinweis: Falls ein Teil der Piste (ca. 2,5 km vor dem Ausgangspunkt bei einem Fahrverbotsschild) durch eine Schranke gesperrt sein sollte, muss man gut 1 Std. Gehzeit zusätzlich rechnen!
Höhenunterschied: 1120 m.
Anforderungen: Konditionell anspruchsvoll bei beachtlichem Höhenunterschied; Wegstrecken teilweise durch Steilgelände.
Markierung: Steinmännchen.
Einkehr: Aydius, Bedous.

Am **Parkplatz (1)** nehmen wir den breiten Grasstreifen auf, der links der Piste, angezeigt durch Steinmännchen, ansteigt. Erst durch schattigen Wald, dann durch offene Wiesenhänge steigen wir auf einem deutlichen Weg hinauf zu zwei Schäferhüttchen, den **Cabanes Cure-det-Cam (2)**, 1600 m, mit Quelle. Wir bleiben auf dem südwärts gerichteten Weg, lassen einen Querweg unbeachtet, durchlaufen entlang von Steinmännchen eine Talsenke, und

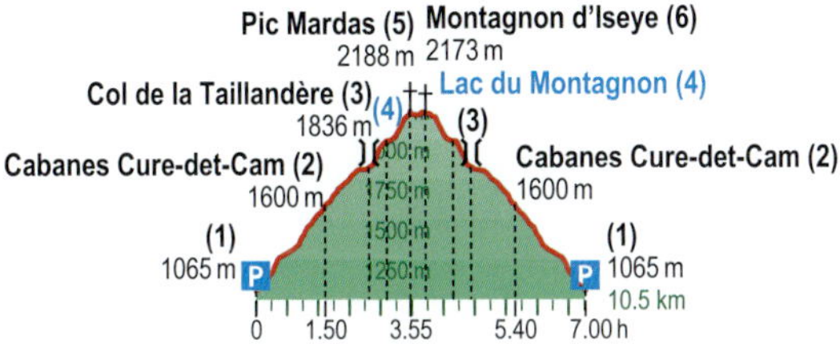

halten schließlich auf den klaren Sattel zu, der sich weiter vorne abzeichnet. Ohne Probleme erreichen wir den **Col de la Taillandère (3)**, 1836 m, wo wir uns nach Westen orientieren und den Anstieg zum See angehen. Hierzu zwei Optionen: Entweder entlang des Weidezauns und dann in anfangs unbequemen Schottergelände entlang der rechten Felswand, die die Schütte begrenzt; oder, entschieden bequemer, ein paar Schritte passabwärts und dann im rechten Bogen am Rand des Schuttkegels: zuerst durch Grasgelände zum Fuß der linken Felswand, die von einem grobschotterigen Weg gesäumt wird, der oben durch steiles Schrofengelände steigt und die Schwelle erreicht, hinter der der herzförmige **Lac du Montagnon (4)**, 2005 m, liegt. Wir umgehen den See links und stoßen auf einen klaren Pfad, der in einem weit ausholenden Linksbogen durch den Hang hinauf zieht, dann in eine Furche einschwenkt und schließlich in bequemer Führung zum Sattel, 2150 m, zwischen den beiden Gipfeln hoch steigt. Von hier links bis zum flachen Gipfel des **Pic Mardas (5)**, 2188 m, rechts auf dem Kammpfad mit einem steileren Schlussstück zum **Montagnon d'Iseye (6)**, 2173 m, mit Gipfelstange.

Tiefblick auf den Lac du Montagnon.

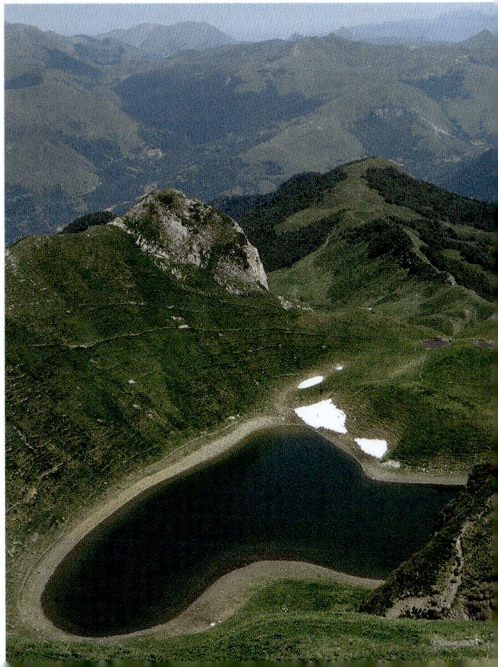

43 Lac d'Estaëns (Ibón de Estanés), 1760 m

2.30 Std.

Französische Annäherung an einen spanischen Bergsee

Der Lac d'Estaëns am Fuß der spanischen Sierra de Bernera, die den See mit Wasser speist, ist auch für französische Wanderer ein attraktives Ziel. Die hübschen Weiden um den See bilden einen reizvollen Kontrast zu dem breiten Gebirgsmassiv mit seinen auffälligen Verformungen und den so anders gearteten rotfarbenen Bergzügen des französischen Nationalparks. Der kürzeste Weg geht von dem kleinen Hochplateau von Espelunguère aus und ersteigt mehr oder weniger direkt die steile Talschwelle.

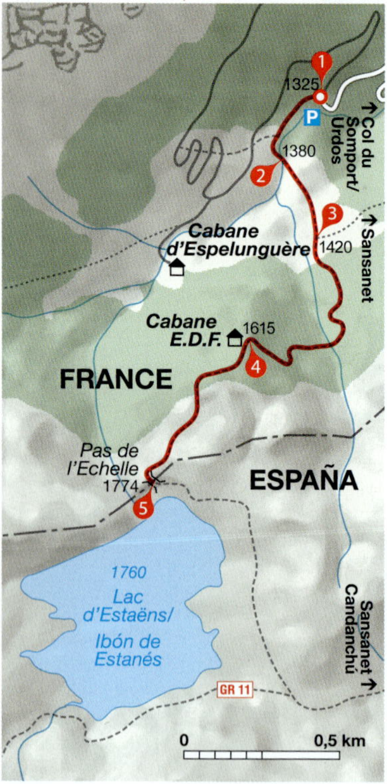

Talort: Urdos, 760 m.
Ausgangspunkt: Parkplatz L'Espelunguère, 1325 m. N 134 Richtung Col du Somport, vor dem Somport-Tunnel rechts ab nach Les Forges d'Abel und weiter auf asphaltierter Piste bis zur Centrale Electrique d'Estaens. Vom Elektrizitätswerk auf holpriger Piste 0,7 km bis zum Parkplatz.
Höhenunterschied: 435 m.
Anforderungen: Durchweg kräftige bis starke Steigung auf gut präpariertem Weg.
Markierung: H.R.P. bis zur ersten Wegteilung hinter dem Brückchen.
Einkehr: Urdos, Etsaut.

Am Parkplatz von **Espelunguère (1)** nehmen wir den ausgeschilderten Wanderweg auf und steigen durch Wald, vorbei an dem durch einen Fels geteilten Wasserfall. Nach wenigen Minuten verlassen wir den Wald und nähern uns in sanften Graslagen dem Bach und einer **Brücke (2)**, 1380 m, auf der wir zur anderen Seite wechseln. Bei der folgenden **Weggabelung (3)**, 1420 m, gehen wir rechts weiter (links ist »Sansanet« angezeigt) und kommen alsbald in einen Wald, in

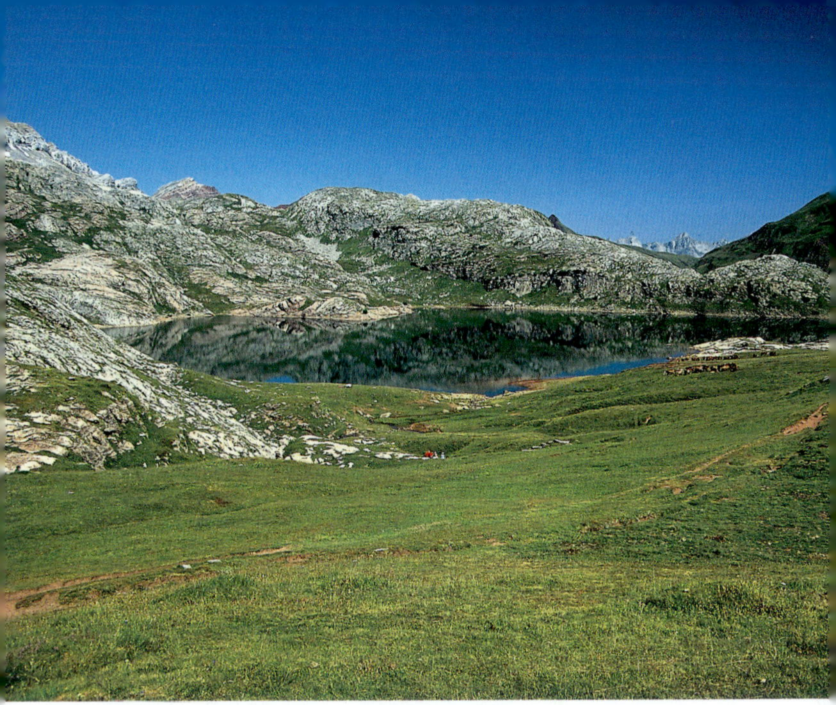

Lac d'Estaëns: beliebtes Ausflugsziel aus allen Richtungen.

dem unser Weg durch schattige Buchen recht kräftig aufsteigt. Bei einer scheinbaren Verlängerung des breiten Wegs geradeaus müssen wir eine starke Kehre nach rechts machen – ein kleines Schild an einem Baum weist darauf hin! – und setzen nun auf schmalerem Pfad fort.
Ein starker Anstieg führt uns zur **Cabane E.D.F. (4)**, 1615 m. An dieser vorbei folgt unser Weg nun der übermauerten Rohrleitung, die ab und an auch frei liegt. Rechts unten liegt das Tal von Espelunguère, auf seiner anderen Seite hebt sich der Pic de Gabedaille ab. Der Wald hört auf, wir steigen nun durch dicht bewachsene Hänge am Fuß einer Felsschwelle in Kehren an, überwinden eine kleine Felsstufe mit Hilfe einer Eisenleiter und bewältigen auf »Felstreppchen« und einigen Steilkehren die letzte Steigung hinauf zum **Lac d'Estaëns (5)**, 1760 m.

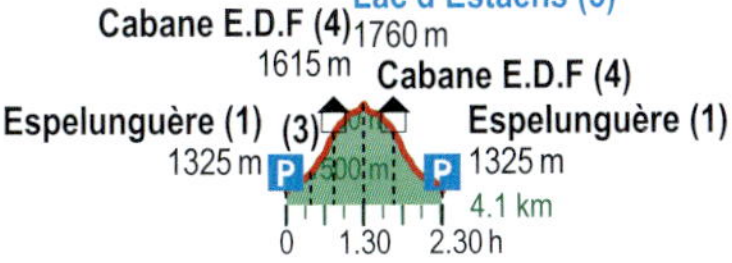

TOP 44 Valle de los Sarrios – Circo de Olibón

7.30 Std.

Traumhafte Tagestour in die Bernera-Region

Auf dieser langen Tageswanderung, die ins spanische Kerngebiet des Bernera-Massivs führt, reiht sich ein landschaftlicher Höhepunkt an den nächsten. Der beliebte Lac d'Estaëns bildet den Auftakt, gefolgt vom versteckten Valle de los Sarrios, einem idyllischen Hochtal, das vom mächtigen Circo de Olibón abgeschirmt wird. Über den harmlosen Puerto de Bernera geht es schließlich hinunter zu einem kleinen Kesselboden mit Viehweiden, in dem sich die Abwässer der Secús-Front sammeln.

Talort: Urdos, 760 m, bzw. Candanchú, 1550 m.
Ausgangspunkt: Parkplatz Sansanet an der N 134, 1310 m. Von Urdos in Richtung Col du Somport, kurz vor der ersten langen Haarnadelkurve der Passstraße rechts ab zum ausgeschilderten Parkplatz.
Höhenunterschied: 980 m.
Anforderungen: Ausgiebige Tagestour mit starken Steigungsabschnitten; ansonsten unproblematisch.
Markierung: H.R.P. bzw. GR-11 bis Lac d'Estaëns; Steinmännchen.
Einkehr: Urdos, Candanchú.
Hinweis: Ab Plana Mistresa kann man zum **Refugio de Lizara** absteigen (siehe Tour 15).

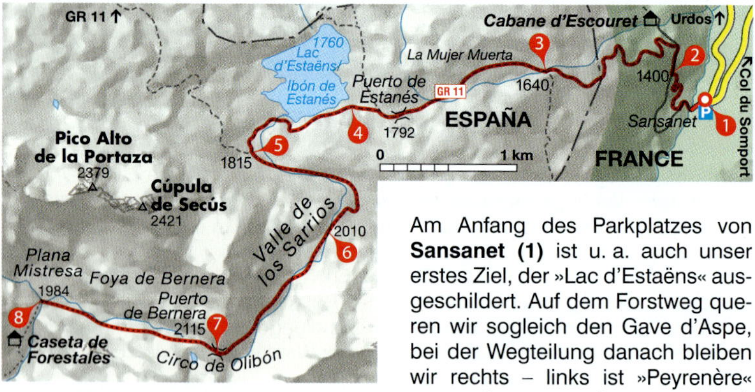

Am Anfang des Parkplatzes von **Sansanet (1)** ist u. a. auch unser erstes Ziel, der »Lac d'Estaëns« ausgeschildert. Auf dem Forstweg queren wir sogleich den Gave d'Aspe, bei der Wegteilung danach bleiben wir rechts – links ist »Peyrenère« ausgewiesen – und queren auf einem Holzbrückchen einen Nebenbach. Wir verlassen den Forstweg auf einem bequemen Wanderweg, der in langen Kehren durch Mischwald hochzieht und wieder am **Forstweg (2)**, 1400 m, anschließt.
Schon bald gehen wir erneut vom Forstweg ab – er führt weiter zur Cabane d'Escouret – und steigen nun auf breitem Wanderweg bequem durch Hänge

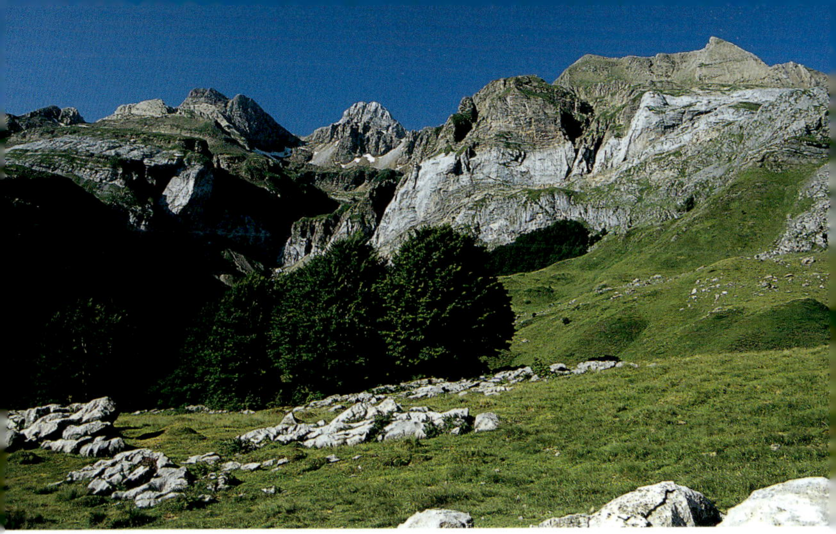

Prächtige Kulisse schon zu Beginn der Wanderung.

mit Blaubeerstauden. Allmählich wird die Sicht nach Süden auf die eindrucksvoll geformte Bergwelt um den Pico de Aspe frei, vor uns breiten sich sanft geschwungene, grüne Kuppen aus. Kurz bevor unser Weg über einen Bach wechselt, kommt von links der **GR-11 (3)**, 1640 m, aus Candanchú hinzu (siehe Tour 9). Durch Grashänge, die von Erosionsfurchen gezeichnet sind, steigen wir zu einem Hochtälchen am Fuß steiler Felshänge auf. Wir durchlaufen das reizende Weidetal über den Puerto de Estanés, 1792 m, auf dem der See in Sicht kommt. Hinter dem kleinen Sattel gabelt sich der Weg: den Weiß-Rot-Markierungen des GR folgend halten wir links auf die Südseite des **Ibón de Estanés (4**, Lac d'Estaëns), 1760 m, zu und steigen zur Umgehung der schroffen Seeufer am Hang an. Am Ende des Sees biegt unser Weg weiter ansteigend nach links und wir kommen zu einer deutlichen **Verzweigung (5)**,1815 m, bevor der GR am Fuß der Felswände und über steilem Abbruch weiterläuft. Hier verlassen wir den GR nach links und folgen den Steinmännchen in kräftigem Anstieg hinauf zu einer Abflachung, durch die weitere Steinmännchen und Pfadspuren führen. Wir kommen in ein Tal mit schrofigem Gelände, durch das sich ein Querweg zieht. Ihm folgen wir nach links entlang von zahlreichen Steinmarkierungen zu einer kleinen grasigen Hochfläche, in der unser Weg nun rechts abbiegt (geradeaus führen Grasspuren weiter) und sich an der Seite einer Schlucht, die das Valle de los Sarrios entwässert, hochwindet. Auf dem gut geführten Weg erreichen wir den Eingang zum **Valle de los Sarrios (6)**, 2010 m, und wandern nun mit

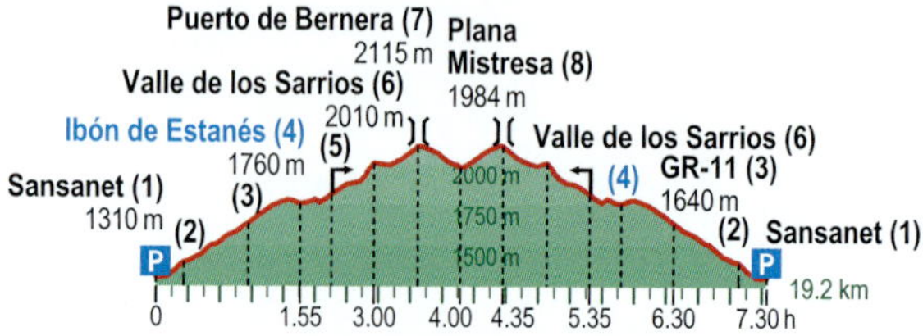

Blick auf den stattlichen Circo de Olibón am Talschluss durch die sattgrüne Weideebene.

Am Talende steigen wir rechts des Bachs gemächlich durch felsbelegte Grashänge zum breiten **Puerto de Bernera (7)**, 2115 m, hinauf. Der Sattel trennt das Valle de los Sarrios von der karstgeprägten, nach Westen laufenden langen Senke, die von den Secús-Formationen im Norden, den Bernera-Gipfeln im Süden und dem auffällig geschichteten Fetas im Westen überragt wird. Unser Weg hält nun stetig abwärts und erreicht bei dem kleinen, von Bachmäandern durchzogenen Grasrund am Fuß der Kesselhänge die **Plana Mistresa (1)**, 1984 m.

Circo de Olibón: mächtige Talsperre des Valle de los Sarrios.

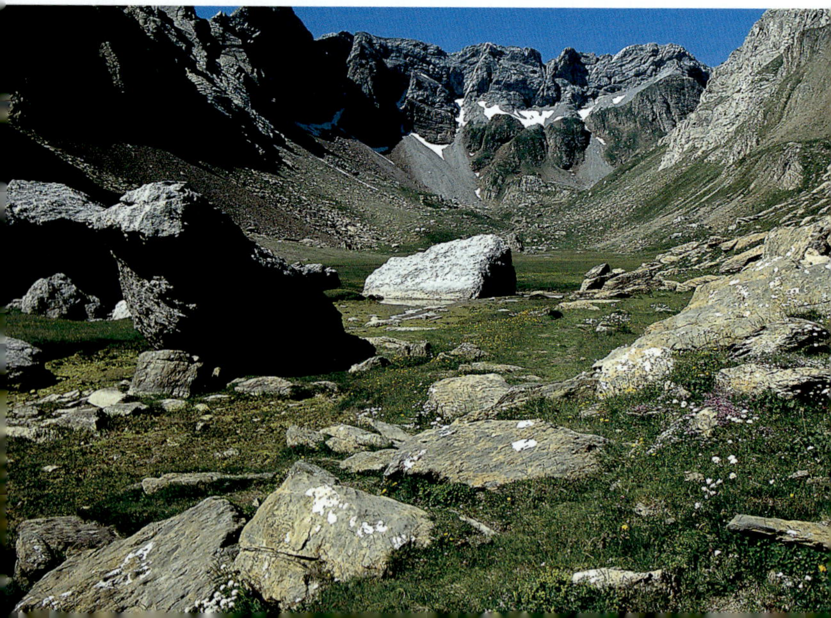

4.00 Std.

Aguas Tuertas, 1650 m

45

Grenzüberschreitender Ausflug zu den »gewundenen Wassern«

Zahlreiche Bergbäche vereinigen sich am Fuß der imposant geformten Sierra de Secús und geben dem Río Aragón Subordán seinen Ursprung. In wunderschönen Mäandern – den so genannten »Aguas Tuertas« – durchläuft der Fluss ein grünes Hochplateau, das im Sommer dem Vieh als Weide dient. Hier lässt sich reizvoll lustwandeln und die kontrastreiche Bergszenerie genießen, die sich am Zielpunkt noch einmal überraschend wandelt.

Talort: Urdos, 760 m.
Ausgangspunkt: Siehe Tour 43.
Höhenunterschied: Ca. 400 m.
Anforderungen: Leichte Tour auf guten Wanderwegen; kurze kräftigere Steigungen.
Markierung: GR-11 ab Puerto de Escalé.
Einkehr: Urdos, Etsaut.
Kombinationsmöglichkeit: Mit Tour 18.

Am Parkplatz von **Espelunguère (1)** steigen wir auf dem beschilderten Wanderweg durch Wald an der schönen Kaskade vorbei und betreten alsbald das Weidetal. Hier folgen wir dem Fahrweg taleinwärts auf die Cabane d'Espelunguère zu und gehen kurz vor der Schäferhütte rechts auf einen Hangpfad ab. Mit leichter Steigung zieht er am rechten Talhang durch Wald und steigt dann kräftiger durch grasige Hanglagen. Wir nähern uns einem Felsdurchbruch des Talbachs und queren das Bachbett, um auf der anderen Seite zum **Escalé d'Aigue Torte (2, Paso de Escalé)**, 1635 m, anzusteigen.

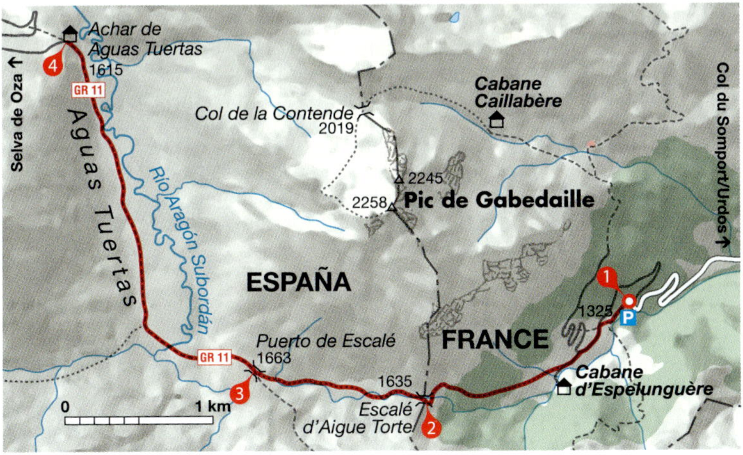

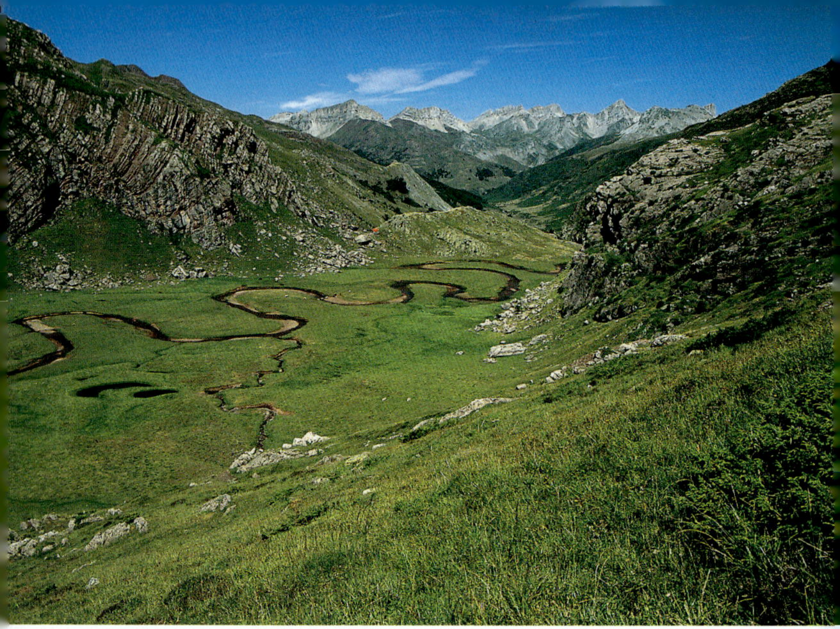

Aguas Tuertas.

Hinter dem kleinen Pass öffnet sich ein Tälchen, durch das sich der Bach windet. Flachen Wegs durchwandern wir das Hochtal – links begleitet von den Gipfeln der Sierra de Secús, rechts die rotfarbenen Grenzberge – hinüber zum **Puerto de Escalé (3)**, 1663 m, wo wir auf den spanischen GR 11 treffen. Wir folgen ihm leicht abwärts in den Talschluss der Aguas Tuertas und queren dort den Hauptarm des Río Aragón. Der GR wendet sich dann nach Norden und zieht am linken Rand des breiten Talbodens talauswärts. Wir wandern durch hübsche Weideflächen und kommen nach einem kurzen Felsanstieg zur Hütte am **Achar de Aguas Tuertas (4)**, 1615 m. Auf dem Sattel endet eine Fahrpiste von Selva de Oza.

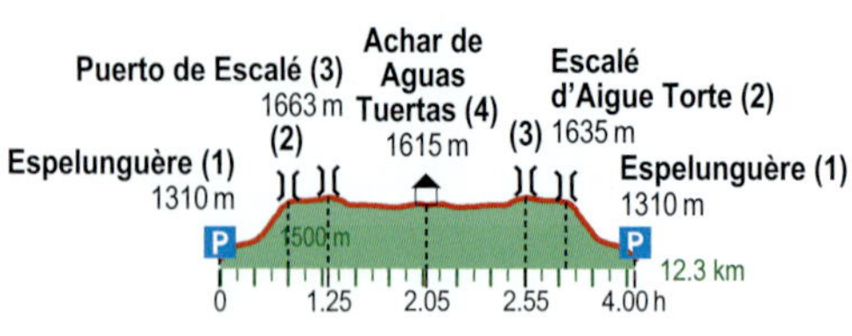

5.30 Std.

Pic de Gabedaille, 2258 m

46

Grenzgipfel mit großartiger Aussicht

Eine besonders prägnante Gestalt ist der Pic de Gabedaille bestimmt nicht. Dafür gehört die Aussicht vom Gipfel zum Besten, was die Grenzberge des Vallée d'Aspe zu bieten haben. Dem unverstellten Blick präsentieren sich nicht nur die breiten Massive auf spanischer Seite, auch die Bergumgebung des Aspe-Tals ist weit zu überschauen.

Talort: Urdos, 760 m.
Ausgangspunkt: Siehe Tour 43.
Höhenunterschied: 933 m.
Anforderungen: Mittelschwere Tour mit kräftigen Steigungen und geringfügigen Kraxeleien am Gipfel. Orientierungssinn von Vorteil.
Markierung: H.R.P. bis zur Weggabelung.
Einkehr: Urdos, Etsaut.
Hinweis: In der spanischen Kartografie fungiert der Pic de Gabedaille als Punta Acué und der nördliche Nachbargipfel als Punta Gabedallo.

Bizarre Bergzüge auf spanischer Seite.

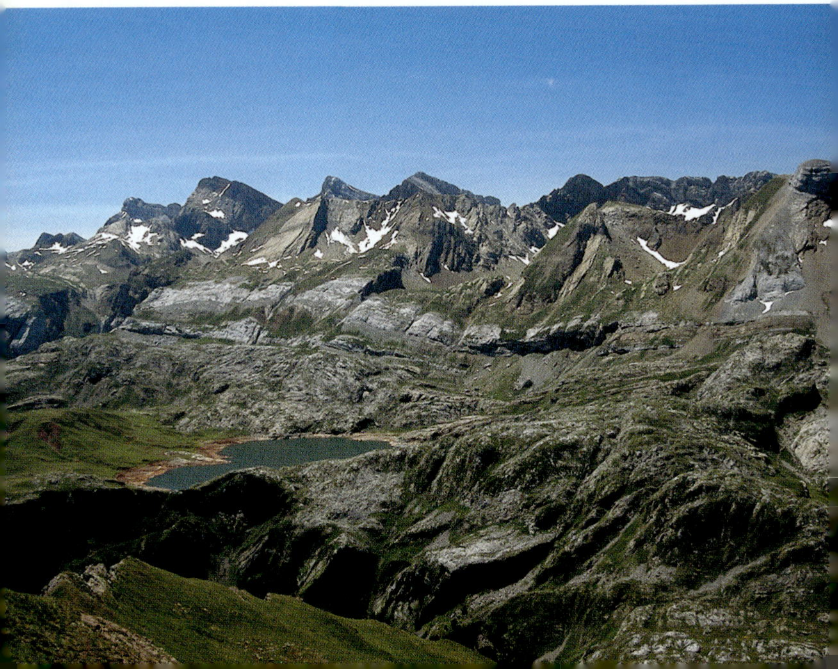

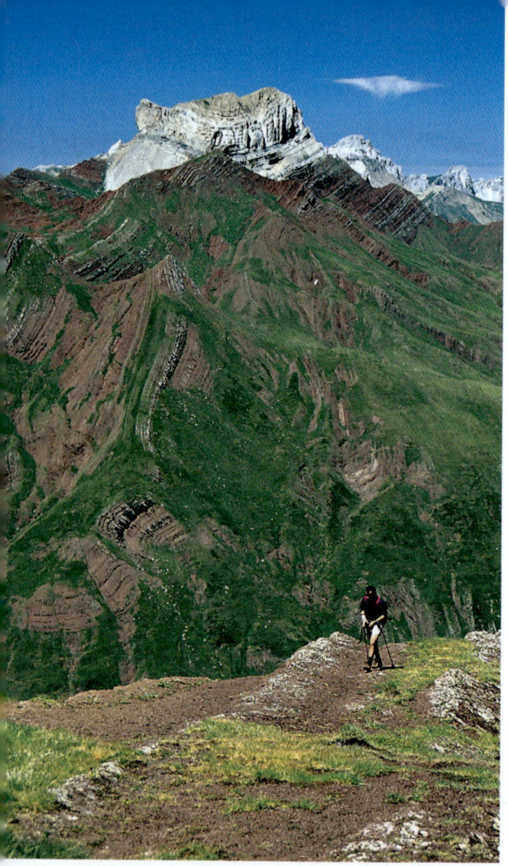

Auf Grenztour. Das Ziel: Pic de Gabedaille. Im Blick: Castillo d'Acher (Tour 17).

Ausgehend vom Parkplatz von **Espelunguère (1)** nehmen wir den beschilderten Wanderweg durch Wald auf, steigen am eindrucksvollen Wasserfall vorbei und kommen in ein Hochtal. Bevor sich unser Weg zum Bach absenkt, verlassen wir ihn rechts auf einem Trampelpfad, der mehrere Kehren des Fahrwegs schneidet, bevor er auf diesem mündet **(2)**, 1400 m. Wir gehen rechts weiter den Fahrweg entlang bis zum Ende, wo ein Waldweg fortsetzt. Dieser steigt durch hübschen Buchenwald an, schlängelt sich anschließend durch Grashänge und stößt auf einen weiteren **Fahrweg (3)**, 1625 m, der sich sogleich spaltet. Hier bleiben wir links (rechts geht es weiter zum Refuge d'Arlet, siehe Tour 47) bis zu einer Kurve des Fahrwegs, die den Ruisseau de Couecq quert. Von hier ist unser Zwischenziel, der Col de la Contende im Westen, gut

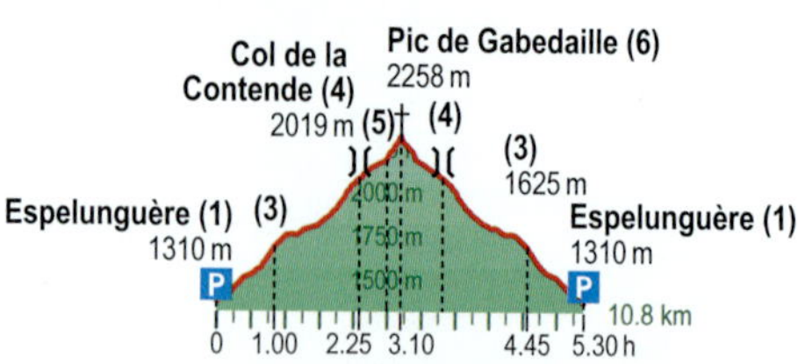

auszumachen. Gleich nach dem Talbach gehen wir vom Fahrweg links ab und steigen nun durch die grasigen Talhänge stets auf der rechten Seite des Bachs auf den Sattel zu.

Anfangs mehr oder weniger weglos, dann auf deutlichen Pfaden und Steinmarkierungen folgend steigen wir durch schrofige Hänge und umgehen weiter oben den verblockten Hang rechtsseitig. Dahinter wird der **Col de la Contende (4,** Collado de Acué), 2019 m, erreicht. Auf dem Pass wenden wir uns in Südrichtung und nehmen einen mit spärlichen Steinmännchen markierten Pfad auf, der zu einem kleinen Wiesenplateau am Fuß der Westhänge des Pic de Gabedaille leitet. Unser Pfad hält nun mit Südwestrichtung auf den **niedrigsten Punkt (5)**, 2125 m, der grasigen Krete zu; er ist links eines rötlichen Felsabbruchs leicht zu erkennen. Dort angekommen setzen wir links auf der Krete fort, steigen anfangs leicht, dann recht kräftig an bis zum felsigen Gipfelaufschwung. Eine kurze Kraxelei führt hinauf zum **Pic de Gabedaille (6)**, 2258 m. Unermüdliche können noch hinüber zum geringfügig niedrigeren Nachbargipfel laufen, die Aussicht von dort ist allerdings nicht ganz so blendend.

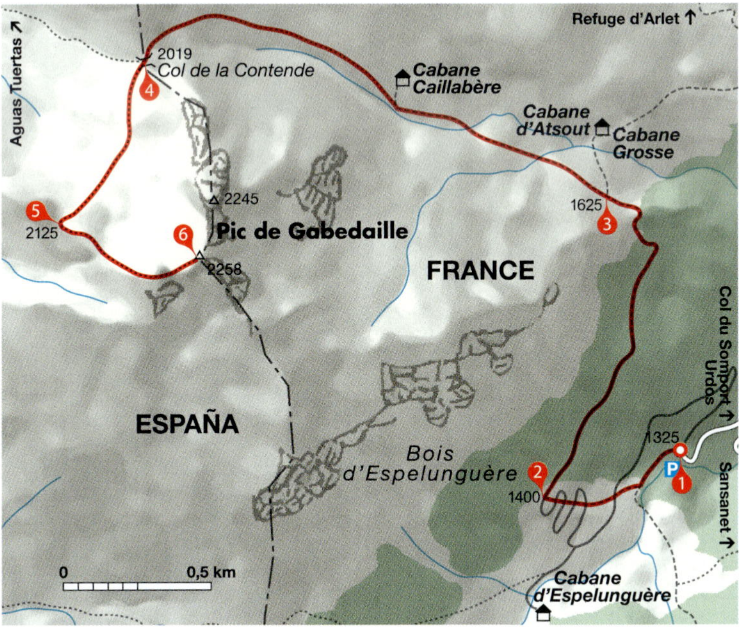

TOP 47

Refuge d'Arlet, 1986 m, und Pic d'Aillary, 2218 m

8.00 Std.

Landschaftlich grandiose Wanderung mit aussichtsreichem Höhepunkt

Die Variationsbreite der schönen Tal- und Berglandschaften und die fulminante Aussicht vom Gipfel machen den großen Reiz dieser Tageswanderung aus. Das am Fuß des Grenzkamms liegende Refuge d'Arlet am gleichnamigen See ist ein klassisches Tourenziel, zu dem verschiedenste Wege aus dem Cirque de Lescun und dem Vallée d'Aspe führen.

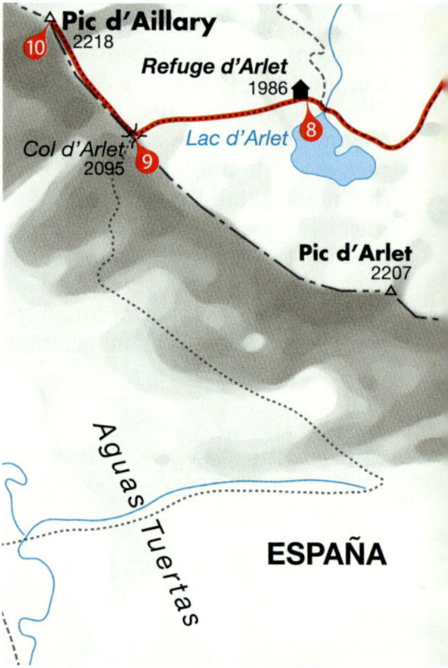

Talort: Urdos, 760 m.
Ausgangspunkt: Siehe Tour 43.
Höhenunterschied: Ca. 930 m.
Anforderungen: Sehr lange Tour ohne technische Probleme; recht kräftiger Anstieg zum Pic d'Aillary.
Markierung: H.R.P.
Einkehr: Refuge d'Arlet, Urdos.
Kombinationsmöglichkeit: Mit Tour 45 (Aguas Tuertas). Die Wanderung lässt sich zu einer herrlichen Rundtour ausdehnen, wenn man am Col d'Arlet ins Tal der Aguas Tuertas absteigt. Dies erfordert ein wenig Orientierungssinn, da sich die Wegspuren mitunter schnell verlieren. Vom Pass aus folgt man den Pfaden, die zunächst südwärts den Hang absteigen und sich auf ca. 1850 m nach Südost wenden. Eine längere Hangquerung mit leichtem Gefälle führt zu einem markanten Bacheinschnitt (Steinmännchen), der gequert wird und an dessen linker Seite man direkt ins Tal absteigt. Die sumpfigen Talwiesen querend, stößt man auf den GR-11 kurz unterhalb der Achar de Aguas Tuertas. Hier entsprechend der Tour 45 zurück nach Espelunguère. Gesamtzeit der Rundtour ca. 7 Std.

Vom Parkplatz **Espelunguère (1)** folgen wir zunächst dem in Tour 46 (Pic de Gabedaille) beschriebenen Weg bis zur Gabelung des **Fahrwegs (3)**, 1625 m. Hier zweigen wir rechts ab über den Talbach und vorbei an der Cabane Grosse, dann auf schmalem Graspfad in Richtung Osten durch die Hänge ansteigend.
Auf einem kleinen **Plateau (4)**, 1700 m, mit herrlichem Ausblick schwenkt der Weg in nordwestliche Richtung und steigt in bequemen Schleifen han-

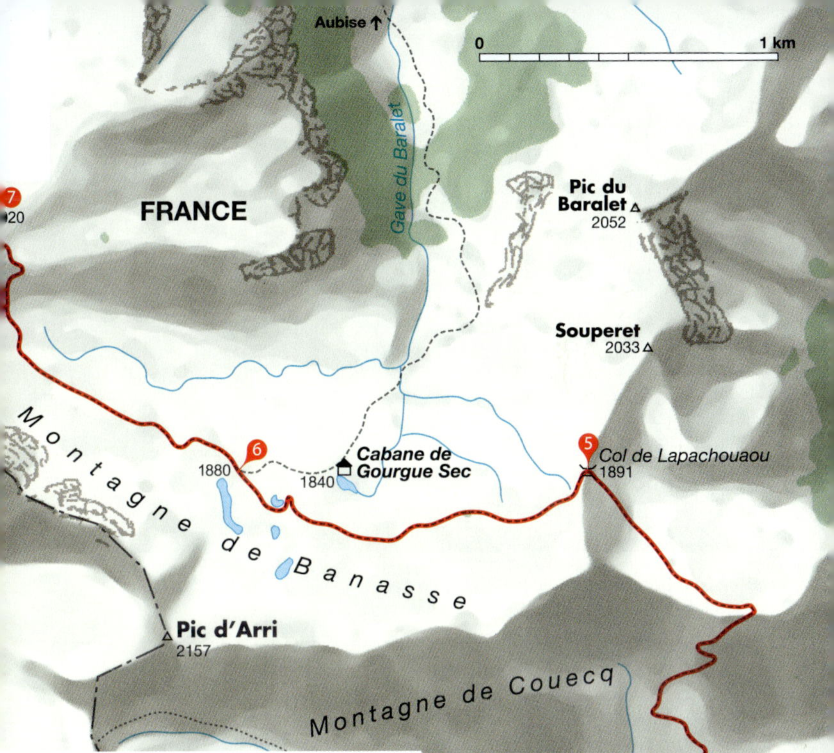

gaufwärts. Nach Überschreitung der Krete zieht er durch den Talhang – unten liegt die Cabane de Lapachouaou – hinüber zum **Col de Lapachouaou (5)**, 1891 m, wo wir ein Hochplateau mit sanften Weidehängen und mäandernden Bächen betreten, dessen Ränder nach Norden zu in rötlich gefärbten Wänden steil abbrechen.

Nahezu ebenen Wegs wandern wir durch Grashänge oberhalb der Weideflächen mit Hütten, dann stößt von rechts der von Aubise heraufkommende **Wanderweg (6)**, 1880 m,

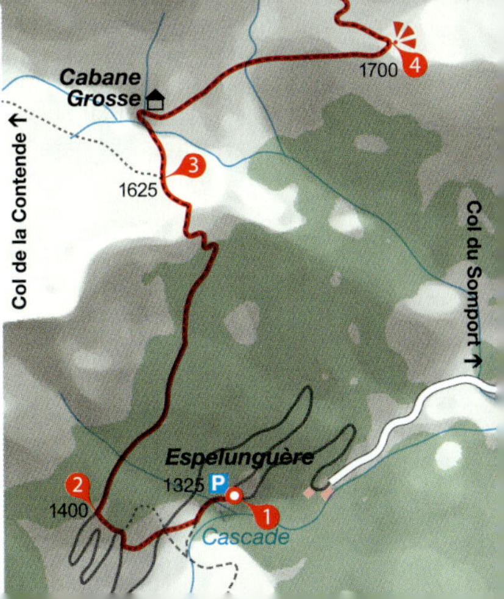

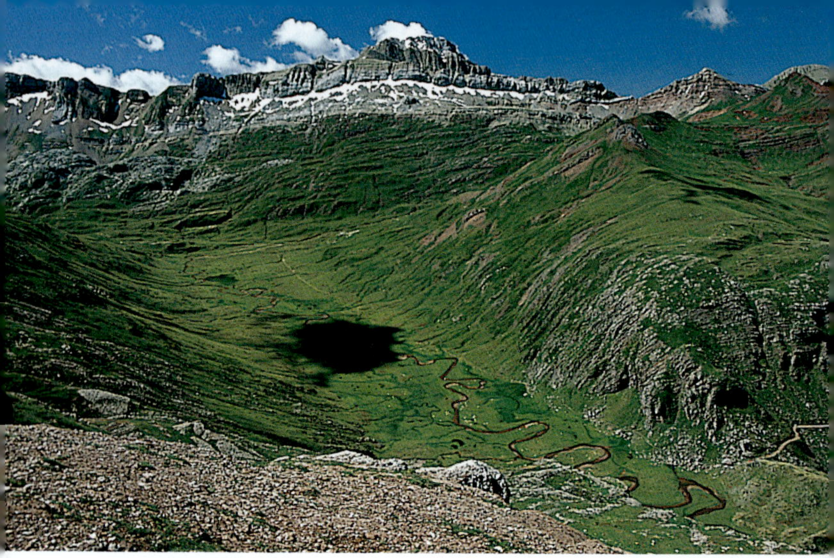

Blick vom Col d'Arlet ins Tal der Aguas Tuertas.

hinzu (siehe Tour 49). Geradeaus weiter durchlaufen wir schrofiges Gelände und steigen dann am Fuß der Montagne de Barnasse auf Grashügel zu, auf denen der Weg eine markante **Kehrtwende (7)**, 2020 m, nach Südwest macht. Hier ist die Arlet-Hütte in Sichtweite, wir laufen erst zum See und dort weiter zum **Refuge d'Arlet (8)**, 1986 m.
Von der Hütte gehen in westliche Richtung Pfade ab, die auf den gut sichtbaren Grenzsattel zulaufen. Anfangs verhalten, dann kräftiger ansteigend ziehen sie durch den Sattelhang hinauf zum **Col d'Arlet (9)**, 2095 m, wo uns ein blendender Ausblick hinunter ins Tal der Aguas Tuertas und über weite Bergregionen erwartet. Auf dem Pass wenden wir uns rechts und steigen, teils recht steil, auf dem Rücken zum **Pic d'Aillary (10)**, 2218 m.

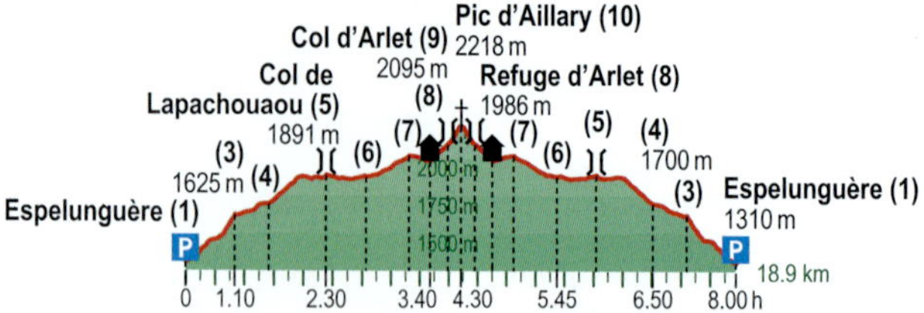

Pic d'Ansabère, 2371 m

Vis-à-vis den berühmten Felsnadeln

Sie sind fast schon ein Wahrzeichen des Cirque de Lescun – die imposanten Felsnadeln, vertikal hochragend und je nach Lichteinfall zwischen kühlen Grau- und warmen Brauntönen wechselnd. Auf den ersten Blick scheinen sie wie die Wächter des unzugänglichen Pic d'Ansabère. Doch vom Pass sieht die Sache ganz anders aus. Ein recht steiler, aber unter guten Bedingungen nicht besonders schwer begehbarer Schrofenrücken erlaubt den Aufstieg zum Gipfel, wo man ein paar Meter über den Felstürmen steht und die überwältigende Aussicht genießt.

Talort: Lescun, 880 m.
Ausgangspunkt: Parkplatz an der Pont Lamary, 1171 m. Von Lescun auf ausgeschildertem Sträßchen zur Pont Lamareich, von dort 2,4 km weiter auf sehr holpriger, schlechter Piste zur Pont Lamary. Beim Parken an der Pont Lamareich folgt man der Piste bis zur Pont Lamary.
Höhenunterschied: 1200 m.
Anforderungen: Lange Tour mit großem Höhenunterschied. Steiler Passanstieg durch Geröllhänge.
Markierung: H.R.P. bis C^{nes} d'Ansabère; streckenweise verblasste Farbmarkierungen, ansonsten Steinmännchen.
Einkehr: Lescun, Accous, Cette-Eygun.
Hinweis: Vorsicht, in der Schneise unterhalb des Col de Pétragème kann unter Umständen bis in den Hochsommer Schnee liegen!
Variante: **Pic de Pétragème**, 2259 m. Der kleine Nachbargipfel ist ein schönes Ziel, das nur wenig angegangen wird. Am Col de Pétragème nimmt man den klaren Pfad nach Süden auf und steigt am Fuß des Gipfelaufbaus bis zum Collado de Sobarcal, 2178 m. Hier wendet man sich scharf nach links auf die markante Felskuppe zu und steigt ohne Probleme an deren Fuß. Ab hier beginnt eine leichte Kletterei mit gutem Halt im Fels ca. 10 m hinauf zur Spitze. Zusätzliche Zeit ab und bis Col de Pétragème 1 Std.

Die Wächter des Pic d'Ansabère.

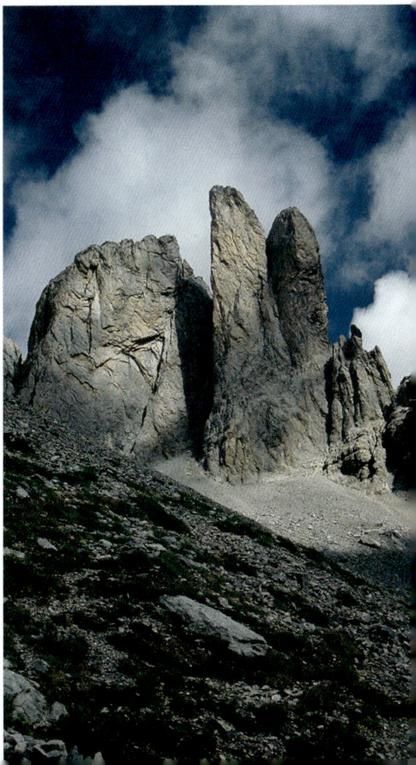

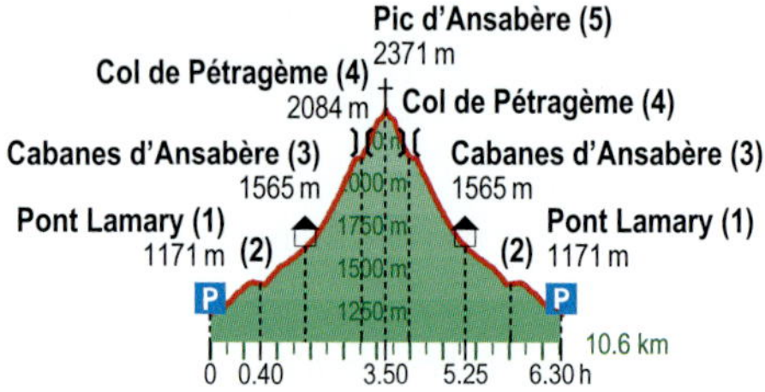

An der **Pont Lamary (1)** gehen wir auf dem Betonbrückchen zur anderen Seite des Gave d'Ansabère und folgen dem alten Fahrweg taleinwärts, während sich vor uns bereits die spitzen Grenzgipfel präsentieren. Der Fahrweg geht dann in einen breiten Weg über, auf dem wir nach kurzen Waldabschnitten zu einer reizenden **Weidefläche (2)**, 1350 m, kommen, in der große Felsblöcke lagern, rechts am Rand liegt ein Steinhüttchen. Wir folgen den Fahrspuren durch die Wiesen zum gegenüberliegenden Wald und dort dem markanten Pfad, der in dem schönen Buchenwald nahe dem Talbach ansteigt. Dann kommt unser Weg in offene Hänge und zieht zu den **Cabanes d'Ansabère (3)**, 1565 m.
Von den Hütten laufen wir auf ausgetretenen Pfaden in Westrichtung zu dem deutlichen Weg, der weiter vorne rechts durch die Hänge schneidet. Auf diesem geht es nun mit kräftiger Steigung überwiegend durch Schrofenhänge,

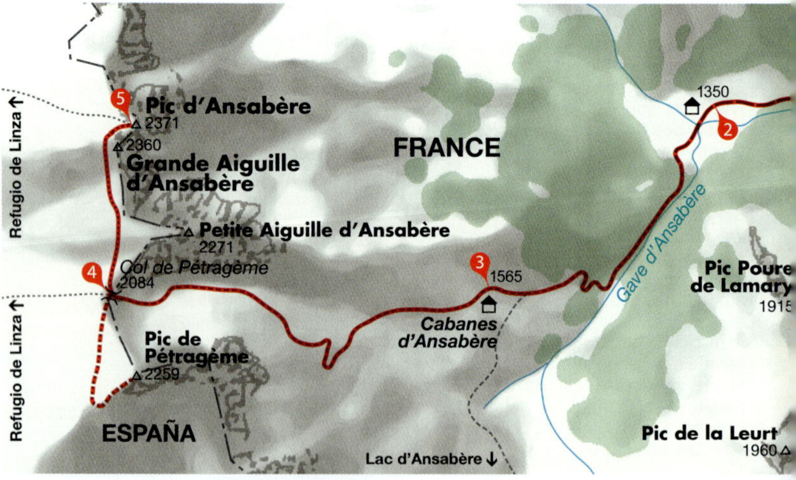

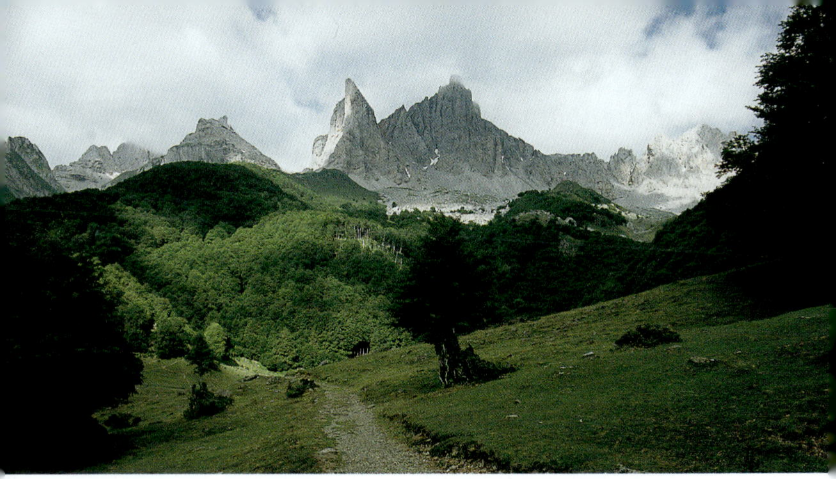

Auf dem Weg zum Pic d'Ansabère.

dann wechselt unser Weg zu stark ansteigenden Serpentinen, auf denen wir die steilen Geröllhänge bewältigen, bevor wir mit einer Querung direkt auf die Aiguilles d'Ansabère zuhalten. Unser Weg biegt dann in die enorme Steinschneise ein, die sich vom Sattel herunterzieht. Auf einer recht steilen Geröllspur geht es nun am linken Rand der Schneise hinauf zum **Col de Pétragème (4,** Collado de Petrechema), 2084 m, wo sich eine typische Karstlandschaft ausbreitet. Wir gehen zu dem Steinmännchen am höchsten Punkt des breiten Sattels, wo links ein deutlicher Pfad zum benachbarten Pic de Pétragème abzweigt (siehe Variante). Wir halten uns rechts auf dem mit Steinmännchen markierten Pfad, der in die Südflanke des langen Gipfelkamms einsteigt. Bald teilt er sich, wir bleiben links auf dem tief ausgetretenen Pfad und steigen windungsreich den Bergrücken hinauf. Auf dem Kamm angelangt ein paar Schritte nach rechts und der **Pic d'Ansabère (5)**, 2371 m, ist geschafft.

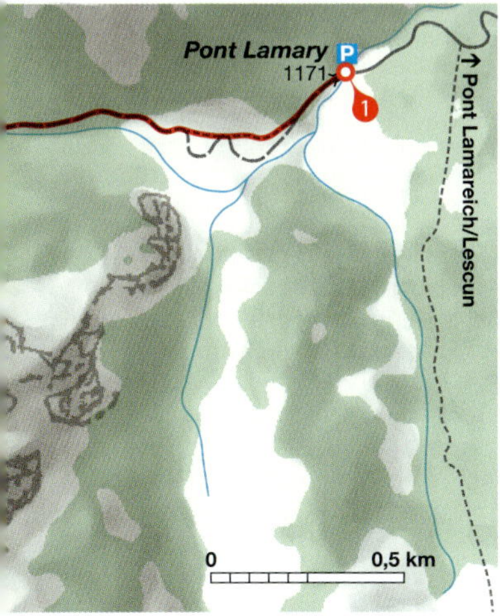

49 Durchs Vallée de Baralet

4.30 Std.

Zu den Weiden der Montagne de Banasse

Das Tal des Gave du Baralet bildet mit seinen Buchenwäldern und saftigen Weidehängen, dem quirligen Talbach und den rot gefärbten Felsformationen eine anmutige Landschaft, die zum geruhsamen Durchwandern anregt. Viele Wanderer verlängern die Tour zum bekannten Refuge d'Arlet am gleichnamigen kleinen See.

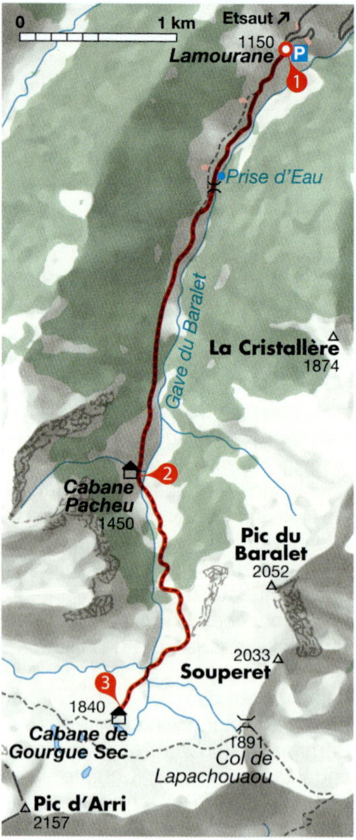

Talort: Etsaut, 597 m.
Ausgangspunkt: Lamourane, 1150 m. D 237 Richtung Urdos, hinter dem Fort du Portalet vor der Brücke über den Gave d'Aspe rechts ab und Richtung Aubise auf sehr engem Bergsträßchen ca. 4,5 km bis Lamourane; vor dem Ort links Ausbuchtung zum Parken. Es besteht die Möglichkeit, auf der anschließenden Piste ca. 1 km weiter bis zu einem kleinen Stauwehr zu fahren. Wenige Plätze!
Höhenunterschied: 690 m.
Anforderungen: Technisch unschwierige Wanderung, jedoch recht starke Steigungsetappe ab C^ne^ Pacheu.
Markierung: Weiß-Rot-Weiß-Markierung.
Einkehr: Etsaut, Urdos.
Kombinationsmöglichkeit: Mit Tour 47. An der C^ne^ de Gourgue Sec wendet man sich westwärts und steigt zu dem quer laufenden Wanderweg auf. Dort rechts zum Refuge d'Arlet.

Wir folgen dem Sträßchen an den Häusern von **Lamourane (1)** vorbei und dann der Piste bis zu einem Stauwehr, wo unser Weg rechts weiter läuft und alsbald in hübschen Buchenwald kommt. Nach längerer Strecke leichten Anstiegs zieht unser Weg durch offene Grashänge mit großen Felsblöcken und pas-

Umgebung der Cabane Pacheu: im Sommer üppige Viehweiden.

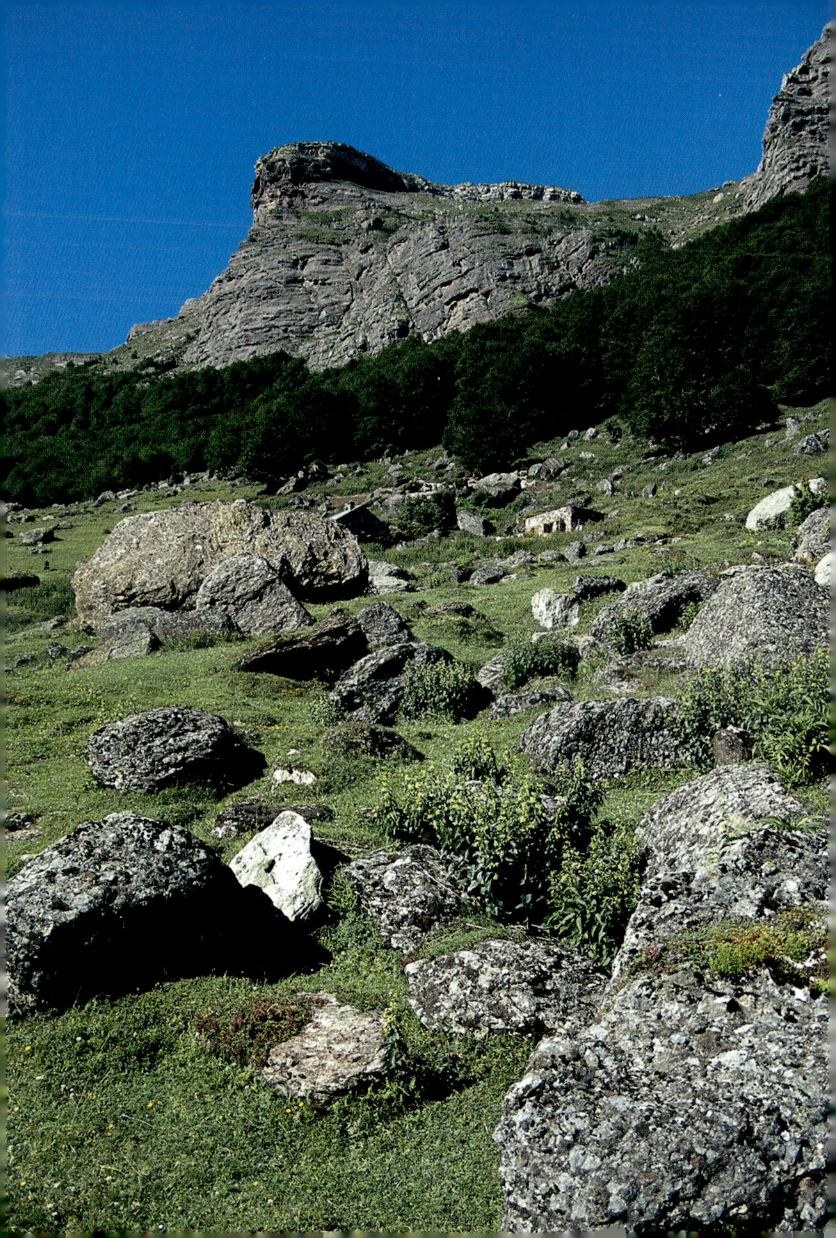

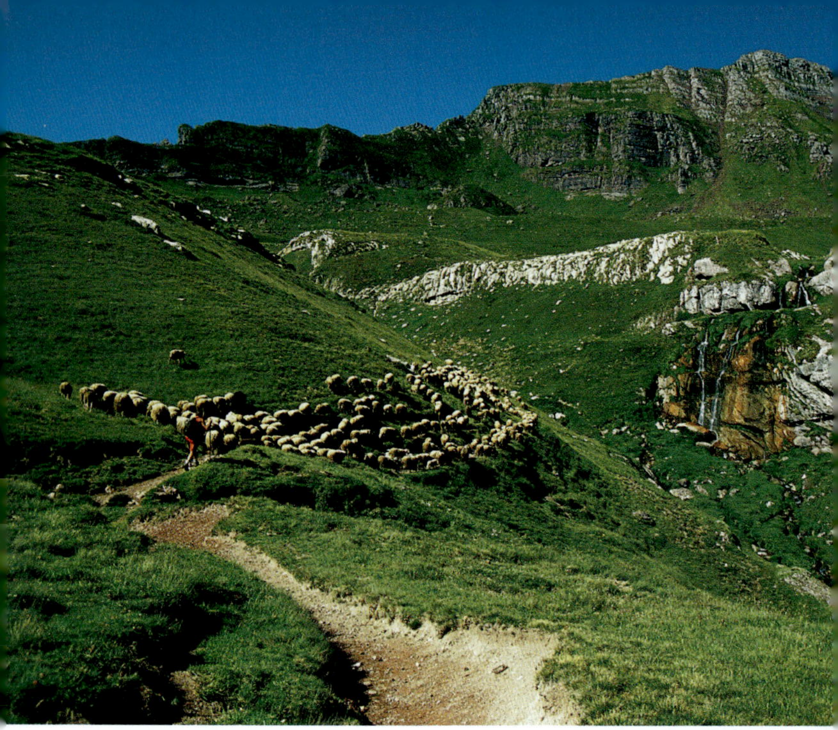

Schafabtrieb im oberen Tal.

siert die rechter Hand liegende **Cabane Pacheu (2)**, 1450 m. Dahinter wechseln wir auf einem Betonbrückchen zur anderen Bachseite, sogleich beginnt ein kräftiger Hanganstieg auf windungsreichem Weg, auf dem sich die roten Felsabbrüche des Weideplateaus bestens in Augenschein nehmen lassen. Der kontinuierliche Anstieg bringt uns auf Höhe des Wasserfalls und der nun abgeflachte Weg nähert sich dem Talbach und biegt in ein hügeliges Hochtal ein. Hier quert der Weg sogleich den Bach und steigt auf der anderen Seite wenige Meter zu den reizenden Hochweiden am Fuß der Montagne de Banasse auf. Südwärts haltend erreichen wir die steinerne **Cabane de Gourgue Sec (3),** 1840 m.

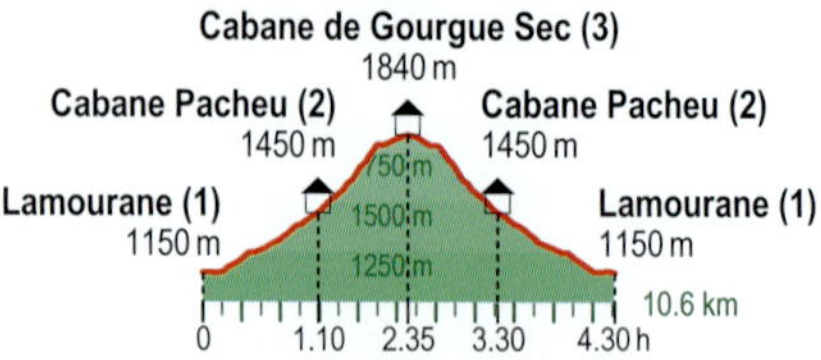

6.15 Std.

Pic de Labigouer, 2175 m

50

Prächtige Aussichtskanzel – klein, aber fein

Dies ist einer jener Gipfel, der bei moderater Höhe und ohne große Herausforderung eine wunderbare Sicht auf die Bergregionen um Lescun und die Grenzkette zu Spanien erlaubt. Die Anfahrt durch die Weideflächen um Lhers ist eine reizende Dreingabe einer kurzweiligen Tagestour.

Talort: Cette-Eygun, 520 m.
Ausgangspunkt: Parkplatz Aumet, 1140 m. Von der N134 auf die D239 in Richtung Lescun; nach gut 1 km an der Pont du Roy links auf die D339 bis Lhers und weiter auf gut befahrbarer Piste zum »Parking d'Aumet«.

Höhenunterschied: 1035 m.
Anforderungen: Ausreichend Kondition für große Höhendistanz erforderlich. Zwischendurch steilere Wegabschnitte.
Markierung: Wegschilder und Weiß-Rot-Markierungen; Steinmännchen.
Einkehr: Lescun, Cette-Eygun.

Am **Parkplatz (1)** nehmen wir die taleinwärts ziehende Piste auf und laufen bis zur **Cabane de Pourcibo (2)**, 1330 m. Gleich dahinter lässt sich beim Schild »Pic de Labigouer/Refuge d'Arlet« ein Abkürzungspfad nehmen. Er ist durch verblasstes Rot markiert, schneidet weiter oben die Piste und schließt an dem deutlich markanteren Weg an, der von der **Cabane det Caillau**, 1450 m, abgeht. Zu dieser kommen wir in Verlängerung der Piste, die bei den Gebäuden endet. Bei dieser Alternative nehmen wir den rechts ansteigenden Weg auf, der in weiten Kehren eine **Wegkreuzung (3)**, 1620 m, mit Wanderschildern erreicht. Rechts geht es weiter zum »Col de Saoubathou/Refuge d'Arlet«, wir steuern nach links auf schöner Wegführung durch steile Hänge den **Col de Souperret (4)**, 1920 m, an. Hier mit Nordrichtung weiter ansteigend traversiert unser Weg die Hänge des Pic de Labigouer und beginnt dessen

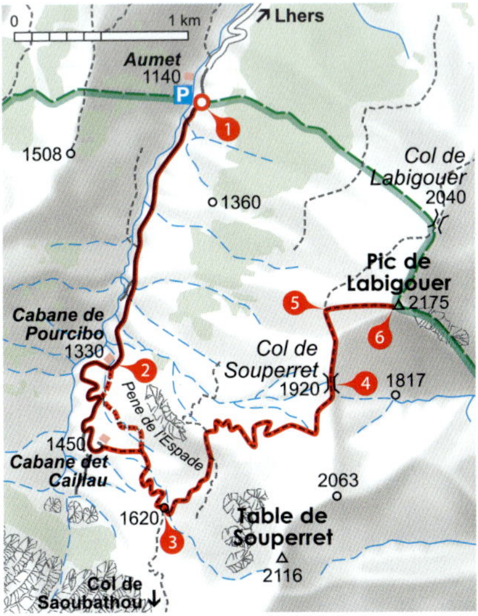

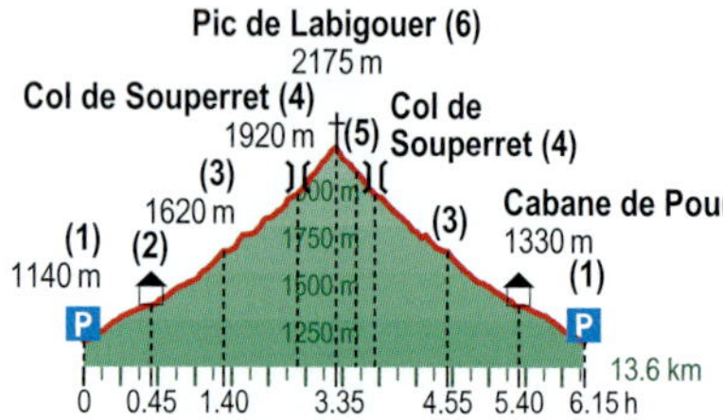

Westausläufer zu umrunden. Sobald unser Weg flacher wird, gilt es auf **Steinmännchen (5)** rechts, 2040 m, zu achten. Hier, noch bevor der Weg in eine flache Hangquerung übergeht, gehen wir rechts auf den schmalen Pfad ab, der die Kammlinie hochzieht und direkt hinauf zum **Pic de Labigouer (6)**, 2175 m, steigt.

Rechts: Ausschau am Gipfel.
Unten: Den Talwolken entsteigend.

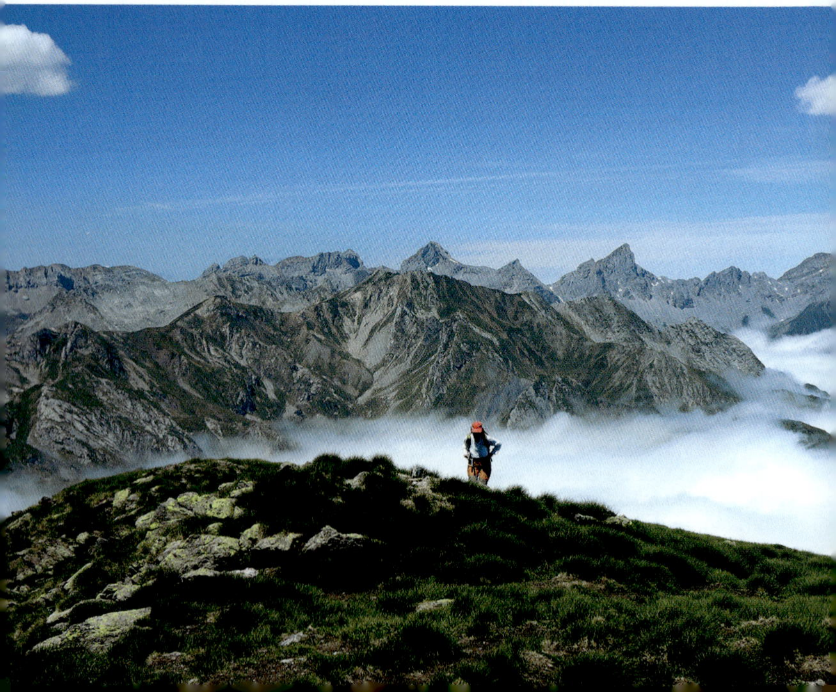

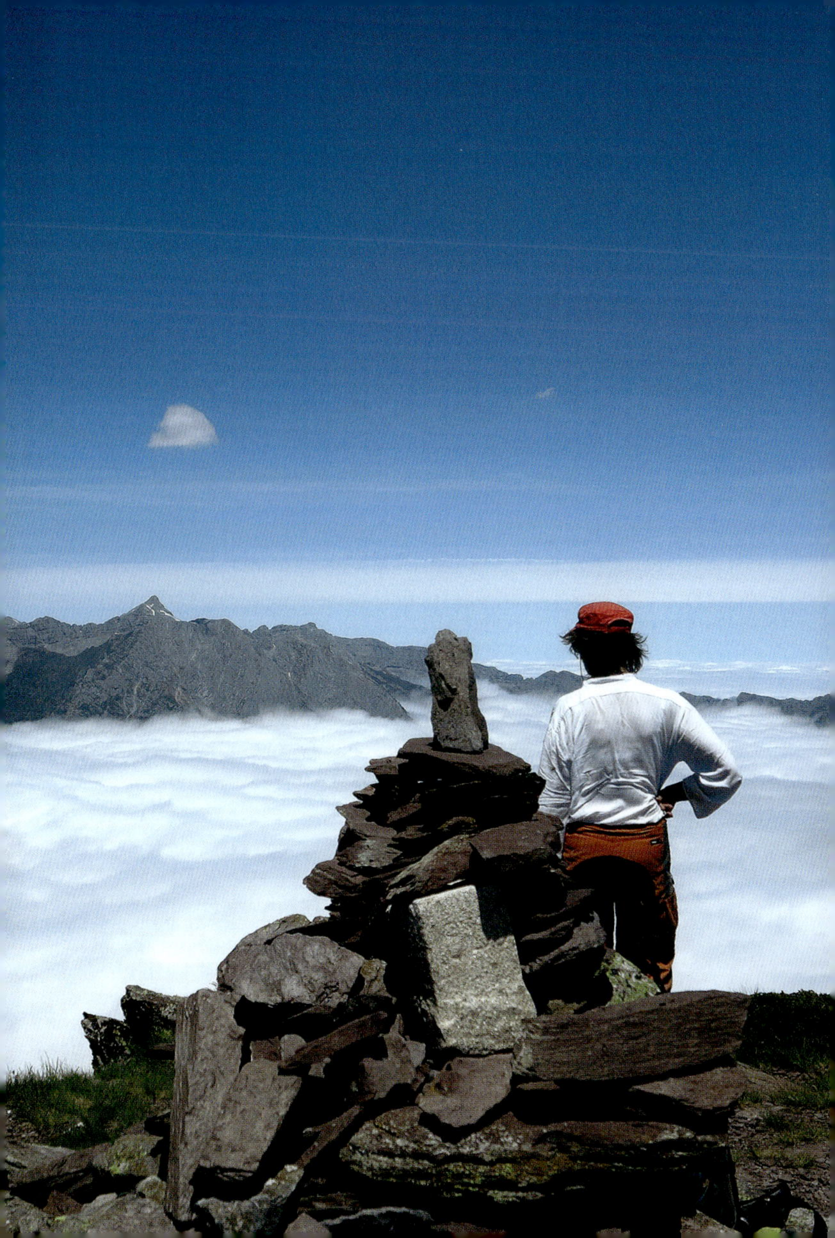

51 *Lac de Lhurs, 1691 m*

5.00 Std.

Verborgener See im Cirque de Lescun

Der Lac de Lhurs liegt in einem stillen Hochkessel des Cirque de Lescun mit dem Table des Trois Rois als herausragendem Berggipfel. Die Schneise zwischen den Steilmassiven des Billare und Dec de Lhurs dient als Pforte, um zu dem von Krokuswiesen gesäumten See zu steigen. In der abgeschiedenen Bergwelt lässt sich gut ein Tag verbringen.

Talort: Lescun, 880 m.
Ausgangspunkt: Parkplatz Anapia, 970 m. Vor der Ortseinfahrt von Lescun links Richtung »Anapia/Lhurs« auf engem Sträßchen bis zur »Aire de Stationnement Anapia«.

Höhenunterschied: 721 m.
Anforderungen: Streckenweise recht kräftige Steigungen.
Markierung: Steinmännchen und gelbe Farbmarkierungen.
Einkehr: Lescun.

Am Parkplatz **Anapia (1)** gehen wir auf dem Fahrweg und halten uns bei dem gelben Wegschild links Richtung »Lac de Lhurs« und bei dem schon bald querenden Fahrweg erneut links. Wir umrunden nun die grüne Anhöhe des Aloun und zweigen dann bei dem auf einem Betonring postierten Felsblock mit verblasster Aufschrift »Lac Lhurs« rechts ab. Der Forstweg geht sogleich in einen ausgetretenen Weg über, dieser quert ein Bächlein, steigt durch Buchenwald an und mündet alsbald auf einem Forstweg. Wir folgen ihm erst links, dann verlassen wir ihn (Steinmännchen und gelbe Farbmarkierung!) rechts auf der stark ansteigenden Erdpiste. Alle Abzweigungen nach links oder rechts lassen wir unbeachtet und kommen so nach recht kräftigem Anstieg zu einer engen **Rechtskurve (2)**, (1100 m, gelbes Schild; Richtungspfeil auf Holzpfosten), wo wir den Forstweg verlassen und geradeaus auf dem Wanderweg fortsetzen.
Stetig ansteigend nähert sich der Weg den gewaltigen senkrechten Felsbastionen, unterwegs wird ein kleiner Seitenpfad links liegen gelassen. Nachdem unser Weg das Ende einer Forstpiste tangiert hat, säumt er kurz die plattenförmige Felswand und steigt erneut an. Nach einem kräftigen Steigabschnitt biegen wir in ein schluchtartiges Tal und halten durch die rechte Talseite auf eine felsige Talsperre zu. Davor quert unser Weg jedoch das **Bachbett (3)**, 1550 m, und wendet sich vom Tal ab, indem er über Fels und durch Niedrigbewuchs stark ansteigt zu offe-

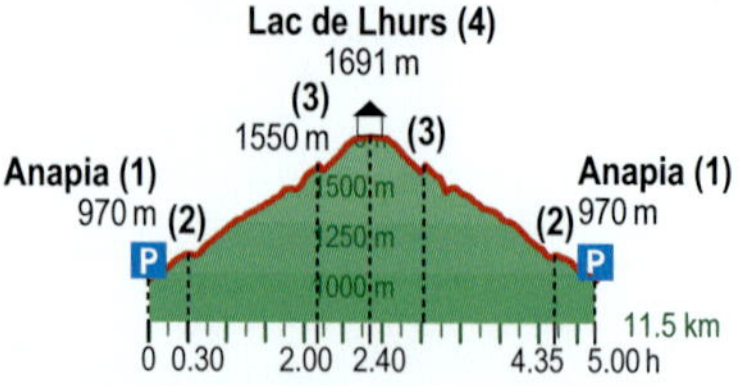

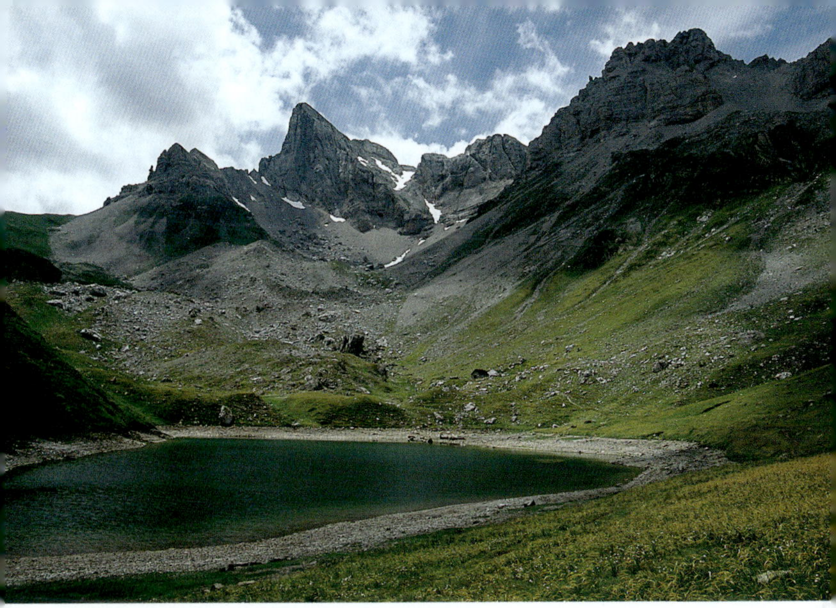

Tief eingekesselt: Lac de Lhurs mit dem spitzen Table des Trois Rois in der Bildmitte (Aufstieg von der spanischen Seite siehe Tour 27).

nen Hängen. Wir durchqueren, geleitet von Steinmännchen, ein Felswirrwarr und kommen danach in das Tälchen des Abflussbaches. Flachen Wegs geht es im Talboden zu dem eng eingekesselten **Lac de Lhurs (4)**, 1691 m, an dessen Nordufer eine Schäferhütte liegt.

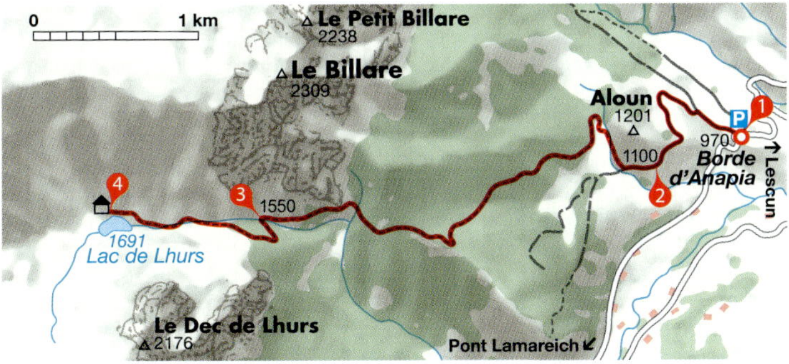

52 Pas de l'Osque, 1922 m

4.15 Std.

Die Orgues de Camplong zur Seite

Die steilen Felsfronten der Orgues de Camplong sind Begleiter auf dieser leichten Wanderung zu einem kleinen Pass, der von einem auffälligen Felsturm, dem Rocher de l'Osque, bewacht wird. Von hier aus bekommt man dann die überraschend flache Kehrseite der Felsorgeln in den Blick. An der C^{ne} du Cap de la Baitch besteht die Gelegenheit, frischen Käse zu kaufen.

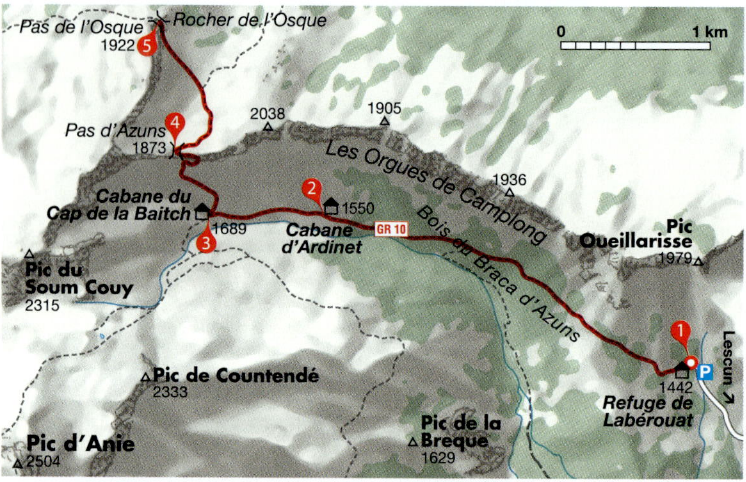

Talort: Lescun, 880 m.
Ausgangspunkt: Parkplatz am Refuge de Labérouat, 1442 m. Von Lescun auf ausgeschildertem Asphaltsträßchen zum Refuge.

Höhenunterschied: 480 m.
Anforderungen: Mitunter kräftigere Steigungsabschnitte.
Markierung: GR.
Einkehr: Refuge de Labérouat, Lescun.

Vom **Parkplatz (1)** laufen wir an dem nahen **Refuge de Labérouat** vorbei und setzen dahinter auf dem Wanderweg fort. Er zieht sich durch Hänge dahin und durchquert dann in leichtem Auf und Ab für längere Zeit einen märchenhaften Wald. Sobald sich der Wald lichtet, erreichen wir Grashänge und kommen an einer Hütte, der **Cabane d'Ardinet (2)**, 1550 m, vorbei, die etwas oberhalb des Wegs reizvoll vor den Orgues de Camplong platziert liegt. Nun stetig ansteigend durch Schrofengelände, im Vorblick erhebt sich die

das Tal abschließende eindrucksvolle Felsfront des Pic du Soum Couy. Am Fuß des Berges erreichen wir die **Cabane du Cap de la Baitch (3)**, 1689 m.
Bei der Schäferhütte verzweigt sich der Weg: Links setzt er zum »Pic d'Anie« fort (siehe Tour 53), wir folgen dem Wegschild »Pas de l'Osque« rechts und steigen auf dem GR die Abhänge des Pas d'Azuns hinauf. Die eingesenkte Felsschwelle im Norden des Talschlusses ist gut auszumachen, mit zunehmender Annäherung an den Pass zieht der Weg kräftiger an und schwenkt nach einigen Kehren nach rechts aus, um nach einer Kehrtwende auf einem bequemen Felsabsatz hinüber zum **Pas d'Azuns (4)**, 1873 m, zu führen. Hier stehen wir vor einer ausgedehnten Karstsenke, unser Weg hält rechts und zieht am Fuß der steilen Abfälle im Bogen durch das kuriose Karstterrain. Mehrfach laufen wir an Einsturztrichtern vorbei, den durch Steinmännchen markierten Abzweig rechts lassen wir beiseite. Unser Weg hält auf den vor uns thronenden Rocher de l'Osque mit einem prägnanten Spitzzahn als Vorbau zu, der winzige Passübergang ist als schmaler grasiger Absatz zu erkennen. Der Weg hebt nun zum Anstieg des teils gerölligen Passhangs an und erreicht den engen **Pas de l'Osque (5)**, 1922 m, hinter dem sich ein Weidetal auftut. Zur Blickerweiterung lässt sich rechts um den Rocher de l'Osque nach vorne gehen; Vorsicht jedoch, steil abfallend!

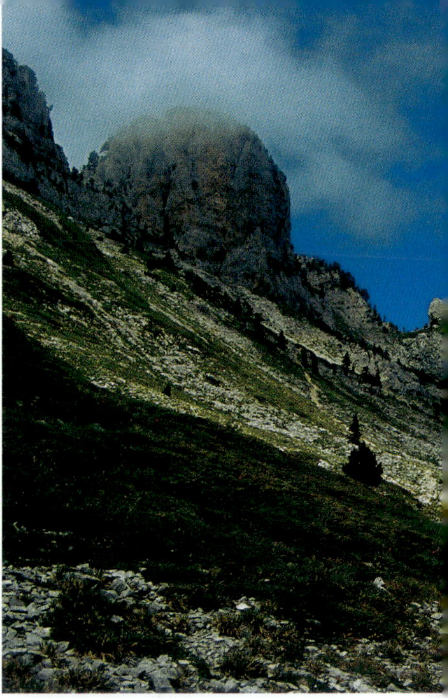

Rocher de l'Osque.

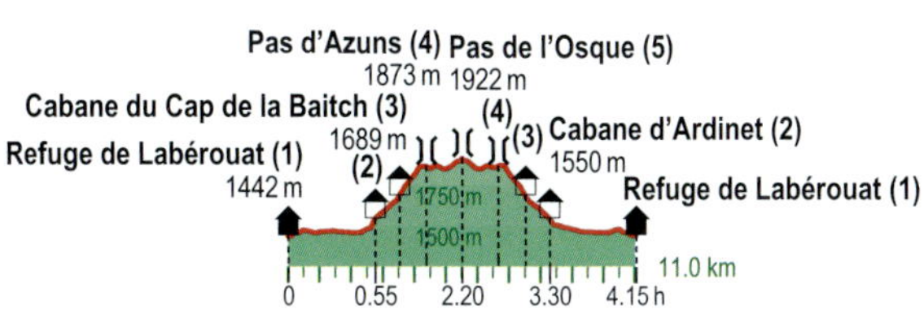

53 Pic d'Anie, 2504 m

7.00 Std.

Grandiose Aussichtsspitze!

Der Pic d'Anie gehört neben dem Table des Trois Rois und dem Pic d'Ansabère zur Trilogie der herausragenden Gipfel des Cirque de Lescun und macht seinem Rang alle Ehre. Die landschaftlichen Gegensätze während des Wegs und das unbehinderte Rundum-Panorama versprechen ein faszinierendes Wandererlebnis.

Talort: Lescun, 880 m.
Ausgangspunkt: Siehe Tour 52.
Höhenunterschied: 1062 m.
Anforderungen: Lange Tour mit großer Höhendistanz und sehr kräftiger Steigung, insbesondere im Gipfelanstieg. Gerölliges Terrain, hin und wieder leichte Kraxeleien.

Markierung: GR bis C^ne du Cap de la Baitch; danach Steinmännchen und gelbe Markierung.
Einkehr: Refuge de Labérouat, Lescun (Käseverkauf in der C^ne du Cap de la Baitch).
Hinweis: Bei Nebel gefährliche Tour, von der Begehung wird dann abgeraten!

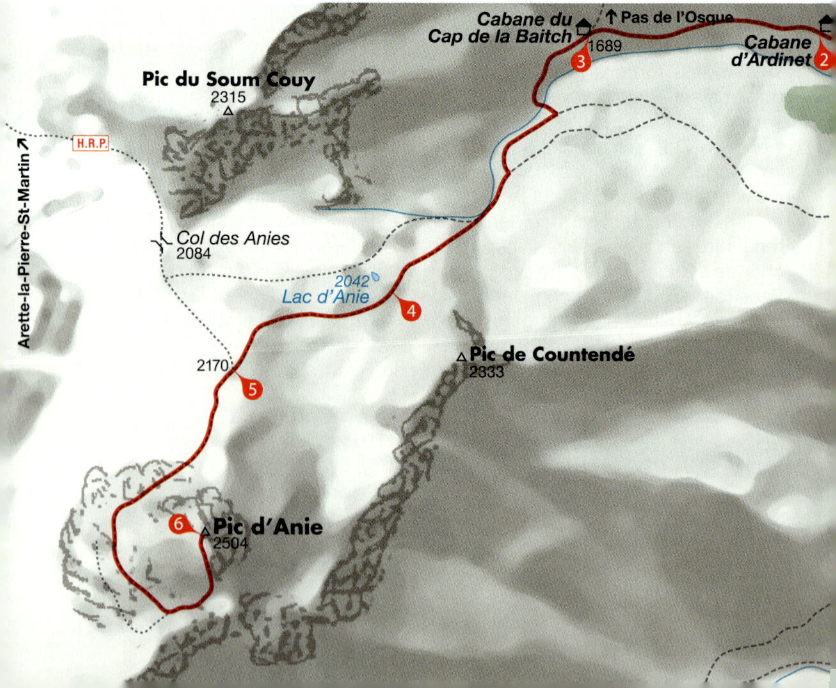

Ab dem **Parkplatz (1)** am **Refuge de Labérouat** folgen wir dem Weg aus Tour 52 (Pas de l'Osque) bis zur **Cabane du Cap de la Baitch (3)**, 1689 m. An der Schäferhütte halten wir uns gemäß dem Wegweiser »Pic d'Anie« links, unser Weg hält sich anfangs rechts des Bachs, dann quert er ihn und steigt durch steile Hanglagen hinauf zu einem reizenden grasigen Tälchen mit dem winzigen **»Lac d'Anie« (4)**, 2040 m. Gleich am Anfang des Tälchens nehmen wir links die durch große Steinmännchen angezeigten Grasspuren auf, die sich sogleich in einen klaren Pfad verwandeln. Wir steigen Schrofenhänge an und kommen allmählich in Karstfels, den wir entlang den Steinmarkierungen queren. Einen lila

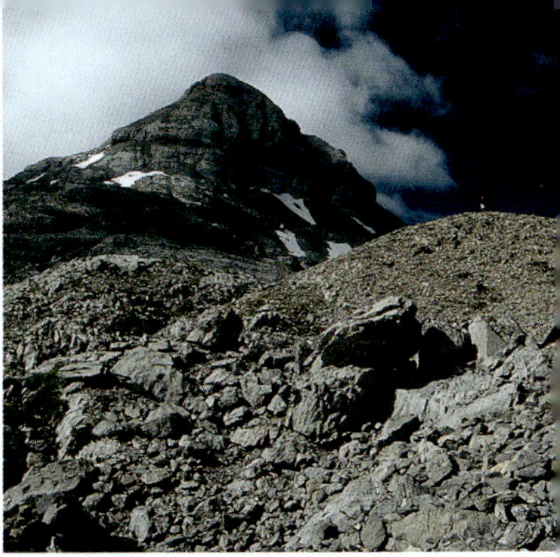

Pic d'Anie.

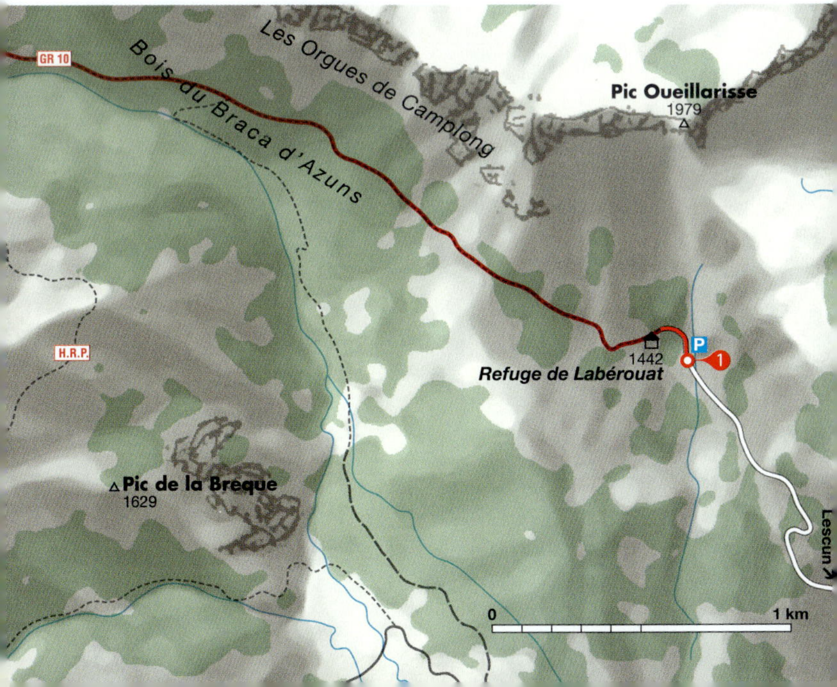

markierten Zweigpfad nach rechts lassen wir beiseite und steigen mit leichter Felskraxelei weiter an. Dann stößt von rechts der **H.R.P. (5)**, 2170 m, von Arette-la-Pierre-St-Martin zu, wir folgen weiter dem eingeschlagenen Weg und kommen nach erneuter kurzer Kraxelei in die westseitigen Geröllhänge des Pic d'Anie. In einer langen und leicht steigenden Querung – nun übersichtlich gelb markiert – zieht sich der Weg hoch über einem ausgedehnten Karstlabyrinth, bis er in die Südflanken des Pic d'Anie einbiegt. Eine kurze kaminartige Verengung fordert abermals zu harmloser Felskraxelei heraus, danach geht der Weg den steilen Gipfelaufschwung an. Von rechts stößt unterwegs ein aus dem tiefen Karsttal heraufführender Weg hinzu. Mit sehr kräftigen und mitunter steilen Windungen durchsteigt unser Weg die Südhänge hinauf zum **Pic d'Anie (6)**, 2504 m.

Im Aufstieg zum Pic d'Anie: Rückblick auf die Orgues de Camplong.

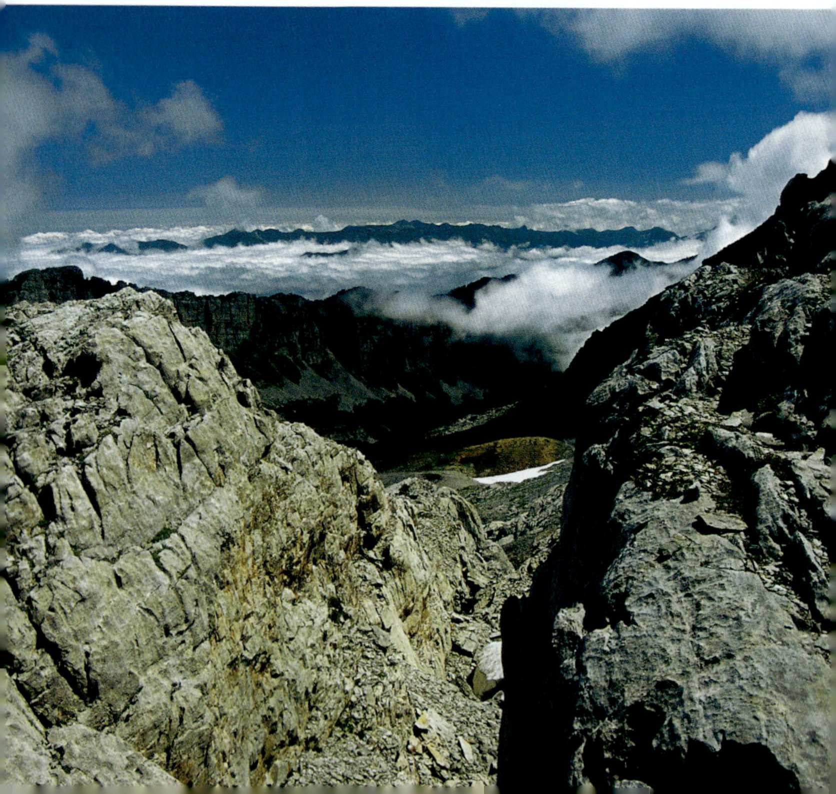

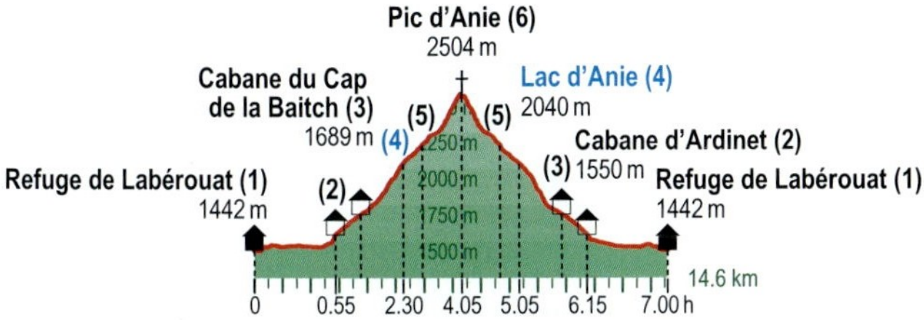

Spanisch-Französisch-Deutsch für Wanderer

abrigo	abri	Unterstand
acantilado	corniche	Gesims, Klippe
achar	brèche	Scharte, Pass
aguja	aiguille	Felsnadel
barranco	ravin, gorge	Schlucht, Klamm
barrera	barrière	Schranke
bosque	bois	Wald
cabaña	cabane	(Schäfer-)Hütte
cabañas de pastor	granges	Schäferhütten
camino	chemin	Weg
cascada	cascade	Wasserfall
circo	cirque	Bergkessel
collado	col	Hügel, Passhöhe
cresta	crête	Grat, Kamm
cuello	collet	Senke, Pass
difícil	délicat	heikel, schwierig
fuente	fontaine	Quelle, Brunnen
glaciar	glacier	Gletscher
gorga	gorge	Schlucht, Klamm
ibón/lago	lac	See
llano	plaine	Ebene
meseta	plateau	Hochebene
monte	mont	Berg
muro de piedra	falaise	Felswand
nieve	neige/névé	Schnee
pico	pic	Berggipfel
puente	pont, passerelle	Brücke, Steg
puerto	port/pas	Bergpass
refugio	refuge	Schutzhütte
río	rivière, gave	Fluss, Bach
sendero	sentier	Wanderweg (markiert)
surgencia	source	Quelle
torrente	torrent, ruisseau	Wildbach
valle	vallée	Tal
vertiginoso	vertigineux	schwindelerregend

Stichwortverzeichnis

Umschlagbild: Pico und Mallos de Lecherín (Tour 10).

Bild im Innentitel: Bisaurín (Tour 14).

Sämtliche Fotos stammen vom Autor.

Kartografie:
49 Wanderkärtchen im Maßstab 1:25.000 und 1:50.000
rolle-kartografie.de,
Kärtchen der Touren 6, 15, 42 und 50
© Bergverlag Rother GmbH, München
(gezeichnet von Barbara Häring, Gröbenzell),
zwei Übersichtskarten im Maßstab 1:500.000 und 1:700.000
© Freytag & Berndt, Wien.

Werk-Nr.: 4318

4., aktualisierte Auflage 2024

ISBN 978-3-7633-4741-4

Wir freuen uns über jeden Korrekturhinweis zu diesem Wanderführer!
Bitte per E-Mail an: leserzuschrift@rother.de

BERGVERLAG ROTHER · München
D-82041 Oberhaching · Keltenring 17 · Tel. +49 89 608669-0 · rother.de

360°

Michaela Urban

OBERBAYERN

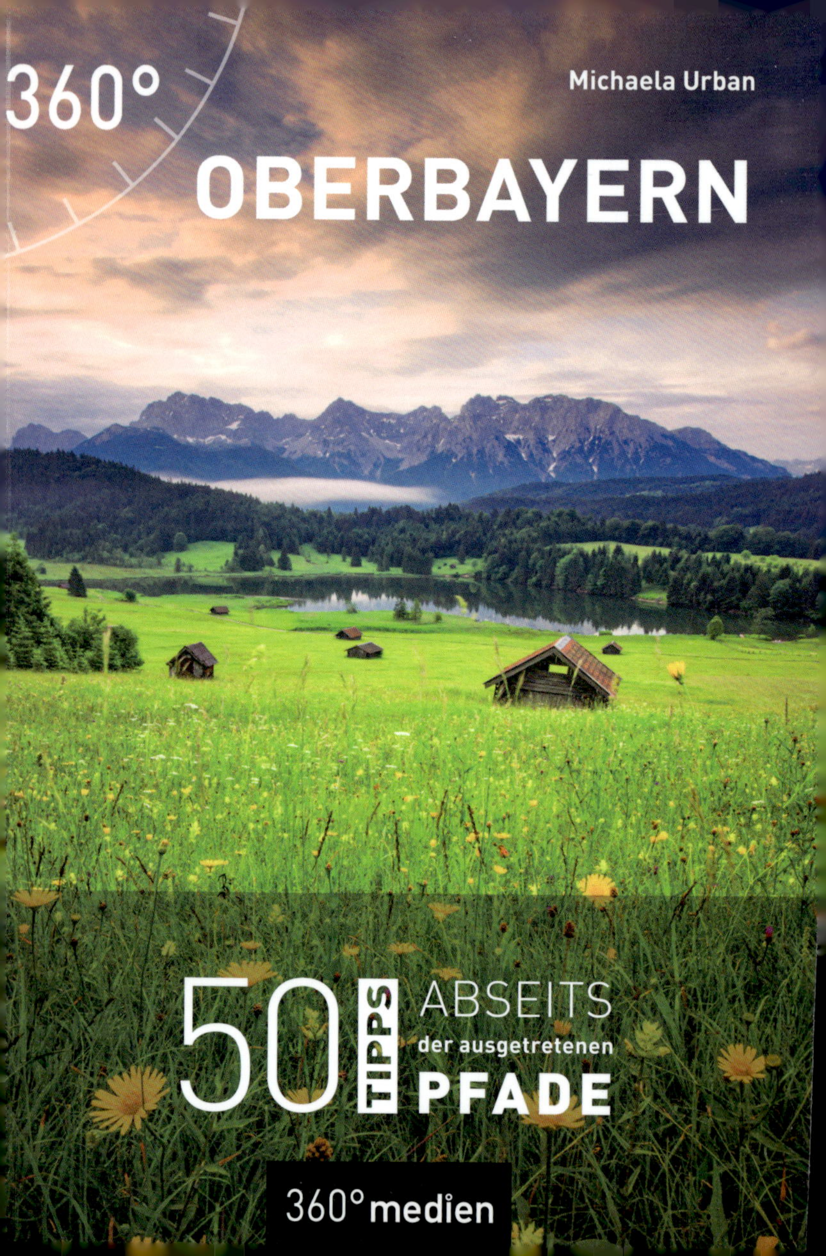

50 TIPPS ABSEITS der ausgetretenen PFADE

360° medien